财税大数据与智慧税务智库
企业数字化转型教材与指南

数字化
跨界融合之道

企业数字化转型下的
数据资产发掘与财税风险体检

主　编　梁志华　　　　主　审　蔡　昌　焦瑞进
副主编　贺　焱　胡浩然　孙　睿　许柯杰　徐金清

上海财经大学出版社
SHANGHAI UNIVERSITY OF FINANCE & ECONOMICS PRESS

上海学术·经济学出版中心

图书在版编目(CIP)数据

数字化跨界融合之道:企业数字化转型下的数据资产发掘与财税风险体检/梁志华主编. -- 上海:上海财经大学出版社,2025.5. -- ISBN 978-7-5642-4655-6

Ⅰ.F272.7

中国国家版本馆 CIP 数据核字第 20252M4E80 号

□ 责任编辑　台啸天
□ 封面设计　贺加贝

数字化跨界融合之道
——企业数字化转型下的数据资产发掘与财税风险体检
梁志华　主编

上海财经大学出版社出版发行
(上海市中山北一路 369 号　邮编 200083)
网　　址:http://www.sufep.com
电子邮箱:webmaster@sufep.com
全国新华书店经销
上海锦佳印刷有限公司印刷装订
2025 年 5 月第 1 版　2025 年 5 月第 1 次印刷

710mm×1000mm　1/16　25.5 印张(插页:2)　386 千字
印数:0 001—8 000　定价:88.00 元

本书编委会

主　编
梁志华

副主编
贺　焱　胡浩然　孙　睿　许柯杰　徐金清

编　委
（首字母拼音排序）

陈　俊	黄洁瑾	李晓敏	刘洪英	卢　冰	毛　越
闵丹丹	潘成挺	庞理鹏	石　磊	王会芳	王亚明
谢莉萍	谢永康	徐　铮	薛良芬	颜廷棚	杨传飞
于长锐	袁光辉	张红光	赵博盛	周　城	张　敏

主　审
蔡　昌　焦瑞进

学术支持单位

上海财经大学上海金融智能工程技术研究中心

中央财经大学税收筹划与法律研究中心

复旦大学数字经济法治研究中心

上海交通大学财税法研究中心

同济大学元宇宙Web3实验室

江苏省数字化协会

上海市注册税务师协会

北京大数据协会财税大数据专业委员会

支持单位

暨阳软件服务（江阴）有限公司

苏州隆奔财税服务集团有限公司

润宝税务师事务所（深圳）有限公司

浙江其利百汇医药科技有限公司

鼎世鹏博（北京）数据管理有限公司

无锡博盾信息科技有限公司

上海税问财税咨询有限公司

数字中国蓝图及数据体系

主审者的话

探索数字化转型与财税合规的逻辑

建设数字中国是推进中国式现代化的重要引擎,是构筑国家竞争新优势的有力支撑。本书正是在这一背景下深入思考企业数字化转型的著作,作者提出了数字化跨界融合思想及实践落地模式。作为本书的主审者,我们欣喜地发现,数字化转型与财税合规的逻辑在此完美链接并稳固建立,形成一种不仅突破认知而且引领实践的大逻辑框架与行动模型,观察问题的角度和视域大为拓展,本书所呈现出的思维逻辑与深度,非一般泛泛而论的数字化转型思维所能比拟。

本书提出一个独具思考力与操作性的数字化跨界融合概念,其意是指传统企业与数字技术企业的深层次合作,这是企业数字化转型的必由之路。事实上,数字化跨界融合泛指传统企业以数据为润滑剂、以数字技术为手段,通过数字化转型与数据资产、数字财税(智慧税务)、财税合规等方面的全方位深度融合,最终实现数字化转型融合之目标。本书犹如时代缝隙中的一道光,其所凝聚的思想具有洞察性与穿透力,形成推动企业数字化升级、智能化改造的聚合模式。

本书还有另一特色,即探索理论与实践的真正融合。

融合的起点始于数字化转型,需要揭示数字化转型的底层逻辑,包括但不限于数字经济、数据资产、业财法税融合之间的关联性以及数据资产与财税合规的关联性,归于探索财税风险体检与业财法税融合模型构建。

企业数字化转型需要数字财税、智慧税务以及财税合规的加持,它们在企业数字化转型过程中扮演着至关重要的角色,共同为企业构建了一道坚实的防御体系,确保企业在数字化浪潮中行稳致远。《业财法税融合:理论逻辑与行动指南》一文曾提出逼近财税合规的"业财法税融合"思想。本书把这一思想进行拓展衍生,设计出一种可操作的行动准则与实践模型,这是本书对"业财法税融合"理论体系最现实、最核心的贡献。我们比较欣赏本书的一句经典结论:企业数字化转型的主角是业务数字化,财务数字化是配角,但二者相辅相成,否则难以实现数字化的业财法税融合和企业财税合规。因此,基于智慧税务第三方监管的数字化的业财法税融合,既是企业财税合规的必由之路,也是企业数字化转型的主要目标之一。数字化转型的价值绽放于时代前沿,我们有何理由不去期待数字化转型及其所带来的种种裂变呢!愿我们珍视数字时代的馈赠,愿我们迎接数字化转型的挑战,更期待抓住数字化转型的机遇。

祝福所有开启数字化转型之路的朋友们,与时俱进,与数共舞,与智同创。

中央财经大学税收筹划与法律研究中心主任、教授、博士生导师
北京大数据协会财税大数据专委会会长

北京大数据协会财税大数据专委会常务副会长
国家税务总局大企业司原副巡视员

序一

数实融合

当梁志华先生告知我,以他为主的研究团队即将出版一本名为《数字化跨界融合之道——企业数字化转型下的数据资产发掘与财税风险体检》的著作时,我欣然应允为其作序。这不仅是因为四十余年的工作经历告诉我,数据资产在数字经济时代对财税工作有着极其重要的影响;更在于梁志华先生作为最早一批投身互联网产业者,其丰富的实践经验可以帮助企业在数字化转型过程中"少走弯路""少踩坑"。

"数实融合"(数字经济与实体经济融合)是发展新质生产力的主要路径,其本质就是以数据要素的使用为内在形态,在实体产业的应用场景中实现生产力跃迁。习近平总书记在主持二十届中央政治局第十一次集体学习时,将"大力发展数字经济,促进数字经济和实体经济深度融合"作为推动新质生产力加快发展的重要内容。党的二十届三中全会进一步提出"健全促进实体经济和数字经济深度融合制度",为推动新质生产力发展提供了重要保障。梁志华先生主编的《数字化跨界融合之道——企业数字化转型下的数据资产发掘与财税风险体检》恰逢其时。企业是微观经济的基石,只有企业加快数字化转型,才能夯实"数实融合"的基础。本书正是紧扣企业数字化转型主线,将数字经济、数据资产、数字财税、智慧税务、财税合规等关键要素紧密地联系在一起,为企业描绘了数字化转型的底层逻辑。

作为一名财税研究者,我认为这本书对于税务机关的"强基工程"建设也有借鉴意义。首先,"强基工程"关键在于税务数据资产的管理与挖掘,税务机关要实现税费征管数据质量提升,就必须建立"采集有标准、操作有规范、过程有控制、结果有校验、反馈有改进"的全流程闭环管理机制,构建与数字化转型相适应的数据治理体系。在税务数据治理问题上,税务机关应当认真学习一下企业数字化转型的成功经验与失败教训,强化智慧税务的"四梁八柱",持续推进税务征管的新技术变革。其次,效能税务要突出税收服务效率。要加强效能税务建设,就必须持续优化纳税服务水平,从纳税人、缴费人的"用户体验"出发,不断强化纳税申报的智慧化、便利化水平,这势必要求各级税务机关必须熟悉企业数字化转型的特点,确保数字化的纳税服务端口与企业财务数字化高度兼容,而本书的研究内容正好为税务机关熟悉企业数字化转型、优化纳税服务的"用户体验"提供有力的参考。

以数字化技术为基石的新质生产力,带来的不仅仅是生产力的跃迁、财富创造的加速,更有新型生产关系带来的风险和不确定性。因此,企业数字化应当千方百计控制风险、降低风险,特别是数据安全风险和合规性的风险。在这样的背景下,发掘数据资产的价值、促进企业财税合规、有效地进行财税风险体检等就成为企业数字化转型过程中必须面对的重要课题。本书通过丰富的案例分析和实证研究,展示了企业数字化转型的过程中如何有效发掘与实现数据资产的价值,如何通过财税大数据进行企业财税风险体检,解答了数字财税、智慧税务如何为企业构建一套坚实的风险防控体系,这些方法和策略对于实务工作者来说是具有现实指导意义的。尤其是本书提出的以法律与规制为基石,通过全面数字化转型,实现业、财、税融合,为企业破解财税合规管理的"痛点"提供有效的解决方案。

我相信本书对于实务工作者来说是一本不可或缺的实战指南,它可以作为一本工具书出现在企业决策者、管理者以及从事企业数字化转型、数据资产、数字财税、智慧税务、财税合规等相关实务工作者的案头;更可以作为一本参考书,帮助学术研究者、高校师生理解和研究企业数字化转型。

因此,我衷心希望本书能够得到广大读者的喜爱和认可。同时,我也期待更多的学者和实务工作者能够加入这个充满活力和潜力的研究领域,在加快"数实融合"、建设中国特色的数字经济学术话语体系上更加积极有为。

最后,我要对梁志华先生表示衷心的感谢和祝贺。感谢他为我们带来了一本如此精彩、如此有价值的著作,也祝贺他在学术研究和实践探索的道路上又迈出了坚实的一步。愿他在未来的日子里继续前行,为我们带来更多的惊喜和收获。

是为序。

中国法学会财税法学研究会副会长
中央财经大学教授

序二

数字时代的财税监管与治理

数字化是目前经济社会最为热门的话题之一。《数字化跨界融合之道——企业数字化转型下的数据资产发掘与财税风险体检》一书的作者主要来自财税领域多年深耕的著名学者和长期从事财税工作的一线从业者，本书特别从政府监管的角度回答了数字财税改革将数字技术融入财税运行的全过程，通过重塑财税各主体之间管理模式，实现业财法税的赋能融合。

财税风险影响着企业的战略决策、运营管理、财务稳定以及社会声誉。规避财税风险、提升市场竞争力的合规建设，已成为企业稳健经营、稳定前行、持续发展的核心要素。业财法税融合不仅是企业发展的基本要求、根本保障和法律义务，更是企业做大做强、实现高质量发展的关键所在。数字时代的财税合规，要求企业在日常经营活动中严格遵守国家法律法规、行政规章和相关规定，及时、准确、规范地进行财税处理，积极履行纳税义务并自觉接受财税检查监督。

合规经营是经营主体应坚守的基本理念。许多企业借助信息化手段探索税务管理的数字化转型，通过智慧管理系统实现对发票管理、税费计提、税费申报等财税核心环节的智能化管理,提高财税工作的效率和质量,提升财税管理的科学性和精准性,有助于企业及时发现并有效应对潜在的税务风险,提高财税工作的透明度和可追溯性。

税务部门充分利用税收大数据,对企业合规情况进行风险扫描,帮助纳税人缴费人及时享受税费优惠、纠正政策执行偏差、规范税费申报,从而防范化解各类税费风险。同时,税务部门借助征纳互动服务,完善纳税信用提示提醒机制,及时提示纳税人纠正失信行为,帮助纳税人实现纳税信用修复或升级。全国纳税信用年度评价结果显示,诚信纳税企业数量稳步增长。

税务部门正在建设的"国际一流、中国特色"功能强大的智慧税务,以"数字化升级"和"智能化改造"的税收大数据为驱动,在全国推广应用电子发票服务平台、全国统一规范的新电子税务局、全面数字化的电子发票(数电发票)、智慧办公平台以及决策指挥管理平台,全面搭建涵盖纳税人端、税务人端、决策人端的智慧税务"三端一体"智能应用平台。

比如一,2024年12月1日,税务部门在全国正式推广应用的数电发票进行了全面数字化重构,能够在不同行业、不同领域、不同部门、不同层级间无缝流转和动态更新数据流,信息能够实时触达,实现了交易数据全量采集、智能归集,实现了可信认证穿透式管理,实现了分行业、分税种、分产业链、分业务规模等分类分级服务和管理;通过对数据的灵活组合分析,有效防控涉税风险,提升个性化服务水平,更好服务政府科学决策,实现了风险管理前后台、各环节、全链条、上下级的有机咬合和智能防控。

比如二,2024年12月20日,国家税务总局会同国家市场监督管理总局根据《中华人民共和国电子商务法》《中华人民共和国税收征收管理法》等法律规定,研究起草了《互联网平台企业涉税信息报送规定(征求意见稿)》,向社会公开征求意见，通过健全常态化涉税信息报送制度，促进平台经济健康有序发展，有效维护法治公平税收秩序。税务部门还为互联网平台企业报送涉税信息提供安全可靠的渠道和便捷高效的服务，并按照有关法律法规建立涉税信息数据安全管理制度，切实保障数据安全。

比如三，2024年12月25日，增值税法由十四届全国人大常委会第十三次会议表决通过并自2026年1月1日起施行，标志着新一轮财税体制改革和全面落实税收法定原则取得重大进展。作为我国第一大税种的增值税首次在税种法中专门规定了发票管理制度，提出要积极推广电子发票，加强以数治税的建设。增值税法还明确，税务机关与工业和信息化、公安、海关、市场监督管理、人民银行、金融监督管理等部门建立增值税涉税信息共享机制和工作配合机制，为数字化监管与治理保驾护航。

本书还给出了业财法税融合的模型、指标和案例剖析，帮助企业有效降低财税风险，在数字化浪潮中行稳致远。相信本书的出版将对数字化跨界研究、数字时代的财税监管与治理研究等产生积极的影响。对于实务工作者来说，它既是一本实战指南，也是一本参考书和工具书，值得关心数字化浪潮的业财法税各界人士阅读。

中国政法大学财税法研究中心主任
钱端升讲座教授、博士生导师

序三

数字时代的数据资产价值发掘

数字时代最为稀缺的能力就是解决复杂问题的能力,《数字化跨界融合之道——企业数字化转型下的数据资产发掘与财税风险体检》一书,致力于探索解决企业数字化转型下的数字化跨界融合的复杂问题。

数据资产是数字经济目前及未来最为热门的话题之一,本书的作者以企业数字化转型为主线,从数据资源的应用价值实现、市场价值实现、财务价值实现、资本价值实现等维度提出了如何解决数据资产价值发掘这一复杂问题的思路和方法。

轰轰烈烈的信息技术革命给我国留下了巨量的数据储量,同时,如火如荼的企业数字化转型、数字政府以及数字社会建设又会源源不断地产生巨量的数据储量,随着大数据、云计算、人工智能等数字技术的不断发展,这些巨量的数据储量开始成为数字时代的"石油"。如何把这些数据的价值发挥出来,重演"石油"的传奇呢?这是一个十分复杂的问题。解决这个复杂问题需要懂数据理论,并将数据理论与产品服务开发、商业运营、数据法律、财务核算、资本运作及国家政策等深度融合,实现数据资产的核心价值。

本书告诉读者，可以像"石油"那样，按照"应用价值、市场价值、财务价值、资本价值"的运行闭环去实现数据的价值。

第一步，发掘数据资源的应用价值，按照零级开发场景、一级开发场景、二级开发场景、三级开发场景的四大类应用场景去实现；

第二步，发掘数据资源的市场价值，按照产品规划、产品孵化、合规审查、产品上市、交易撮合、产品运营的六步法去实现；

第三步，发掘数据资源的财务价值，按照内控治理、法律合规、价值评估、财务处理、审计确认的五步法去实现；

第四步，发掘数据资源的资本价值，按照债权类投融资、权益类投融资、混合类投融资、衍生类投融资的四大类投融资方式去实现。

目前上述设想真正执行到什么程度了呢？下一步国家又是怎样布局的呢？

本书告诉我们，每一种应用价值开发场景，都有行业案例分析；每一个市场价值开发环节，都有具体执行方法；每一步财务价值实现，都有政策依据；每一个资本价值发现，都在努力探索。

本书告诉我们，国家已经在包括优化产业发展结构、促进产业链协同发展等在内的九大方面对数据产业发展进行了总体布局。数据产业这支利箭已经射出，只待佳音了。

当前各行业围绕信息化、数字化、数智化的产业升级，本质上就是解决复杂问题能力的升级。相对于本书涉及的解决复杂问题的思路和方法，本书的编写本身就是跨界解决复杂问题思维的一次具体实践。

我相信本书的出版将对数字化跨界研究、数字时代的数据资产价值发掘研究等产生积极的影响。对于实务工作者、学术研究者和高校学生而言，本书为我们理解和研究企业数字化转型下的数据资产价值发掘提供了全新的视角和思路，它既是一本实战指南,也是一本参考书和工具书,值得关心数字化浪潮的业财法税各界人士阅读。

随着国家对公共数据资产入表徐徐拉开帷幕……欲真知,惟实践。

复旦大学数字经济法制研究中心
主任、教授、博士生导师

序四

数字时代的企业财税风险体检

数字化浪潮下,法治环境的完善和信任体系的重塑,为企业数字化转型提供了广阔空间和无限可能。与此同时,企业合规性挑战也日益凸显,如何促进企业财税合规、如何进行有效的财税风险体检等,已成为企业数字化转型过程中必须面对的重要课题。

《数字化跨界融合之道——企业数字化转型下的数据资产发掘与财税风险体检》一书,揭示了合规建设既是企业必须面对的风险与挑战,也是数字化时代赋予企业的发展机遇。2025年税务部门基本建成功能强大的智慧税务,通过"一户式、一人式、一局式、一员式"实现全领域、全环节、全链条、全要素的以数治税。在财税大数据的365×24H风险管理和促进经营主体合规经营背景下,企业只有抓住机遇积极应对,才能在新经济、新业态、新模式中控制风险并实现企业的核心价值,这也正是企业财税风险体检的目标所在。

本书阐述了企业与财税合规的关系,包括税务检查的方法与逻辑,财税合规的必要性与合理性等。本书创造性提出了企业财税风险体检的概念,即以企业的财务数据、申报数据、发票数据为基础,以税收法规和政策为依据,将财税风险分析经验、风险模型与软件的合规健康算法相结合,帮助企业进行多场景、多维度、全方位的风险管控,帮助企业实现风险测评、风险应对和风险自查。这是一种通过同维度的数据源获取、标准科学的扫描识别逻辑定义、智能引导自检,同时配合对财务数据的多维度、一体化的分析,瞄准企业经营痛点的自查方式。该方法通过可靠的平台工具,简单高效地监控、管理企业的财税风险,构建全新的智能财税生态,为财税领域中的不同角色创造不同的价值。

这些价值分别体现在以下几个方面。

第一,对于企业决策者而言,可以清晰地了解企业自身的经营情况,随时把握企业是否存在财税风险,并依据财税数据制定经营策略。

第二,对于财务工作者而言,可以与企业决策者有效沟通,通过从财税角度出具的风险检测报告,及时发现风险并将风险前置,减少自身的工作失误,避免企业财税风险和信誉损失。

第三,对于业财法税各界的读者而言,可以学习、了解和掌握财税合规实战经验,通过财税合规健康体检和风险指标应对操作,探索数字化转型过程中集运营、监管和预防三位一体的企业财税合规体系。

依本人在金融科技学、财务管理智能化课程建设教学与研究的经验和体会看,本书的出版将对数字化跨界研究、数字时代的企业财税风险体检研究等产生积极的影响。对于实务工作者来说,本书讲解的企业财税风险体检是财税大数据的重要应用,为企业财税合规建设提供了全新的思路和预防手段。本书既是一本实战指南,也是一本参考书和工具书,值得关心数字化浪潮的业财法税各界人士阅读。这本关于数字化跨界融合的首书,希望每一位读者都能有所收获。

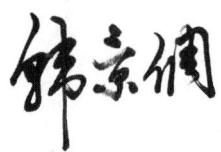

上海财经大学教授、博士生导师
上海金融智能工程技术研究中心主任

前言

自2015年习近平总书记在第二届世界互联网大会开幕式上首提"数字中国"概念以来，建设数字中国是推进中国式现代化的重要引擎，是构筑国家竞争新优势的有力支撑，是把握新一轮科技革命和产业变革新机遇的战略选择。数字时代下发展中国式数字经济支柱产业的战略机遇已成为社会共识。

数字经济是数字中国建设的核心任务。数字经济以数据要素为依托，以数字技术为核心，通过数字技术与实体经济深度融合，不断提高传统产业数字化、网络化、智能化水平，加速重构经济发展与治理模式的新型经济形态，数字经济更是新质生产力的核心，它对于实现经济高质量发展具有不可替代的作用。在数字经济大潮中，政府、组织、企业和个人都有自己的定位、角色和机会，数字经济将深刻改变社会治理、工作和生活方式，同时将深刻影响并促进各行各业的创新发展和数字化转型。数字中国尤其数字政府建设，将积极推动数字经济的快速、健康发展。

企业数字化转型是数字经济发展的关键。企业数字化转型是推动数字经济整体发展的中坚力量，在全球数字经济快速发展的大背景下,企业若不进行数字化转型,将难以适应市场的快速变化和客户需求的多样化,最终可能被市场淘汰,企业数字化转型是时代挑战,它不是"竞争加分卡",而是"生存入场券"。数字化转型能够帮助企业适应数字经济环境、提升企业竞争力、推动产业转型升级、形成"无数据,不决策"的数据文化,数字化转型是企业实现可持续发展的必然选择,必然趋势,必由之路!企业数字化转型成功与否,事关数字经济发展大局,数字经济整体发展又将推动企业数字化转型。

数据资产是企业数字化转型的助推器。企业数字化转型衍生数据资产,数字化转型的核心是数据的采集、处理、分析和应用,企业可以积累大量的数据资源,形成丰富的数据资产,这些数据资产不仅记录了企业的运营情况和客户信息,还蕴含着潜在的价值和洞察。数据资产能够推动企业数字化转型的创新和发展,数据资产入表可以提升企业的资产质量和融资能力,另外,通过对数据资产的充分利用和挖掘,企业可以开发出数据产品和服务,创造新的商业模式和收入来源,有助于企业拓展市场空间,提升企业的盈利能力。

财税合规是企业数字化转型的护城河。企业数字化转型需要数字财税、智慧税务以及财税合规的加持,它们在企业数字化转型过程中扮演着至关重要的角色,共同为企业构建了一道坚实的防御体系,确保企业在数字化浪潮中行稳致远。财税合规是企业数字化转型以及数据资产入表的前提条件,税务合规是财税合规的核心,财税不合规将会给企业带来灾难性后果(民事、行政、刑事、信誉),企业财税风险体检是企业数字化转型的"试金石",可以帮助企业防范、化解税务风险,为企业数字化转型保驾护航。

业财法税融合是企业数字化转型的主要目标之一。企业数字化转型千企千面,但业务数字化和财务数字化是必选项,没有业务数字化则不太可能实现真正意义上的财务数字化(纯粹的财务数字化可能止步于"财务共享中心"和"资金管理中心"),进一步可以理解为:企业数字化转型的主角是业务数字化,财务数字化是配角,但二者相辅相成,否则难以实现数字化的业财法税融合和企业财税合规。因此，基于智慧税务第三方监管的数字化的业财法税融合既是企业财税合规的必由之路，也是企业数字化转型的主要目标之一。

本书由梁志华任主编，贺焱、胡浩然、孙睿、许柯杰和徐金清任副主编。本书第1章由孙睿负责编写，第2章和第6章由梁志华负责编写，第3章由胡浩然负责编写，第4章由许柯杰、徐金清负责编写，第5章由贺焱负责编写。为编撰工作付出辛勤劳动的人员还有闵丹丹、蒋君叶等。

在本书出版之际，十分感谢为本书主审并悉心指导的北京大数据协会副会长、（财税大数据专委会会长）、中央财经大学博士生导师蔡昌教授，北京大数据协会财税大数据专委会常务副会长、国家税务总局大企业司原副巡视员焦瑞进先生。十分感谢为本书倾情推荐的中国法学会财税法学研究会副会长、国家税务总局税务干部学院原院长、中央财经大学研究生导师贾绍华教授，财政部法律顾问、中国法学会财税法学研究会副会长、中国政法大学财税法研究中心主任、钱端升讲座教授施正文先生，复旦大学数字经济法制研究中心主任、博士生导师许多奇教授，上海财经大学上海金融智能工程技术研究中心主任、博士生导师韩景倜教授。

本书将参考文献悉数列出，但来源于网络的文献资料可能未能一一注明作者或出处，敬请谅解。本书重点探讨的"数字化跨界融合之道"属于业界崭露头角的新理念、新模式、新方法，其理论框架与实践运作还很不成熟，有待在实践中进一步完善和发展，因此，书中的一些疏漏与不足在所难免，恳请读者朋友指正，以便我们再版修订。如有任何问题及建议，请及时与我们联系（微信：wxid_cmyctow8e8j412）。

上海财经大学上海金融智能工程技术研究中心副主任
上海国际银行金融专修学院原副院长
2025年3月

导读

一本数字化的书，一本业财法税融合的书

随着全球经济进一步向数字化、智能化转型，数据已成为企业最重要的战略资源之一。为应对日益复杂的数字化管理需求，确保数据的高效利用和安全合规，2025年5月，《数字化跨界融合之道——企业数字化转型下的数据资产发掘与财税风险体检》正式出版发行，向读者展现了数据资产管理迈入新发展阶段的详细过程，提供了数字产业化、产业数字化和数据要素产业化的实践指导，涵盖了企业数字化转型背景下财税合规治理，企业数字化转型的原理、方法、拓展以及底层逻辑，数据资源的应用价值、市场价值、财务价值和资本价值实现，数字财税与智慧税务建设，以及企业财税合规发展的业财法税融合模型，介绍了数据资产风险管理的系统工具，展望了数据资产管理的发展趋势，强调了数字化跨界融合的重要性，实现数据资产价值最大化目标，助力数字经济健康有序发展。

1. 有一本书，为企业数字化转型与高质量发展保驾护航。在数字化浪潮中，数字技术与数据要素

在数字经济中处于核心地位,数字化转型与业财法税融合是企业生存与发展的关键路径。在数字化转型浪潮中,企业既要将合法拥有或控制的数字化产品和服务合规化、标准化和增值化,释放企业经济价值,促进产业链升级转型,为企业自身创造直接或间接的经济利益,又需依托业财法税融合的合规经营降低经营管理风险、增强社会信任、提高数据治理水平、促进数据跨境流通,提高决策效能,有力支撑企业运营。《数字化跨界融合之道——企业数字化转型下的数据资产发掘与财税风险体检》就是这本书,它全方位呈现破解数字化热点、难点和痛点举措,充分发挥数据资产的业务价值、经济价值和社会价值。

2. 有一扇门,打开了企业数字化转型如何转的问题。数据资产是企业数字化转型的助推器,财税合规是企业数字化转型的护城河,业财法税融合是企业数字化转型的主要目标之一,三者协同共促数据资产的价值释放。在数字时代,数据要素和数字技术跨界融合各行各业;在合规时代,企业合规、财务合规是重点,税务合规是核心。数字化跨界融合不仅仅是传统企业与数字技术的深度融合,更是传统企业通过数字化转型与数据资产、数字财税(智慧税务)、财税合规等方面的全方位深度融合,以期实现数字化的业财法税融合。

3. 有一座桥,搭建了数据价值实现的具体路径。全景式地展现了当前数据价值实现的各项理论与实践,体现出全流程、全重点、全实践的特点。从数据到数据资源再到应用价值实现的全过程,到数据资源应用价值发现的四级开发模式;从数据产品规划到数据产品运营的数据市场价值实现全过程,到在应用价值、市场价值之上如何实现数据资源的财务价值,尤其是数据资产入表的程序与挑战;从数据资产的资本价值如何实现,到数据资产融资方式、数据资产投资策略及数据资产投融资现状与挑战。结合国家数据局最新政策文件,明确了我国当前数据产业的总体规划方向。

4. 有一系统,有效推进企业财税风险管理进程。企业通过搭建财税风险管理体系,集成数据管理、风险测评、风险应对、风险自查和统计分析等功能,充分实现业财法税的融合,提升风险防控能力,为企业日常经营与健康发展提供强大助力,切实提升企业整体经营管理水平,实现企业数据资产及管理运营的高质量可持续发展。

5. 有一抓手,促使数字财税服务于经济社会发展和国家治理。数字技术催生了财税智能型应用场景和智慧税务的发展路径及方向。通过加强数据资产的财务管理和税收征管,剖析新业态犯罪典型案例,构建数电发票事前、事中和事后一体化精准监管体系,协同共治促进数据资产平稳健康发展。

6. 有一模型,初步推导出数字化转型下全面数字化的业财法税融合实践范式。该模型涵盖了企业合规的基本概念,企业财税合规的核心地位及发展方向,数字化重构财务运营模式等内容,提出建立贯穿企业的整个生命周期全面数字化的、业财法税融合的企业财税合规体系构想。企业通过建设统一的涵盖内部数据、外部数据的数据中台(数据资产化的集中地)和数字化智能平台(业财法税融合平台),接受数字财税(智慧税务)的实时检验、评估和监管。企业通过数字化转型、数据资产化、企业财税合规、业财法税融合以及数字财税(智慧税务)、财税风险体检等相互融合相互促进,诠释了围绕数字经济的数字化跨界融合之道。

目录

第 1 章 数字经济及财税改革 / 001

1.1 数字经济沿革与发展历程 / 003
- 1.1.1 欧美数字经济历史沿革 / 003
- 1.1.2 中国数字经济发展历程 / 006

1.2 数字技术与数据要素 / 010
- 1.2.1 数字技术核心地位 / 010
- 1.2.2 "数字"内涵 / 011
- 1.2.3 数字技术与数据要素的关联性 / 014
- 1.2.4 "数字"强国之路 / 016

1.3 新质生产力 / 021
- 1.3.1 新质生产力与数字经济 / 022
- 1.3.2 新质生产力与企业合规 / 025

1.4 数字经济与财税改革 / 028
- 1.4.1 数字经济税收治理 / 028

1.4.2 数字经济财税改革 / 030

1.4.3 数字化转型与财税改革 / 033

本章小结 / 037

第 2 章　企业数字化转型 / 039

2.1　生产要素与企业发展战略 / 041

2.1.1 企业发展战略演变历程 / 041

2.1.2 企业发展战略未来趋势 / 042

2.2　企业数字化转型概述 / 043

2.2.1 信息化 VS 数字化 / 043

2.2.2 企业数字化转型的内容 / 046

2.2.3 为什么要进行企业数字化转型 / 049

2.2.4 怎么进行企业数字化转型 / 051

2.3　企业数字化转型目标及方案浅析 / 061

2.3.1 企业数字化转型目标 / 061

2.3.2 企业数字化转型方案浅析 / 063

2.4　企业数字化转型拓展 / 086

2.4.1 数字技术应用场景 / 086

2.4.2 数据中台概述 / 097

2.5　企业数字化转型底层逻辑 / 103

2.5.1 企业数字化转型与数字经济 / 103

2.5.2 企业数字化转型与数据资产 / 104

2.5.3　企业数字化转型与财税合规 / 105

2.5.4　数据资产与财税合规 / 106

2.5.5　企业数字化转型与业财法税融合 / 107

本章小结 / 109

第3章　数据资源价值实现 / 111

3.1　从数据到数据资源 / 113

3.1.1　数据的定义与特征 / 113

3.1.2　数据资源的定义与特征 / 114

3.1.3　从数据到数据资源 / 116

3.2　数据资源应用价值实现 / 120

3.2.1　数据资源零级开发模式及应用场景分析 / 120

3.2.2　数据资源一级开发模式及应用场景分析 / 124

3.2.3　数据资源二级开发模式及应用场景分析 / 128

3.2.4　数据资源三级开发模式及应用场景分析 / 132

3.3　数据资源市场价值实现 / 137

3.3.1　产品规划 / 137

3.3.2　产品孵化 / 138

3.3.3　合规审查 / 138

3.3.4　产品上市 / 138

3.3.5　交易撮合 / 139

3.3.6　产品运营 / 139

3.4 数据资源财务价值实现 / 140

- 3.4.1 数据资产的定义与特征 / 140
- 3.4.2 数据资产入表的意义 / 141
- 3.4.3 数据资产入表的路径 / 142
- 3.4.4 数据资产入表的实践案例 / 143
- 3.4.5 数据资产入表的未来展望与挑战 / 143

3.5 数据资源资本价值实现 / 144

- 3.5.1 数据资产融资方式 / 145
- 3.5.2 数据资产投资策略数据资产投融资现状与挑战 / 149
- 3.5.3 数据资产投融资平台 / 152
- 3.5.4 国内外数据资产投融资成功案例 / 155

3.6 我国促进数据价值实现的总体布局 / 157

- 3.6.1 总体要求 / 157
- 3.6.2 加强数据产业规划布局 / 158
- 3.6.3 培育多元经营主体 / 159
- 3.6.4 加快数据技术创新 / 160
- 3.6.5 提高数据资源开发利用水平 / 161
- 3.6.6 繁荣数据流通交易市场 / 162
- 3.6.7 强化基础设施支撑 / 163
- 3.6.8 提高数据领域动态安全保障能力 / 163
- 3.6.9 优化产业发展环境 / 164

本章小结 / 166

第4章 企业财税风险体检 / 167

4.1 大数据背景下的税务与企业 / 169
4.1.1 税务体系与税收政策 / 169
4.1.2 税务检查方式与重点 / 173
4.1.3 税务稽查典型案例 / 182
4.1.4 企业的涉税风险与防控 / 199

4.2 企业财税风险体检概述 / 206
4.2.1 财税风险体检的含义 / 206
4.2.2 财税风险体检重要性 / 208
4.2.3 财税风险预测与识别 / 211
4.2.4 企业增值税发票管理 / 213
4.2.5 财税风险管理环境 / 214
4.2.6 财税风险预警机制 / 215

4.3 企业财税风险体检原理 / 216
4.3.1 企业涉税数据 / 217
4.3.2 财税风险指标 / 225
4.3.3 指标数据关联 / 229

4.4 企业财税风险体检方法 / 231
4.4.1 财税风险数据 / 231
4.4.2 财税风险检测 / 232
4.4.3 财税风险应对 / 239
4.4.4 企业账务检查 / 243

4.5 企业财税风险体检案例 / 245

    4.5.1 案例特征 / 245

    4.5.2 体检过程 / 246

    4.5.3 解决问题 / 252

    4.5.4 风险管控 / 263

本章小结 / 267

第5章 数字财税及智慧税务 / 269

5.1 数字财税改革 / 271

    5.1.1 数字财税改革 / 271

    5.1.2 数字财政建设 / 272

    5.1.3 数字税收升级 / 277

    5.1.4 数字财务改造 / 282

5.2 智慧税务建设 / 288

    5.2.1 深化税收征管改革 / 288

    5.2.2 智能应用平台体系 / 290

    5.2.3 数电发票与新电子税务局 / 294

    5.2.4 效能税务与严管体系 / 301

    5.2.5 中国式现代化税务实践 / 303

5.3 数据资产及合规管控 / 305

    5.3.1 数据资产财务管理 / 305

    5.3.2 数据资产税务处理 / 308

5.4 数电发票及数据资产风险防控 / 314

    5.4.1 数电发票风险防控 / 315

    5.4.2 数据资产风险防控 / 322

    5.4.3 涉税犯罪典型案例 / 328

本章小结 / 346

第6章 企业财税合规目标 / 347

6.1 企业合规概述 / 349

    6.1.1 企业合规发展历程 / 349

    6.1.2 企业合规组织架构 / 351

    6.1.3 企业合规与司法救济 / 353

    6.1.4 企业合规与财税合规 / 355

6.2 企业财税合规概述 / 356

    6.2.1 企业财税合规发展方向 / 356

    6.2.2 法律法规下的企业财税合规 V1.0 / 358

    6.2.3 数字财税下的企业财税合规 V2.0 / 359

    6.2.4 数字化转型下的企业财税合规目标 / 361

6.3 业财法税融合模型浅探 / 362

    6.3.1 财务数字化浅析 / 362

    6.3.2 数字化转型下的业财法税融合模型 / 365

本章小结 / 367

参考文献 / 368

第1章 数字经济及财税改革

在全球经济变革的浪潮中，数字经济作为一种全新的经济形态，已经成为推动新质生产力发展的重要支撑和关键引擎。数字经济不仅是经济转型升级的重要推动力，更是现代经济体系重构的重要组成部分。其发展速度之快、辐射范围之广、影响程度之深前所未有。然而，随着数字经济的快速崛起，现有税制在应对新兴的商业模式和生产力方面显得滞后，因此需要推动财税领域进行深刻变革。

在数字化浪潮中，企业面临着前所未有的机遇与挑战，尤其是在数据资产的发掘与管理、财税合规的要求愈发严苛的背景下，企业数字化转型不再是可选项，而是生存与发展的关键路径。那么，在全球数字化浪潮下，企业应如何抓住数字经济的发展机遇，充分挖掘数据资产的价值，并确保在复杂多变的财税环境中实现合规转型？

1.1 数字经济沿革与发展历程

综观人类历史发展的各个阶段,可以将主导世界增长的经济阶段大致分为三阶段:农业经济、工业经济和数字经济。数字经济是指以数字技术为核心驱动力,依托互联网、云计算、大数据和人工智能等新一代信息技术,推动生产方式、商业模式、产业结构和社会生活方式发生深刻变革的经济形态。数字经济作为基于新一代信息技术孕育的商业模式和经济活动,拥有经济活力和潜力,成为全球经济发展的大趋势。全球数字经济的发展历程不仅推动了企业生产和消费模式的变革,也为财税体制带来了新挑战。

1.1.1 欧美数字经济历史沿革

目前,世界主要经济体普遍将发展数字经济视为提升经济质量、效率和塑造核心竞争力的重要举措。经济合作与发展组织(OECD)将数字经济视为一种广义的数字技术集群,从生态系统视角对数字经济的范围进行了界定——数字经济是一个由数字技术驱动、在经济社会领域发生持续数字化转型的生态系统,该生态系统至少包括大数据、物联网、人工智能和区块链及相关参与者。数字经济已成为全球经济发展的核心驱动力,各国纷纷推动数字技术创新突破、产业融合应用、数字治理完善以及数字技能提升,数字经济在全球范围内实现了快速增长。数字经济发展最早可上溯到 20 世纪 40 至 60 年代,以美国研制出第一台通用计算机 ENIAC 为开端,但其真正的经济影响力是在互联网的普及和信息技术的高速发展下才逐步显现。

1.1.1.1　初始阶段（20世纪60～90年代）

人类文明的进程在新兴技术的推动下不断加快。欧美国家在数字经济的发展上占据了先发优势，其根源可以追溯到20世纪中叶，这一阶段标志着数字经济时代正式开始。随着计算机技术的兴起和互联网的普及，数字经济开始逐渐萌芽。在此阶段，世界上第一台电子数字式计算机ENIAC在美国诞生（1946年）；总体上，电子计算机完成了体积缩小、价格下降、计算速度提高等进化。20世纪60年代，计算机技术的进步对商业活动产生了初步影响。企业开始引入大型机和主机，以便处理大量的商业数据，为后来的信息化时代奠定了基础。美国在这一时期的创新尤为显著。互联网也开始应用于美国军事，1969年，美国国防部开发的ARPANET被视为互联网的前身，虽然最初的设计主要服务于军事和学术目的，但它为后来的网络经济打下了坚实基础。ARPANET的诞生标志着信息传递方式的革命性变化，而这也是数字经济演进的关键起点。在欧洲，政府和企业也开始认识到信息技术的重要性，推动相关领域的创新和研究。尽管当时的技术应用范围较为有限，但欧美通过提供政策支持、研发资金以及培育创新环境，开始建立数字经济的早期框架。到20世纪70至80年代，信息技术和网络技术发展起来并被广泛应用于生产领域，以信息产业和互联网产业为代表的新兴产业快速发展。互联网产业的发展及其对传统产业的改造，一方面让网络成为新一代基础设施，产生了大量可供开发的数据资源；另一方面催生了网络平台、数字平台等这些新型经济组织形式，提升了资源配置的效率。

1.1.1.2　商业化阶段（1990—2000年）

20世纪90年代开始，互联网从学术和军事用途逐渐向商业和民用领域扩展，数字经济进入了商业化阶段。互联网的快速普及为电子商务的发展创造了前所未有的机会。电子商务平台如亚马逊的崛起，标志着传统商业模式开始向线上转移，数字化消费行为逐渐深入人们的日常生活。这一阶段,企业数字化转型的趋势日益明显,尤其在零售、金融、通信等领域,企业通过互联网平台大幅提升了运营效率和客户服务体验。20世纪90年代,在全球经济发展表现平平的背景下,美国却保持了持续快速发展,这主要得益于现代信息通信技术。互联网以数字0和1构成的比特流改变了信息传输方式和交互方式,改变了商品流通方式和交易方式,一经商业化就展现出强大的生命力。在此背景下,数字经济的概念被提出并引起广泛关注,1996年,Don Tapscott在其著作《数字经济》①中首次系统提出了"数字经济"这一概念,强调互联网在经济活动中的核心作用,并详细论述了数字化对商业模式和全球经济的深远影响。尽管该阶段面临了互联网泡沫的冲击,但泡沫的破裂为随后的数字经济发展提供了重要的经验教训,也促使企业和政府更加审慎地规划数字化进程。此外,电子商务和数字支付系统的成熟,使得全球市场的在线交易变得更加高效,推动了跨境贸易和全球化的进一步深化。随着越来越多的企业意识到互联网带来的机遇,数字经济在这一阶段获得了空前的发展。

1.1.1.3 数字化转型阶段(2000—2020年)

进入21世纪,全球面临多重挑战,包括全球能源与资源危机、全球生态与环境问题以及气候变化的影响,这些挑战促使世界各国加快推动第四次工业革命,而信息技术的突破则成为数字经济崛起的核心动力。伴随着移动通信技术的进步与智能手机的出现,网络经济以移动互联网的形式再度复兴。互联网企业平台化趋势愈发明显,共享经济模式开始受到广泛关注。在这一阶段,云计算、人工智能、大数据和区块链等数字技术的广泛应用,不仅推动了企业内部管理和运营的数字化转型,也使得供应链、金融、教育和医疗等多个行业实现了深度的数字化变革。欧美的数字经济在这一时期逐步成熟,特别是在科技企业的带动下,产业结构发生了显

---

① Tapscott, Don. The Digital Economy: Promise and Peril in the Age of Networked Intelligence. New York: McGraw-Hill, 1996, p. X.

著的转型升级。例如,美国的硅谷成为全球科技创新的中心,孕育了谷歌、脸书、苹果与亚马逊等全球科技巨头。这些企业不仅推动了数字技术的前沿发展,也在全球范围内引领了商业模式的创新。与此同时,欧洲国家也纷纷加大对数字技术和基础设施的投入,欧盟通过出台数字市场法案和数字服务法案,加强对数字经济的监管和规范,旨在为企业提供创新空间的同时,保护消费者和市场的公平竞争。在数据隐私保护和数字税收方面,欧盟和美国也进行了积极的探索。欧盟推出的《通用数据保护条例》(GDPR)被视为全球最严格的数据隐私保护法律之一,它对跨国企业的数据管理提出了新的合规要求。而在数字税收领域,欧洲国家也逐步推动建立新的征税框架,以应对数字跨国公司在全球范围内的避税问题。这些政策措施反映出欧美国家在数字经济发展中不仅关注技术和市场的推动力,还着重于治理和监管的完善,以确保经济发展的公平性和可持续性。

总之,欧美的数字经济沿革体现了技术革新与市场调整的互动作用。在这个过程中,政策制定者发挥了关键作用,既促进了创新环境的形成,又在数据隐私、税收等方面加强了保护消费者权益的措施。通过持续推动信息技术的发展和应用,欧美国家已经成功迈入数字经济的快车道,并为全球其他国家的数字经济发展提供了经验和启示。未来,随着新技术的不断涌现和应用深化,数字经济将在全球范围内进一步扩展,而技术创新、数据治理与全球合作将成为数字经济持续增长的关键动力。

1.1.2 中国数字经济发展历程

在全球化和数字技术革新的浪潮中,中国经历了一场前所未有的经济转型。自1978年改革开放政策实施以来,中国经济实现了跨越式发展,成为世界经济格局中的重要力量。这一转型不仅体现在经济规模的快速增长,更在于经济结构的深刻变化,尤其是数字经济的兴起和蓬勃发展。数字经济作为一种新型经济形态,凭借其独特的创新动力和增长潜力,正重塑着中国的生产力和生产关系,推动着中国经济向高质量、可持续、效率提升的方向发展。

1.1.2.1 起步阶段（1990—2000 年）

中国的数字经济起步较晚，但迅猛崛起，成为全球经济版图中的关键力量。20 世纪 90 年代，中国政府开始高度重视信息技术的发展，并将其纳入国家战略。1994 年，中国正式接入国际互联网，开启了中国的互联网时代。此后，互联网产业逐步发展，推动了信息化基础设施的建设。1998 年，阿里巴巴的成立，标志着中国电子商务产业的诞生，形成了数字经济的雏形。在这一阶段，政府的政策支持是中国数字经济发展的重要推动力。国家信息化战略、基础设施建设的推动，使得互联网技术快速普及，尽管当时互联网用户数量不多，但这一初步阶段为日后的大发展奠定了基础。各类数字企业如雨后春笋般涌现，为未来的商业模式变革埋下了伏笔。

1.1.2.2 快速发展阶段（2000—2020 年）

进入 21 世纪，随着互联网的普及与 4G 移动通信技术的引入，中国数字经济进入了快速发展的黄金期。这一时期的核心动力来自移动互联网的广泛普及，智能手机的推广和高速移动网络的覆盖，使得数字经济渗透到日常生活的方方面面。尤其是微信支付和支付宝的兴起，彻底改变了人们的消费方式和企业的商业模式，移动支付迅速成为全球领先的支付方式之一。中国数字经济在此阶段的飞速发展不仅体现在消费领域，还在于其对各行业的深刻影响。2003 年，淘宝网的成立推动了电子商务的发展，线上交易和购物成为主流。2009 年，腾讯推出的 QQ 及其后继的微信，不仅重新定义了社交模式，也推动了社交经济的形成。中国的互联网用户数量迅速增长，2010 年以后，中国已成为全球最大的互联网市场。这一阶段，中国的市场主体在数字技术的应用和商业模式创新方面展现出极大的活力。共享经济、平台经济等新经济形态迅速崛起，滴滴出行、摩拜单车等企业凭借数字技术的力量打破了传统行业的藩篱,创造了全新的服务模式。这一时期,政府对互联网经济的扶持政策也助推了整个产业的繁荣发展。

1.1.2.3 全面转型阶段(2020年以后)

进入21世纪20年代,中国的数字经济已经进入全面转型升级的新阶段。当前,中国数字经济正加速向全球化、智能化、绿色化发展,数字技术与传统产业的深度融合将成为未来发展的主要趋势,数字经济显示出了强大的经济生命力。我国5G、人工智能等技术创新持续取得突破,数据要素市场加快建设,数字经济产业体系不断完善,数字经济全要素生产率巩固提升,支撑了我国新质生产力的积累壮大。据中国信息通信研究院数据显示,2023年,我国数字经济规模达到53.9万亿元,较上年增长3.7万亿元,数字经济增长对GDP增长的贡献率达66.45%,有效支撑经济稳增长(见图1—1)。[①]

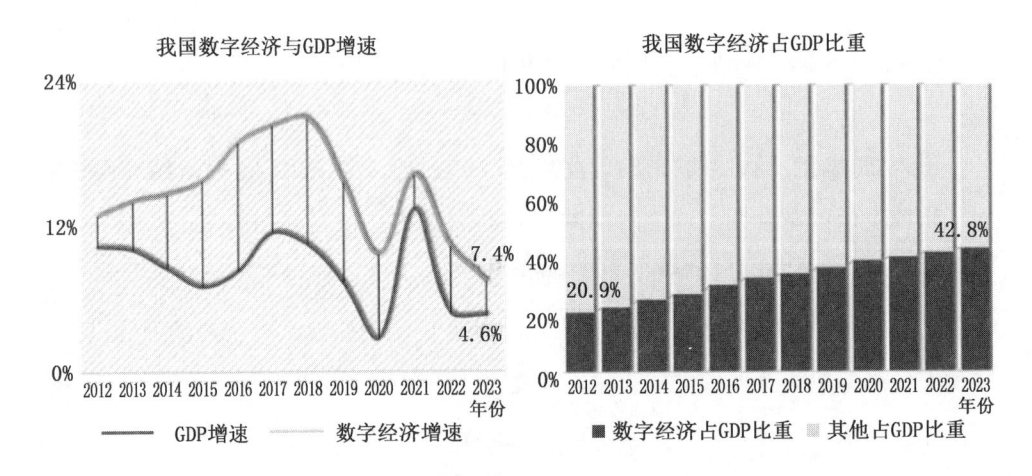

图1—1 我国数字经济发展现状

资料来源:中国信息通信研究院.中国数字经济发展研究报告(2024年).

[①] 中国信息通信研究院. 中国数字经济发展研究报告(2024年)[R/OL]. 2024-08-27. https://www.caict.ac.cn/kxyj/qwfb/bps/202408/t20240827_491581.htm.

在中国经济高质量发展引领下,各领域的数字化转型蓬勃推进,数字经济、数字社会建设正在加速进行。5G、人工智能、区块链等数字技术的广泛应用,正在加速推动传统产业的数字化转型与升级。数字经济不仅带来了新的增长动力,还重塑了中国的经济结构。数字平台企业如阿里巴巴、腾讯等,凭借大数据、云计算、人工智能等技术,推动了传统行业的深刻变革,极大提升了生产效率,增强了全球竞争力。与此同时,政府积极推动数据治理和监管机制的完善,以确保数字经济的持续健康发展。国家出台了一系列政策,如《中华人民共和国网络安全法》和《中华人民共和国数据安全法》,以保障数据安全、隐私保护及数字经济的合规性。这些政策的出台,推动了数字经济的合规化与规范化发展。

总之,中国数字经济的发展历程展示了从初步探索到快速增长,再到全面转型的完整轨迹。在全球数字化浪潮中,中国凭借着强有力的政策引导和创新驱动,迅速成为全球数字经济的重要力量。通过电子商务的崛起、移动支付的普及以及数字技术与传统产业的深度融合,数字经济正成为推动中国经济高质量发展的核心引擎。未来,随着技术的不断进步与数据治理的完善,数字经济在中国的影响力将进一步扩大,并继续引领全球经济变革的浪潮。

通过对欧美和中国数字经济发展历程的分析,可以看出,虽然两者在数字经济的起步时间、技术路径和发展模式上有所差异,但都在不断探索如何利用数字技术推动经济和社会的持续发展与变革。欧美国家凭借其早期的科技创新优势,率先进入数字经济时代,尤其是在信息技术、电子商务,以及互联网金融等领域,奠定了全球数字经济的基础。而中国则通过后发优势和政策引导,在短时间内实现了从跟随到引领的飞跃,在移动支付、电子商务、共享经济等领域,形成了具有中国特色的发展模式。

1.2 数字技术与数据要素

在数字经济蓬勃发展的背景下,数字技术和数据要素构成了现代经济体系的核心支柱,两者之间紧密相连,相辅相成,共同驱动了经济与社会的深刻变革。

1.2.1 数字技术的核心

数字经济发展速度之快、辐射范围之广、影响程度之深前所未有,正在成为重组全球要素资源、重塑全球经济结构、改变全球竞争格局的关键力量。习近平总书记提出:"要促进数字技术与实体经济深度融合,赋能传统产业转型升级,催生新业态、新模式、新产业,不断做强、做优、做大我国数字经济。"

在全球经济数字化转型的大背景下,数字经济蓬勃发展,正深刻改变着经济发展模式,并逐步成为推动国家经济发展的关键力量。数字技术是指利用电子计算机、互联网、大数据和人工智能等现代信息通信技术,对信息进行采集、处理、传输、存储、分析和应用的一系列技术总称。它打破了传统的时间和空间限制,实现了信息的高速流动和资源的优化配置。数字经济的核心在于数据的采集、处理和应用,这种新的生产力正在深刻改变全球的产业格局。数字经济的发展模式不同于传统产业依赖的土地、劳动力和资本等物质要素,它更多依托的是技术创新、数据驱动和知识积累,这使得数字经济具有更强的可持续性和更高的经济附加值。

数字技术是推动企业数字化转型和新质生产力发展的核心力量,数据则成为现代企业最具价值的资产之一。在财税领域,数据的有效管理与合规使用直接影响企业的税务合规性和经营效益。在数字经济时代,数字技术和数据已成为推动经济发展的核心要素。它们不仅重新定义了企业的运营模式，还在财税合规和治理中发挥了重要作用。

1.2.2 "数字"内涵

数字经济作为新时代全球经济发展的重要形态，其核心在于"数字"概念的多维度运用。在数字经济的框架下，数字不仅仅是技术手段和工具，更是一种新的生产力和生产要素，能够为经济发展带来革命性的变化。数字在数字经济中具有三种不同但相互关联的含义：数字产业化、产业数字化和数据要素的产业化。这三者紧密结合，构成了数字经济发展的完整路径。

⊙ 1.2.2.1 数字产业化：数字技术的产业化

数字产业化指的是数字技术的产业化过程。它是数字经济的核心产业，代表了狭义上的新质生产力。在这一阶段，数字技术通过技术研发和产业应用，逐步转化为能够直接服务于经济生产的具体产品、服务和解决方案。具体而言，数字产业化涉及为各行业的数字化转型提供基础设施和技术支持，如云计算、大数据平台、人工智能算法和物联网设备等，确保这些数字技术能够大规模应用于实际生产和商业活动中。数字产业化是推动经济数字化的基础动力，它为其他产业的数字化转型提供了技术保障。例如，电商平台、物流系统、智慧城市解决方案等，都依赖于数字技术的不断进步。各类创新技术和数字基础设施的建立，使得企业和行业能够快速获取并利用数据，提升生产效率和竞争力。

⊙ 1.2.2.2 产业数字化：传统产业的数字化转型

产业数字化指的是传统产业通过引入和应用数字技术，实现生产流程、商业模式、管理手段等方面的数字化转型。数字技术通过与传统产业的深度融合，不仅优化了生产效率，还推动了商业模式的革新，增强了行业的竞争力。产业数字化的核心在于利用数字技术对原有生产要素进行升级和重构。通过数字技术的赋能，企业可以实现从制造到服务全流程的智能化管理。例如，在制造业领域，通过工业互联网、智能制造系统，企业能够实现生产设备的互联互通，优化生产链条，实现精益生产。农业领域则通过物联网技术和大数据分析，实现精准种植和智慧农业，提高了产量和质量。而服务行业则依托平台经济、共享经济等新模式，实现资源的高效配置和运营模式的创新。这种数字化转型不仅提升了行业的运行效率，还为企业和产业提供了大量数据，成为未来发展数据产业化的基础。在数字技术的支持下，传统产业通过引入大数据、人工智能、区块链等技术手段，得以进行深度的结构性调整，最终推动整个经济体系的现代化升级。

1.2.2.3 数据要素的产业化

数据要素的产业化指的是通过对数据资源的深入挖掘与开发，将数据这一生产要素转化为具有经济价值的产品和服务，形成新产业、新业态和新模式。这一过程是在前两步的基础上实现的——数字技术产业化为产业数字化提供了支持，产业数字化又积累了大量数据，为数据要素的产业化奠定了基础。数据要素的产业化本质上是将数据资源经过处理、分析和应用，转化为实际的经济成果。这一过程包括数据采集、清洗、挖掘和分析等环节，最终将数据转化为数据产品和数据服务。例如，企业通过对消费数据的分析，可以精准定位消费者需求，开发个性化的产品和服务，进而提升市场竞争力。在金融行业，通过对大数据的分析，能够实现风险控制和客户精准服务，优化金融资源的配置效率。数据要素产业化的典型案例之一就是人工智能和大数据行业的发展。人工智能算法依赖于海量数据的支持，而数据的处理与应用则是人工智能得以不断优化和发展的根本。在这个过程中，数据不仅作为生产要素被应用于企业生产中，还催生出新的商业模式和产业形态，如智慧零售、智能物流、精准医疗等。

1.2.2.4 案例分析：美团的数字化发展路径

美团作为中国领先的互联网生活服务平台，成功实现了"数字产业化—产业数字化—数据要素产业化"的发展路径，生动地展示了数字经济的多重涵义及其对经济发展的深远影响。首先，美团的成功离不开数字技术的产业化。通过数字技术的研发与应用，美团构建了强大的平台和技术系统，为数以百万计的用户和商家提供服务。它依赖于互联网、云计算、大数据等技术，不仅打造了线上平台，还支持了复杂的业务运营体系，构成了产业数字化的技术基础。其次，在产业数字化的层面，美团有效推动了跑腿行业、餐饮服务行业等传统服务业的数字化转型。美团平台将消费者、商家、配送员等多方主体整合为一个庞大的数字服务网络，实现了高效的资源配置和服务链条优化。通过数字技术，美团实现了配送路线优化、订单管理自动化、客户需求精准预测等功能，提升了产业的整体效率。最后，美团利用其平台积累的海量消费数据，推动了数据要素的产业化。通过对这些数据的深入挖掘和分析，美团不仅为商家提供了精准的市场营销工具，还开发了诸如美团云等数据服务产品，进一步拓展了业务边界。这一过程不仅使得美团获得了更多的市场竞争优势，也推动了整个跑腿产业的升级与创新，形成了新业态和新模式。

数字经济的发展路径可以总结为一个由"数字产业化"到"产业数字化"，再到"数字产业化"的循环过程。在这一过程中，数字技术产业化为产业数字化提供技术支持，产业数字化推动企业转型并产生大量数据，而数据要素产业化则进一步释放数据的经济价值，推动新产业、新业态和新模式的形成。这一闭环不仅构成了数字经济的基础框架，也为企业和产业提供了无限的创新可能。随着数字技术的不断演进和产业的深入转型，未来数字经济将进一步融合各类生产要素，推动经济社会的全方位升级与变革。

1.2.3 数字技术与数据要素的关联性

数字技术与数据要素作为构成经济增长的"双轮驱动"因素,两者之间的紧密关联在推动产业升级、提升经济效率方面发挥着关键作用,同时也是数字经济相较于传统经济的核心区别所在。传统的数据要素往往仅局限于结构数据,而在大数据时代,数据要素已演变为对全事物的数据化表述,这种内涵上质的转变,使得数据要素在数字经济中的价值被进一步放大,也对数字技术与数据要素的协同发展提出了新的要求。通过深度挖掘数据要素价值,推动技术创新,可以不断提升数字经济的竞争力,为社会和经济的高质量发展注入新动能。

(1)数字技术是数据要素的支撑,数据要素的高效利用依赖于数字技术的支撑与优化

数字技术的不断创新与普及,为数据要素的挖掘、加工、存储和应用提供了重要的技术基础。第一,在数据的采集与处理方面,大数据处理技术、人工智能算法、云计算基础设施等数字技术,为数据的采集、清洗、存储与分析提供了强大的技术支持。大数据技术使企业能够通过传感器、物联网设备、用户行为分析等方式高效采集数据,这种规模化的采集能力是数据要素化的前提条件。第二,在数据存储与管理方面,云计算和分布式存储技术为海量数据的存储提供了低成本、高效率的解决方案。通过这些技术,企业能够动态扩展数据存储能力,实现数据的便捷管理与高效调用。第三,数字技术的进步使得海量数据能够被快速处理并转化为可用的信息资源,从而帮助企业实现智能决策,提升产业效率。在数据的分析与挖掘方面,人工智能技术特别是机器学习算法,可以从复杂、多维的数据集中提取有价值的模式和洞察,提升企业决策效率和市场竞争力。

(2)数据要素通过为数字技术提供训练数据和优化资源,反哺数字技术的发展

数据要素是数字经济的核心驱动力之一,其高效利用离不开数字技术的不断创新,同时也为数字技术的发展提供了广阔的空间和舞台。数据要素不仅是经济

资源的核心,更是数字技术发展的基础动力源,数据要素为数字技术优化提供基础资源。数据资源的丰富性和多样性是人工智能、深度学习等技术不断进步的关键。模型训练和算法优化需要大量真实数据进行验证,海量数据的积累直接推动了算法的可靠性和精准性提升。此外,数据要素本身为数字技术的创新提供了动力与方向。随着数据规模的指数级增长和多样化需求的不断涌现,数字技术需要不断迭代和升级以适应新挑战。数据共享与交换平台的建设,为跨行业、跨领域的技术创新提供了可能。数据资源的开放性和流动性为技术突破提供了更加丰富的应用场景和试验环境。

(3)数字技术和数据要素的深度融合,推动了经济形态的转型升级,重塑了资源配置方式和生产力发展模式

首先,数字技术作为新一轮科技革命的核心驱动力量,正在引领全球经济发展进入分流阶段。其迭代创新和广泛扩散应用,不仅提高了企业生产效率,还促进了商业模式的创新和产业链的重构。

其次,数据要素作为数字经济时代的"新型生产资料",其重要性日益凸显。与传统生产要素不同,数据要素不具备稀缺性,而是随着技术进步和应用场景的扩展而不断增值。数据的非排他性、可复制性和低边际成本特性,使其能够形成规模报酬递增和正反馈循环。综合来看,数字技术与数据要素的双轮驱动效应,不仅推动了传统产业的数字化转型,还催生了大量新兴产业,重塑了全球经济版图。在数字经济时代,谁能率先实现数字技术与数据要素的深度融合,谁就能在未来的经济发展中占据主导地位。

最后,为了释放数字技术与数据要素结合的最大潜能,国家政策与管理机制必须发挥引导和规范作用。首先,制定数据要素流通和使用标准。通过建立统一的数据分类、质量评价与交易规则,降低数据资源在流通与共享中的壁垒,提升其价值转化效率。其次,通过财税政策激励数字技术创新与应用。鼓励企业加大数字技术研发投入,通过税收优惠、专项资金支持等政策,推动更多企业开发和应用先进数字技术,强化数据要素的价值挖掘。此外,加强数据安全与隐私保护。在推动两者结合的同时,国家需出台严格的数据安全与隐私保护法规,以防止数据滥用、

泄露等问题对社会经济产生负面影响。建立数据分类分级管理制度,平衡数据开放与安全之间的关系,为数据要素的良性发展创造安全环境。

1.2.4 "数字"强国之路

数据作为生产要素,已成为推动数字经济发展的核心资源。它不仅是生产数字化信息和知识的原材料,也是现代经济体系中不可或缺的基础要素。随着信息技术的不断进步,数据要素和数字经济已经广泛渗透到生产、生活的各个领域,深刻改变了传统的生产方式、消费模式以及市场运行机制。这种变革不仅限于产业层面,更对我国的市场经济发展与制度体系建设带来了深远影响。

1.2.4.1 要素债要素还

从政府角度来看,数字经济具有"要素债要素还"的特征,即政府债务的产生和偿还都与生产要素的积累和使用紧密相关。以美国和中国的政府债务为例,目前美国政府的债务规模已达到约 36 万亿美元,而中国的政府债务也在逐年攀升。显而易见,依靠传统的经济增长模式难以完全覆盖如此庞大的政府负债。因此,如何利用新兴生产要素,尤其是数据要素,成为政府偿还债务的重要途径。在美国,政府债务的主要来源是资本要素和技术要素。美国长期以来享有资本红利和技术红利,凭借强大的资本市场和全球领先的技术创新能力,政府可以通过这些要素推动经济增长,从而支撑庞大的政府债务体系。然而,随着全球经济形势的变化,单靠资本和技术要素已难以完全支撑美国的长期经济发展及其债务偿还能力。因此,数据要素作为新的生产要素,成为偿还政府债务的关键。通过对全球数据资源的控制和利用,美国可以进一步释放数据红利,推动技术和资本的升级,进而有效地缓解债务压力。美国凭借其在全球数字经济中的领先地位,有望通过对全球数据资源的控制和挖掘,进一步提升国家的创新能力与竞争力,这将有助于其缓解债务负担。因此,对于美国而言,资本要素和技术要素的债务将越来越依赖于数据要素的支撑。同样,中国在土地要素基础上所积累的政府债务,也需要依赖新的生产要素——数据要素,来实现经济增长和债务偿还。中国的政府债务主要源于土地要素的长期依赖。自改革开放以来,中国通过土地开发和城市化进程实现了经济的快速增长,形成了以土地要素为核心的债务积累。然而,随着土地资源的日渐稀缺以及房地产市场的调整,土地要素已不再是可持续的经济支柱。为此,中国也必须转向数据要素,以应对日益增长的政府债务和经济转型的需求。

在当前的全球数字经济竞争中,中美两国正处于关键博弈阶段。美国凭借其技术优势和数字产业的先发优势,已经掌握了大量的数据资源。如果其能够继续巩固在全球数据产业链中的控制权,政府债务的偿还将变得相对轻松。与此同时,中国在数字经济领域的快速崛起为其提供了新的发展动能。通过大力发展数据要素,推动数字经济创新,中国可以逐步实现从土地要素依赖型经济向数据要素驱动型经济的转型,从而为政府债务的长期偿还提供更加稳固的基础。

1.2.4.2 数字经济是中国支柱产业必由之路

数字经济是中国支柱产业必由之路,要通过数据要素助力中国支柱产业。中国经济长期以来依赖于传统支柱产业,特别是房地产行业,这些行业在过去几十年间为经济增长、城市化进程以及财政收入做出了重要贡献。然而,随着全球经济结构的调整和中国经济迈向高质量发展阶段,依靠房地产和土地要素拉动的增长模式已经逐渐显现出局限性。政府曾尝试通过发展汽车产业和新能源产业来接替房地产行业成为新的经济支柱,但这些产业在拉动其他行业的能力方面相对较弱,未能有效实现预期目标。

在传统生产要素中,土地、劳动力、资本和技术一直是推动经济发展的四大支柱。其中,土地要素在过去主要推动了房地产行业的扩展和城市化进程;劳动力要素集中在制造业等中低端产业,为规模化生产提供了基础;资本要素则帮助实现了工业领域的大规模扩张;技术要素推动了科技创新,促进了高新技术产业的发展。

然而,随着土地资源日益稀缺,劳动力成本上升,以及资本和技术要素的局限性逐步显现,传统要素驱动的发展模式已经难以为继。在这种背景下,数据作为一种新型生产要素,开始成为推动经济增长的新动力源泉。数据不仅在生产过程中扮演了至关重要的角色,而且为创新和产业升级提供了全新的驱动机制。通过充分利用数据要素,中国的支柱产业可以实现质的飞跃,形成新的竞争优势和发展动能。

数据作为新型生产要素,能够通过两个主要渠道在经济中发挥作用。首先,数据直接进入生产过程,成为生产系统中的一部分。在数字经济时代,企业和行业利用数据进行智能化生产、精准营销和供应链优化,这些数据的积累和分析直接提升了生产效率、降低了运营成本。例如,制造业通过工业互联网、物联网等技术手段,可以实时获取生产过程中的各类数据,进而实现生产流程的优化与智能化改造。其次,数据要素在创新过程中扮演了不可或缺的角色。数据经过分析、处理和算法优化,能够为创新提供重要的依据和资源,催生新的技术、产品和服务。特别是在新兴领域,如人工智能、大数据分析等,数据要素已经成为推动创新和技术突破的核心资源。大规模的数据积累和分析能力,不仅帮助企业开发出新的产品和专利,还促进了产业结构的调整和升级。例如,人工智能的飞速发展正是基于过去多年来全球范围内的海量数据积累,没有数据的支撑,人工智能算法无法实现有效的学习与进步。

中国作为全球人口最多的国家,拥有巨大的初始数据存量,这是中国在数字经济领域的天然比较优势。随着信息化和数字化的迅速推进,社会各个层面、各行各业的数字化进程不断加快,海量的数据通过日常的生产和消费活动产生。无论是制造业、服务业,还是零售业、金融业,数据已经成为各类企业在经营管理中的重要资产。在数字经济时代,数据不仅是企业发展的关键资源,更是国家经济竞争力的重要体现。中国可以凭借这一数据优势,推动支柱产业的转型升级。例如,传统制造业可以通过工业互联网技术,利用生产数据和供应链数据进行全方位的优化;金融行业通过大数据分析,能够实现精准风控和客户服务的个性化;零售行业借助消费数据,能够有效地进行市场需求预测和精准营销。数据通过强大的算法和算力支持,能够进一步推动新产业的崛起,为社会创造出更大的经济价值。

1.2.4.3 从产业立国到数字立国

中国的改革开放历程可以被视为一个产业立国的过程。在过去的40多年中，中国依靠土地、资本和劳动力要素，成功建立起了制造业强国的地位，形成了诸如房地产、基建、工业等支柱产业。然而，随着时代的变迁和全球经济格局的变化，中国的经济发展模式亟须进行深度转型。从传统的依赖物理要素的产业立国模式，向依托数据要素和技术创新的数字立国模式转型，已成为中国未来发展的必由之路。数字立国的核心在于，充分利用数据要素这一新的生产力，通过数据驱动产业创新、技术进步和经济增长，形成以数字经济为支柱的现代化经济体系。

在国内发展实践中，"数字立城"的影响力已逐步显现。以杭州为例，阿里巴巴的崛起不仅标志着杭州从一个传统城市向数字经济中心的华丽转身，也为其他地区提供了宝贵的经验。作为全球领先的互联网公司，阿里巴巴通过电商、云计算和大数据等核心业务，带动了杭州数字经济的全面发展，使这座城市在全国乃至全球范围内赢得了独特的竞争优势。数字产业的崛起，显著提升了杭州的经济实力和城市影响力，为其迈向"数字强市"提供了强大支撑。类似的例子还包括合肥引进科大讯飞的成功实践。科大讯飞是国内领先的人工智能技术企业，凭借其在语音识别、自然语言处理等领域的技术优势，不仅为合肥的经济发展注入了新动力，还提升了城市的科技创新能力。通过推动人工智能产业的发展，合肥成功实现了从传统制造业城市向新兴科技创新中心的转型，这一案例充分展示了数字产业对地方经济发展的拉动作用。

数字产业作为现代经济的重要组成部分，具有深远的战略意义。其不仅是国民经济的重要支柱产业，还在推动传统产业数字化转型、提升生产效率、创新商业模式等方面发挥着关键作用。数字产业的高度创新性、低物质资源依赖性，使其成为未来国家经济增长的重要引擎。它不仅能创造大量高附加值的就业岗位，还能促进新型产业和商业模式的诞生，带动整个经济体系的转型升级。特别是在人工智能、大数据、区块链和物联网等新技术领域，数字产业不仅推动了技术进步，也带来了经济模式的革新。要实现"数字立国",需要从战略高度规划数字产业的发展,并通过政策引导、资金支持、技术创新等多方面的协同努力,推动数字经济成为国家的支柱产业。具体而言,可以从以下几个方面着手:第一,加强数字基础设施建设。数字经济的发展离不开强大的基础设施支撑。高速稳定的网络环境、大规模数据中心、先进的计算能力是推动数字经济发展的基石。通过加大对5G网络、人工智能平台、工业互联网等基础设施的投入,政府可以为数字经济的快速发展创造良好的硬件条件。第二,推动传统产业数字化转型。数字经济的本质在于利用数字技术对传统产业进行改造升级。通过推动传统制造业、服务业、农业等行业与数字技术深度融合,能够大幅提升生产效率和产业竞争力。例如,制造业可以通过引入工业互联网和物联网技术,实现生产过程的智能化和自动化,提升产业附加值和国际竞争力。第三,激发创新创业活力。数字经济的发展离不开创新创业的推动。通过建立完善的创新生态系统,鼓励技术创新和商业模式创新,政府可以为数字产业的发展注入持续的动力。特别是在大数据、人工智能、云计算等前沿领域,激励更多企业和个人参与创新,将有助于数字经济的持续繁荣。第四,培养数字化人才。人才是数字经济发展的核心资源。政府和企业应加强对数字化人才的培养,特别是人工智能、数据分析、区块链等领域的专业人才,提供必要的教育和培训资源,确保数字经济的可持续发展。第五,完善数字经济的制度保障。数字经济的快速发展也带来了许多新问题,如数据隐私保护、网络安全、数字税收等。政府应及时出台相关政策法规,规范数字经济的发展,确保其在合规、安全的框架下持续健康发展。

以数字经济为代表的新一轮科技革命和产业变革,正在深刻地重塑人类经济社会结构。杭州市作为全国数字经济的先行者,在打造开放、共享、协同的数字经济生态,促进财税服务行业的转型升级,为中小企业提供更加精准、高效服务等方面,进行了积极探索并取得了有效成果,为国家经济的持续健康发展作出了积极贡献。随着全球数字经济竞争的加剧,中国必须抓住时代机遇,积极推动数字经济发展,形成以数字技术为基础的产业体系,打造具有国际竞争力的数字强国。未来的经济竞争将不仅是资源和技术的较量,更是数据和创新能力的竞争。中国如果能在这一领域中占据领先地位,将为其实现经济高质量发展和全球经济竞争中的持续领先提供坚实保障。

1.3 新质生产力

新质生产力是数字经济背景下,基于信息技术、创新和数据驱动所产生的一种新的经济推动力,代表着生产力从传统的物质资本、劳动力和土地等要素依赖,逐步向以数据、技术和智能化为核心的新形态转变。从狭义上看,新质生产力的本质是数字技术产业化,重点是人工智能技术、高端算力和算法、高端芯片、5G6G等,为传统产业数字化提供新基建、技术支持和解决方案。从广义上看,新质生产力包括科技创新引领的传统产业数字化,即数字技术驱动的企业数字化转型,包括新能源、新材料、先进制造等战略性新兴产业,以及量子信息、基因技术、未来网络等未来产业,其理论公式如下。

新质生产力=(科学技术革命性突破+生产要素创新性配置+产业深度转型升级)×(劳动力+劳动工具+劳动对象)优化组合

与传统生产力不同,新质生产力强调利用大数据、人工智能、物联网及云计算等前沿技术,实现生产要素的优化配置与资源的高效利用。这种转变不仅提升了企业的生产效率和创新能力,也推动了行业竞争格局的深刻变革。在数字经济环境下,新质生产力不仅改变了传统生产模式,也对企业的财税合规提出了更高的要求。

1.3.1 新质生产力与数字经济

生产力是推动社会进步的最活跃、最重要的要素。马克思指出,"劳动生产力总是在不断地变化。"当前,新一轮科技革命和产业变革正在深入推进,颠覆性技术包括数字技术、低碳技术、生物技术等,其中颠覆性最强、影响力最广的就是数字技术,数字技术与数据要素共同推动新质生产力发展,使其呈现出数字化、智能化特征。新质生产力是代表着生产力跃升的先进生产力,是新时代推动经济增长的核心驱动力。推动新质生产力发展的主导因素是创新,其中数字经济和数字技术是推动新质生产力发展的关键引擎。通过观念创新、制度创新和技术创新,特别是数字技术的深度应用,新质生产力在数字化、智能化、网络化的趋势下不断进化,形成了高科技、高效能、高质量的生产力形态。

1.3.1.1 数字经济与生产模式的变革

新质生产力打破了传统的经济增长方式,依托数字经济的蓬勃发展,实现了技术革命性突破、生产要素的创新性配置与产业深度转型升级。它由技术革命性突破、生产要素创新性配置、产业深度转型升级而催生,以劳动者、劳动资料、劳动对象及其优化组合的跃升为基本内涵,以全要素生产率大幅提升为核心标志,特点是创新,关键在质优,本质是先进生产力。数字经济推动了劳动者、劳动资料和劳动对象的数字化转型,通过大数据、人工智能、物联网等技术的广泛应用,极大提升了全要素生产率,推动生产力实现质的飞跃。其核心标志是全方位的创新,关键在于数字技术的深度融合,而本质则是先进生产力的构建。

按照马克思主义政治经济学基本原理,生产力就是人类改造自然和征服自然的能力。这种能力是随着科学技术的不断进步而不断提升的。科学技术是生产力的推动因素,科学技术要想推动生产力发展就必须内化于生产力,即与生产力的三要素——劳动者、劳动资料和劳动对象相结合。新质生产力强调了对劳动者、生产资料和劳动对象这三大生产力构成要素的更新迭代，同时也推动着生产关系进一步向前发展。数字经济已经深度内化于生产力的各个要素中，与劳动者、劳动资料和劳动对象的全面数字化结合，推动了生产力的升级与迭代。数字化的劳动工具、智能化的生产设备和信息化的资源配置方式，都使得生产力的构成要素发生了根本性变化，推动社会生产关系进一步向前发展。更高素质的劳动者是新质生产力的第一要素，更高技术含量的劳动资料是新质生产力的动力源泉，更广范围的劳动对象是新质生产力的物质基础，这三者都必须和中国特色社会主义制度相契合，以推进中国特色社会主义建设为目标，以促进人民群众获得幸福感为标志。数字经济的发展可以提升劳动者的数字素养和技能，使其成为高素质的数字化劳动者；同时，数字化的生产工具与智能系统作为新质生产力的重要资料，成为推动生产力的动力源泉；而通过数字技术对广泛领域的资源进行智能化管理与配置，极大拓展了生产力的物质基础。这三大要素在数字技术的支持下协同作用，推动中国特色社会主义事业的发展。

因此，与传统生产力形成鲜明对比，新质生产力由数字经济的创新驱动，摆脱了传统经济增长方式，伴随着中国走独立自主发展之路的先进生产力。以数字经济为引擎的新质生产力以社会主义制度下新供给与新需求高水平动态平衡为落脚点，形成高质量的生产力，有助于实现社会主义市场经济良性循环，增强社会主义市场经济增长和社会主义制度发展的持续性，实现高质量发展。

1.3.1.2 新质生产力的数据驱动效应

区别于旧的生产力，新质生产力的"新"，主要体现在"新技术"驱动、"新业态"支撑以及数据要素与数字技术的赋能方面，这不仅是中国式现代化建设的客观要求，也是社会主义制度下生产力发展的必然趋势。

首先，新质生产力需要"新技术"驱动。新质生产力的本质是创新驱动，这种创新驱动的关键在于关键性技术和颠覆性技术的突破。新质生产力的形成有赖于数字技术的进步。基于信息技术革命的延续和升级,新质生产力与传统生产力所依赖的技术具有内在联系。从生产关系层面分析,生产关系的性质是由劳动者和生产资料的结合方式决定的。促进新质生产力形成,需要改善生产关系,使之与新的物质技术基础相适应,为高素质劳动力和高质量生产资料提供更加先进的结合方式。从生产要素层面分析,生产要素是决定潜在生产力发展水平的物质技术基础。此外,新质生产力不仅要有较高的科技含量,还要具备高效能、高质量,使生产资料的投入更加集约,生产方式更加高效,产出更加优质。新质生产力将科技进步引发的创新动能作为生产力发展的驱动力,即把经济增长的动力由要素驱动、投资驱动锚定到创新驱动,将科技进步作为实现创新驱动的动力源泉,完成传统生产力的新的跃迁。这种生产力的跃迁是一个从量变到质变的过程。数字经济背景下的人工智能、云计算、区块链等数字技术作为新技术的代表,在推动产业升级和经济增长模式转变中发挥着重要作用。

其次,新质生产力需要新业态支撑。新业态注重以数字技术推动传统产业的数字化升级和智能化改造,推动产业数字化和数字产业化发展,完成先进技术向高端产业的转化,代表着新质生产力支撑起更高的产业维度。在新一轮技术革命中,数字化转型、数字产业的发展是我国实现"弯道超车"、追赶世界发达国家的重要路径。培育新产业、新业态、新模式的核心在于推动产业数字化变革,这是产业组织转型升级的深刻调整与革新。因此,当前一定历史时期内,发展新质生产力的主要路径是实现从劳动力密集型产业向技术密集型产业的转型升级,更注重技术革命与数据要素对产业中的生产要素进行创新配置,促进产业发展实现高端化、智能化、绿色化。

此外,新质生产力的发展离不开数据要素与数字技术的赋能。新质生产力拓展了生产要素的范畴,数据成为与劳动、资本、土地、技术等并重的新的生产要素,从而成为驱动生产力发展的关键资源。数字经济的发展使得数据能够整合其他科技创新元素,推动全球数字治理,影响全球经济形势、社会趋势乃至全球政治生态。新质生产力凸显了以科技创新作为内生动力和推动经济发展作为根本宗旨的生产力的时代新属性。新质生产力的发展有赖于数据要素的引入与数字技术的推动,加快形成新质生产力,必须以数据要素和数字技术为纽带和桥梁,把各种生产要素和社会资源进行资源配置、优化组合,以发挥数据要素和数字技术在促进生产力创新发展方面的驱动效应。

1.3.2　新质生产力与企业合规

▶ 1.3.2.1　企业合规为新质生产力筑牢根基

新质生产力的培育与发展,离不开创新驱动、技术升级以及资源的高效配置等核心要素,而企业合规为这些要素的有机整合提供了坚实的保障。企业合规不仅是企业合法运营的基础要求,更是现代企业治理与新质生产力发展之间内在一致性的体现。随着数字化转型的加速,数据合规逐渐成为企业发展的关键维度。企业对数据的合法收集、存储、使用和共享,不仅保障了用户权益,也为数字经济时代新业态的创新奠定了基础,是新质生产力在数字领域蓬勃发展的必要条件。企业财税合规作为企业合规体系的重要组成部分,贯穿于企业生产经营的各个环节,对新质生产力的培育和发展起着至关重要的直接作用。一方面,财税合规为新质生产力的培育提供坚实的资源保障。合规的财税操作提升了企业财务信息的透明度。企业通过合法合规的财税制度进行财务核算和税务申报,能够清晰地展示资产、负债和盈利等状况,为管理层提供可靠的决策依据,从而使企业将有限资源投入具有创新潜力的领域,进一步支持新质生产力的培育。另一方面,财税合规为新质生产力发展创造了有利的环境。合规的财税操作使企业能够享受税收优惠和财政补贴,进而激励企业开展技术研发、拓展新市场,推动科技成果转化为实际生产力。此外,合规行为加强了企业的信誉和品牌形象,不仅能够赢得客户和监管机构的信任,还能吸引外部投资与合作,不仅为企业的长期稳健发展创造了有利条件,也为新质生产力在更广阔的市场空间中得以施展提供了可能。

1.3.2.2 新质生产力提升企业财税合规要求

随着企业数字化进程的加速,企业在经营活动中生成并处理的数据信息急剧增加。这些数据不仅仅是业务决策的关键,更成为财务、税务合规的重要依据。新质生产力的特征在于依靠信息技术和数据驱动来提升生产力和效率,因此,企业在财税合规方面也面临着新的挑战与要求。例如,企业的收入确认、成本分摊和跨境交易等方面,越来越依赖于数字化系统和数据分析工具的支持。企业必须确保其财务数据的准确性与及时性,以便遵循相关财务报告和税务申报的要求。同时,数据的跨境流动和不同国家税收政策的差异,使得企业在全球范围内的税收筹划与合规变得更加复杂。企业在开展国际业务时,需考虑各国税务法规的不同,确保在各个司法管辖区内合规,避免潜在的法律风险与财务损失。为了应对这些挑战,企业需要确保其数据的完整性、真实性和可追溯性,以满足财税部门日益严格的合规要求,包括正确处理跨境收入和费用的税务问题,以及遵守各国的税法和国际税收协议。这不仅意味着需要建立完善的数据管理体系,还要求企业在数据采集、存储和处理过程中,采取严格的安全措施,以防止数据泄露和篡改。此外,数字化转型带来的不仅是机遇,还有潜在的风险。要求企业在合规过程中增强风险意识。财税部门在这一过程中也扮演着重要的角色,他们需要提升自身的专业能力,适应新技术带来的变化,以便更有效地进行合规审查和风险管理。

1.3.2.3 新质生产力驱动财税管理数字化转型

面对复杂的数字化业务场景,传统的财税管理方式显得捉襟见肘,无法满足快速变化的市场需求。基于新质生产力的数字技术为企业提供了更加高效的财税管理手段,促使财税管理的数字化升级成为必然。例如,智能税务管理系统能够自动化处理发票、报税等业务,减少人为错误的风险,提高合规效率。这些系统不仅能快速处理大数据量,还能够根据实时数据生成财务报告,帮助企业迅速作出决策。

此外,智能化工具的使用使得企业能够进行动态财务分析,及时识别潜在的财税风险。区块链技术在发票管理中的应用,进一步提升了税务信息的透明性和防篡改性。通过区块链,发票信息能够实现实时共享与验证,降低了税务欺诈的风险,提高了财税合规的信任度。这种透明的记录机制使得企业与税务部门之间的互动更加高效,审计过程中变得更加便捷。同时,企业在财税管理中还需要考虑到合规性与创新的平衡。新兴的数字技术不断推动财税管理的变革,但企业必须确保在追求技术创新的同时,遵循相关法律法规,以避免不必要的法律风险。企业可以通过设立专门的合规团队,实时监控财务操作,确保符合最新的税务法规和财务报告要求。

总之,新质生产力不仅重塑了经济增长模式,也对企业的财税合规提出了前所未有的挑战和机遇。企业需要通过提升数字化技术水平,优化内部流程,确保数据的安全性与合规性,从而在数字经济背景下保持竞争优势。同时,政府和监管机构也需要与时俱进,制定更为灵活和适应性强的财税政策,以助力新质生产力的健康发展。只有在政府、企业和科技之间形成良性互动,才能真正实现数字经济的可持续发展,为经济的高质量增长提供坚实保障。

新质生产力在数字经济的推动下,正引领着生产模式的深刻变革,成为当代经济增长的重要驱动力。数字经济通过引入新技术与创新理念,不仅优化了传统的生产方式,还催生出更加高效、灵活的生产模式。这种转型使得企业在面对快速变化的市场环境时,能够更好地适应需求,提升竞争力。与此同时,新质生产力也对企业的财税合规提出了更高的要求。在信息化、数字化进程加速的背景下,企业需要确保数据的准确性和可追溯性,以满足日益严格的合规标准。此外,传统的财税管理方式面临挑战,企业亟须进行数字化升级,以提高合规效率和管理水平。智能化的财税管理工具和区块链等新兴技术的应用,将在保障合规的同时,推动财税管理的自动化与高效化。综上所述,新质生产力不仅重塑了生产模式,也促使企业在财税合规方面进行创新与变革。通过有效利用数字技术,企业能够在保证合规的前提下,实现更高效的运营,从而在数字经济时代保持竞争优势。

1.4 数字经济与财税改革

1.4.1 数字经济税收治理

1.4.1.1 数字经济对税收治理带来的挑战

数字经济的迅速发展对传统税收治理体系提出了前所未有的挑战。数字技术的广泛应用改变了商业模式,模糊了传统经济活动的边界,给税收治理带来了复杂性和不确定性。首先,数字经济中涉及的经济活动虚拟化和跨区域化特点,使得传统税制框架下的可税性争议凸显,主要表现在以下方面:一是纳税主体难以确定。数字经济活动中,平台经济、跨境电商、共享经济等新型业态中,多数企业没有固定营业场所或实体化经营模式,使得纳税主体的身份认定变得困难。例如,某些平台经济中,企业仅作为信息中介,难以明确其税收责任。二是课税对象难以确定。传统税制通常以有形资产或明确的交易活动为课税对象,而在数字经济中,无形资产、数据流量和知识产权等成为主要财富形式。这些新型课税对象的定义和价值评估缺乏明确标准,增加了税收管理的难度。三是税基和税率无法合理确定。由于数字经济活动分布广泛且交易链条复杂,企业利润来源分散在多个司法辖区,税基的划分和税率的合理设计变得更加棘手。例如,跨境电商的交易如何分配利润,云服务提供商如何计算所得税基,都缺乏清晰规范。其次,数字经济的跨境特性加剧了税收管辖权分配的难题。在国内层面,数字经济打破了地理边界,传统基于住所或营业场所的税收管辖难以适应。在国际层面,跨国企业利用税收洼地、避税天堂等政策差异，规避税收义务。数字经济中的利润分配和增值行为很难追踪，导致传统基于物理存在的税收管辖模式面临瓦解。此外，数据作为数字经济的核心生产要素，其治理难度直接影响税收公平和效率。第一，数据资产具有强烈的动态性、无形性和多用途性，评估其市场价值极为困难。这对基于数据流量或数据交易的税收政策提出了挑战。第二，数据的跨境流动使得其归属权和增值环节分配不明确，各国为争夺数据相关税收权益往往采取不同策略，容易引发国际税收冲突。第三，税收治理需要数据透明性，但这可能与数据隐私保护产生矛盾。如何平衡税务信息获取与个人数据保护之间的关系，是一个亟须解决的问题。

1.4.1.2 数字经济税收治理的国际经验借鉴

面对数字经济带来的税收治理挑战，不同国家采取了截然不同的应对策略，大致可分为保守派和激进派。美国在数字经济税收治理上采取较为保守的态度，不单独设计专门税制，而是通过现有税制对数字经济进行调整和适应。其主要做法包括：(1)不单独设计税制。美国倾向于将数字经济纳入现行税制框架，通过技术手段提高税收征管效率，而不是对数字经济制定特殊税种或政策。(2)设立共享经济税收中心。美国税务局(IRS)针对共享经济中复杂的税务问题，设立了专门的税收服务中心，帮助企业和个人规范纳税行为，减少税收流失。法国等欧盟国家采取激进的治理方式，认为数字经济带来了传统税制无法解决的结构性问题，因此需通过单独设计税制应对。其主要做法包括：(1)推出数字服务税(DST)。法国率先推出数字服务税，对在法国境内收入超过一定规模的数字服务企业征税。其目标是解决数字平台企业通过利润转移规避税收的问题。(2)实行预缴所得税。部分国家对跨国数字企业实行预缴所得税政策，确保在相关国家市场中产生的经济活动能够公平纳税。

1.4.1.3 数字经济税收治理的中国模式探讨

面对数字经济税收治理的挑战，中国应探索符合本国国情的模式，采取"保守方式为主,激进方式为辅"的策略,逐步优化税制并利用技术创新推进税收治理现代化。通过构建符合本国特点的数字经济税收治理模式,中国不仅能够有效应对数字经济对税收制度带来的挑战,还可以为全球数字经济税收治理提供经验和解决方案。第一,构建"以数治税"的税制模式。中国应在现行税制基础上进行优化与创新,通过修订增值税、企业所得税等税种的相关规定,使其适应数字经济的新特征。例如,完善跨境电子商务的税收规则,健全数据交易和虚拟资产的课税体系。第二,通过数字技术推动税收征管现代化。推动"智慧税务"建设,通过区块链、大数据、人工智能等技术手段,提高税收征管能力。例如,通过区块链技术追踪跨境数据流动,保障税收公平;利用大数据分析识别潜在的税收风险,提升税收征管效率。第三,推动数据资产税制创新。在以数据为核心的数字经济中,应探索建立数据资产的纳税机制。明确数据资产的所有权和估值方法,作为征税依据;建立数据跨境流动的税收监测体系,防止数据相关收入的流失;鼓励数字经济企业申报其数据资产,确保纳税透明性。第四,加强国际税收合作与协调。数字经济的全球化特性决定了税收治理不能局限于国内,需要加强国际合作。中国应积极参与OECD主导的数字经济税收框架谈判,在确保国家利益的同时推动国际税收规则的统一和公平。

1.4.2 数字经济财税改革

数字经济的崛起对传统的财政和税收体系提出了全方位的挑战,同时也带来了改革和优化的机遇,如何兼顾公平与效率,完善数字经济财税制度,促进数字经济持续健康发展,成为当前财税改革面临的重大课题。在这种背景下,推进财税体制改革是实现数字经济高质量发展的必然要求。

1.4.2.1 财税制度与数字经济适配性分析

随着数字经济的快速崛起,传统财税制度在适应新经济形态方面面临诸多挑战。一方面,数字经济特性对税收制度带来了新要求。数字经济以数据为核心要素,具有虚拟化、去中心化、跨地域流动性和业务模式多样化的特点,目前我国数字经济相关税收制度并不完善,未形成完整的税收征管体系与数字经济发展状况相匹配,企业利用数字技术实现无形资产化,数据、算法等成为核心价值,传统基于有形资产和收入来源的税基难以全面覆盖。在平台经济、共享经济等数字经济模式下,交易主体多元化、收入形式复杂化,现有税制难以全面覆盖,导致税收漏洞和流失。我国目前针对数字经济发展的税收优惠政策主要包括税收减免、研发费用加计扣除等,但这些政策措施具有普适性,没有体现促进数字经济发展的内在需求,现行税制与数字经济之间的适应性有待提升。另一方面,财政政策需要针对数字经济的特性,优化资源配置、促进公平分配、支持创新发展。数字经济发展离不开5G网络、数据中心、人工智能计算平台等基础设施建设,需要通过专项财政预算和财政补贴予以支持,缩小区域数字鸿沟。数字经济背景下企业想要实现高质量发展,需要通过财政机制激励高效转型。

1.4.2.2 促进数字经济发展的财税改革方向

数字经济的快速发展客观上需要财税制度的及时调整。因此需要从财税改革实践出发,分别基于税收政策、财政政策、财政税收协调制度探索数字经济时代我国财税改革方向。

(1)创新税收政策

数字经济的快速发展对传统税收政策提出了新要求。通过优化税收政策,可以有效降低企业成本,激励企业加大在科技研发和创新方面的投入,从而推动经济持续增长。①创新税收优惠政策。针对企业研发投入设置专项税收减免,例如研发费用加计扣除政策,提高企业研发积极性。对引入人工智能、大数据等技术的企业实施增值税优惠或所得税减免,降低技术应用门槛。针对数字经济相关的新兴产业,例如电子商务、共享经济、智能制造等,制定专项税收激励措施。②完善数据资产的税收制度。数据具有可更新性、可加工性、可数据化等显著特征,所以,数字资产与无形资产、存货的概念无法完全融合。因此,数据资产的会计计量与涉税处理不能单纯将其视为某一类资产,而应从事物发展的角度认知事物的本质,根据数据资产的客观性及规律性合理制定其有效的会计政策与税收政策。在数据资产的税制建设方面,应当更加注重数据资产的交易本质和交易结构,遵循数据资产的价值创造路径来优化税制,根据数据资产的性质确定税种、对应税目及税率。从数据资产的形成、使用、交易、处置等环节全生命周期视角探索数据资产的税制框架设计,对数字货币的投资增值和非同质化通证的交易直接征税,深入探索数据资产价值评估方法,规定数据资产纳入财务报表和纳税申报表的具体方式,间接实现数据资产的会计核算与税收管理。③优化数字经济税收征管。税务机关应不断提升数字化征管技术,优化税收监管方式,以社会各方的协同治理推进数据资产税收治理模式创新。通过大数据、区块链等技术,优化企业申报、税务监控和税务稽查流程,提升税收征管效率。加强平台经济的税收管理,针对电商平台、共享经济平台,实施平台责任制,确保交易行为的税收全覆盖。④推动税制现代化。根据数字经济行业特点,设置灵活的税率调整政策,避免一刀切的税负压力。完善绿色税收政策,对数据中心等高能耗企业实施环保税优惠,引导其向低碳发展方向转型。

(2)完善财政政策

财政政策在促进数字经济可持续发展中发挥着重要作用。通过优化财政资源配置,支持数字经济基础设施建设、技术研发和人才培养,可以形成推动数字经济发展的强大动能。①支持数字基础设施建设。加大对5G网络、数据中心、人工智能计算平台的财政投入,形成数字经济发展的硬件基础。针对欠发达地区,实施专项财政补贴,缩小区域间数字化水平差距,实现均衡发展。②激励企业数字化转型。通过设立数字化转型专项基金,鼓励传统企业引入数字技术,推动产业升级。根据企业数字化投入和转型成效,提供财政奖励,激发企业转型动力。③促进高端产业与人才发展。针对智能制造、物联网等高端产业,加大财政扶持力度,推动其技术创新与应用。设立专项财政预算,支持高校、研究机构培养大数据、人工智能等领域的高端人才。④推动国际合作与贸易拓展。通过财政支持,加强与其他国家在数字技术、跨境电商等领域的合作,共享发展红利。支持企业参与国际数字经济市场,提升我国数字产品与服务的国际竞争力。⑤完善数据科学创新环境。支持数据研发与应用,为数据挖掘、数据分析工具的研发提供财政资助,推动数据科学成果转化。通过财政政策鼓励数据交易市场发展,形成完整的数据产业链条。

(3)协同推进财税政策

协同推进财税政策主要做法包括:①推动税收政策与财政政策的有效结合,通过税收优惠与财政补贴双管齐下,引导企业向数字化转型。②在地方与中央之间形成联动机制,共同推进数字经济财税改革。③建立财税政策实施的监控与评估机制,确保政策精准落地,优化政策实施路径。

1.4.3 数字化转型与财税改革

数字经济的迅速发展给财税治理和改革带来了前所未有的机遇和挑战。企业数字化转型的加速推动了财税管理模式的升级,也对传统的财税治理体系提出了更高要求。适应数字经济新形势,实现更高效的税收治理和合规管理,成为财税改革的重要方向。

1.4.3.1 数字化转型对财税改革的要求

数字化转型的不断深入,对企业的经营模式和财税管理方式提出了全新的要求。财税改革需要顺应企业数字化进程的需求,全面提升管理效率和合规能力。首先,要推动财税管理的数字化转型。随着企业数字化进程的深入,财税管理需借助大数据、区块链等数字技术,从基础工作到决策支持全面实现数字化转型。通过大数据分析提升涉税数据质量与使用效率,利用区块链技术确保发票流转和税务核查的透明性和可追溯性。数字化财税管理能够显著降低人力成本,优化资源配置,提高征管效率。其次,要推动业财法税融合。企业在数字化转型中,不仅需要打通业务和财务,还需将法律和税务一体化管理纳入核心体系。业财法税融合不仅有助于提升企业的财税管理能力,还能降低税务合规成本,减少涉税风险。这种融合需要依托智能化技术工具,实现信息共享与跨部门协作,推动企业财税体系向智能化、合规化方向发展。此外,要解决好企业数字化转型过程中的税收合规性挑战。在数字化转型过程中,企业面对的涉税合规性挑战。一是复杂化的交易模式带来的税务核算难题;二是数据跨境流动带来的税基侵蚀风险;三是平台经济、共享经济等新业态在税收规则中的适配性不足。为此,财税改革需为企业提供更清晰的政策指引,帮助企业在转型中平衡创新与合规。

1.4.3.2 财税征管的数字化转型实践

随着数字经济的快速发展,传统税收征管模式难以满足新兴经济活动的复杂需求,财税征管的数字化转型成为提升税务管理效率、降低企业合规成本的重要方向。借助数字技术推动征管模式创新,不仅能够适应平台经济、跨境电商等新业态的特点,还能为企业提供更加智能、高效的服务支持。

(1)智慧税务建设

智慧税务以人工智能、大数据和云计算等技术为支撑,通过构建智能税务管理平台,实现从申报、核查到征管的全流程数字化。平台经济、跨境电商等复杂交易模式的兴起,进一步凸显智慧税务建设的必要性。例如,运用智能化税务工具对电子商务平台交易数据进行自动识别和征管,大幅提升税收征管效率。

(2)电子发票与数字票据

电子发票的推广是财税改革的重要一环,数字票据通过无纸化、自动化的方式降低企业合规成本,并提高税务监管效率。在电子发票的应用中,结合区块链技术可进一步提升发票的真实性和安全性,避免虚开发票行为。同时,电子票据与智能报税系统的结合,为企业提供了更便捷的税务服务体验。

(3)智能化风险预警

智能化风险预警通过实时监测企业的经营数据与税务行为,构建税务风险分析模型,提前识别潜在风险点。例如,对企业经营异常的实时预警、对发票异常使用情况的及时跟踪等,可有效降低企业涉税违法成本,并优化税务机关的稽查资源配置。

1.4.3.3 促进企业数字化转型的财税改革方向

数字经济时代,企业的数字化转型成为推动经济高质量发展的重要路径。财税改革作为政策支持的重要手段,应从税收政策优化、财政政策引导以及财税合规完善等角度出发,形成多层次、多维度的支持体系,为企业数字化转型提供助力。

(1)完善税收政策,激励企业创新与数字化转型升级

一方面,创新税收优惠政策。对企业科技研发投入实施专项税收优惠,例如研发费用加计扣除比例提升,进一步鼓励企业在数字化技术上的投入,增强其创新能力。为企业购买数字化设备、引入智能制造系统提供增值税或所得税减免,降低数字化转型成本。针对新兴行业,对电子商务、共享经济、智能制造等数字经济相关产业设立专项税收激励措施,扶持新业态发展。另一方面,完善数据资产的税收政策。明确数据的资产化标准,推动企业在财务和税务报表中识别和披露数据资产的价值。明确数据作为企业资产的税收属性,制定数据交易增值税和数据收益所得税政策,促进合法合规的数据交易市场发展。针对跨境数据交易和流动,制定统一的税收规则,防范因数据转移造成的税基侵蚀和收入流失。

(2)完善财政政策,构建数字化转型的支持体系

①完善财政补贴推动企业数字化转型。提供财政补贴支持5G网络、数据中心、人工智能计算平台等关键基础设施建设,缩小区域间数字化水平差距,助力实现区域均衡发展。针对传统行业数字化升级,提供财政补助,帮助企业降低初期技术投入成本,推动数字化改造。②设立数字化转型专项财政基金,支持企业在数字

化技术领域的创新应用,从而形成转型的正向激励机制。根据企业的数字化投入规模和成果,提供财政奖励,激励企业积极推动转型。③完善高端产业与人才发展的财政支持。通过专项预算扶持智能制造、物联网等高端产业,推动核心技术突破,同时支持高校和研究机构培养大数据、人工智能领域的高端人才,为数字化转型提供智力支持。

(3)完善财税合规,实现数字化治理与风险防控

①推进智慧税务平台建设。开发智能化的税务管理平台,实现企业从税务申报到稽查的全流程数字化管理,提升财税合规效率。并利用人工智能技术建立智能风险预警系统,对企业的税务行为进行实时监测和分析,降低企业税务违规风险。②推广电子发票和数字票据的广泛应用,降低企业在票据管理和合规方面的成本,提高税收监管透明度。利用区块链技术确保发票流转过程的安全性和真实性,减少虚开发票的风险。③建立财税政策与征管的协同机制,通过优化政策执行路径,实现对数字化企业的精准服务和支持。强化企业业财法税一体化管理能力,帮助企业更好地应对财税合规的复杂性和动态性。

本章小结

本章深入探讨了数字经济及其对财税改革的影响。首先回顾了欧美和中国数字经济的发展路径,分析了数字经济在全球范围内的兴起和转型过程。通过比较欧美与中国的数字经济发展路径,进一步揭示了不同发展模式下的优势与挑战,并分析了未来数字经济发展的趋势与方向。接下来,本章详细探讨了数字技术与数据要素在数字经济中的核心地位。作为构成经济增长的"双轮驱动"因素,数字技术与数据要素对于经济发展具有重要意义。数字技术是推动企业数字化转型和新质生产力发展的核心力量,数据则成为现代企业最具价值的资产之一。本章进一步阐明了"数字"在数字经济中的深刻含义,提出了数字产业化、产业数字化和数据要素产业化构成数字经济发展的完整路径,分析了数字技术与数据要素的关联性,数字技术是数据要素的支撑,数据要素反哺数字技术。并提出了"要素债要素还"的理论,即资本要素和技术要素所产生的政府债务,最终需要通过数据要素来弥补。因此,推动数字经济发展,是实现数字强国目标的必由之路。此外,通过阐述新质生产力的概念,本章揭示数字经济如何通过变革生产模式,提升企业竞争力,同时对企业财税合规提出更高要求,推动财税管理的数字化转型。最后,结合数字经济的特点,深入探讨了数字经济与财税改革的关系。当前,数字经济发展对财税治理提出了新的需求和挑战,尤其是在传统财税政策与数字经济适配过程中,仍然存在许多亟待解决的问题。为此,本章提出了数字经济时代下的财税改革方向,强调适应数字经济发展的财税改革措施,并为企业数字化转型提供了具体的财税政策建议,旨在促进企业的数字化转型与高质量发展。总体而言,本章通过对数字经济发展历程的回顾、数字技术和数据要素的分析、新质生产力与企业财税合规的关系探讨,以及数字经济与财税改革的具体研究,揭示了数字经济对企业财税合规管理的深刻影响,并为企业数字化转型背景下财税合规治理提供了重要的理论依据和实践指引。

第2章 企业数字化转型

2017年开始兴起的企业数字化转型是国家级行动方案。《2024年国务院政府工作报告》中强调，要深入推进数字经济创新发展，支持数字经济高质量发展，实施制造业数字化转型。

2024年5月11日，国务院常务会议审议通过《制造业数字化转型行动方案》，会议指出：制造业数字化转型是推进新型工业化、建设现代化产业体系的重要举措；要加大对中小企业数字化转型的支持，与开展大规模设备更新行动、实施技术改造升级工程等有机结合，完善公共服务平台，探索形成促进中小企业数字化转型长效机制。

2024年9月2日，工信部征求意见：《实施大规模设备数字化改造更新》。可以预见的是，企业的数字化转型之路已不可逆转，只有顺势而为、乘势而上，才能拥抱未来！

2.1 生产要素与企业发展战略

在过去的百年里,企业所面临的生产要素发生了深刻而广泛的变迁,这些变迁不仅重塑了生产方式和经济结构,也深刻影响了企业的发展战略。从最初的土地、劳动力、资本和技术四大生产要素,扩展到今天的数据生产要素,这些变化促使企业不断调整企业发展战略,紧跟生产要素变迁、优化资源配置、强化创新驱动、注重客户体验和市场响应速度,以适应市场变化和技术进步。

2.1.1 企业发展战略演变历程

2.1.1.1 工业化初期(19世纪末至20世纪中叶)

企业主要依赖于土地、劳动力和资本的投入来扩大生产规模,实现规模经济。企业发展战略聚焦于资源的整合与利用,通过垂直一体化或水平一体化来增强市场控制力和降低成本。

经典案例:福特汽车公司在工业化初期,通过引入流水线生产方式,极大地提高了生产效率,降低了生产成本,实现了规模化生产,成为当时汽车行业的领军企业。

2.1.1.2 技术革命期(20世纪中叶至20世纪末)

随着科技革命的推进,技术成为企业竞争的新核心要素,企业开始注重技术创新和研发投入,通过技术创新来提升产品质量和生产效率,形成技术壁垒和竞争优势。企业发展战略逐渐转向技术领先和差异化竞争。

经典案例:苹果公司在技术革命期,凭借其卓越的技术创新能力,推出了iPhone等革命性产品,成功实现了差异化竞争,引领了智能手机行业的发展潮流。

⊙ 2.1.1.3 信息化、全球化和数字化时代(21世纪初至今)

进入21世纪,信息化、全球化和数字化浪潮席卷全球,数据成为企业不可或缺的生产要素。企业开始利用信息技术、数字技术重构业务流程,提升管理效率,开展数字化决策,同时积极开拓国际市场,实现全球化布局。企业发展战略更加注重资源整合、供应链协同、客户体验和市场响应速度。

经典案例:亚马逊公司在信息化、全球化和数字化时代,利用先进的信息技术、数字技术构建了强大的电商平台和物流体系,实现了对市场的快速响应、供应链的高效协同和客户体验的旅程,成为全球电商领域的佼佼者。

2.1.2 企业发展战略未来趋势

⊙ 2.1.2.1 企业进入数字时代

随着人工智能、大数据、云计算等数字技术的不断发展,企业发展战略将不可避免地拥抱数字经济时代,在全球数字经济快速发展的大背景下,企业若不进行数字化转型,将难以适应市场的快速变化和客户需求的多样化,最终可能被市场淘汰。企业通过数字化转型,更加注重数据的挖掘、分析和利用,更加注重数据资产发掘,通过数据驱动决策数字化、优化业务流程、以客户为中心、快速的产品迭代升级和优化资源配置。

2.1.2.2 企业进入合规时代

企业合规是企业可持续健康发展的重要保障,财务合规是企业合规最重要的防线,税务合规是企业合规核心中的核心。企业发展战略应以财税合规为导向,定期或不定期进行企业财税风险体检,同时强化合规体系,强化合规队伍建设,强化风险管理并持续改进与监督。企业通过数字化转型,更加注重业财法税融合,更加注重财税合规治理,更加注重防范、化解税务风险。另外,绿色发展也将成为企业发展战略的重要方向。

综上所述,企业数字化转型、业财法税融合是数字时代下企业发展战略的未来趋势。

2.2 企业数字化转型概述

信息化发展至今,ERP、CRM、HRM、SRM、MES 等信息系统在企业普遍应用,有些企业错误地认为信息化和数字化是一回事,企业不需要数字化转型,事实果真如此吗?企业数字化转型的内容是什么?为什么要转型?如何转型?

2.2.1 信息化 VS 数字化

信息化是数字化的基础,数字化是信息化的升级版。但是,信息化与数字化在本质上是两个不同的概念,它们在多个方面存在明显的区别。

2.2.1.1 目标及侧重点

(1)信息化

以功能开发为中心,实现企业生产、经营、管理等方面的信息化管理,验收通过后变化较少,稳定运行。侧重于固化业务流程,降本增效,帮助企业建立内部优势。

(2)数字化

以客户体验为中心,利用企业运营的全部数据和信息打造数字化平台,通过数字技术深度挖掘分析,发现数据之间的关联性和规律,实现快速响应。侧重于决策数字化,数据资产化,优化业务流程,帮助企业建立外部优势。

2.2.1.2 思维模式

(1)信息化

把信息技术视为一种工具或手段,企业的思维模式仍然是基于物理世界的,虽然采用了信息技术,但并未从根本上改变企业的商业模式和决策方式。

(2)数字化

强调将数字技术深度融入企业的各个业务环节,实现业务与数字技术的深度融合,企业的思维模式从传统的物理世界转向数字世界,聚焦产品的快速迭代升级,快速响应市场变化。在数字化时代,企业的商业模式和决策方式都将发生根本性变革。

2.2.1.3 数据发掘

(1)信息化

主要采集与业务流程信息管理系统"功能开发"有关的数据,其它看似没有关联的数据基本不予采集,缺乏全面性和深度。

（2）数字化

强调企业必须把采集数据、管理数据和分析应用数据"武装"到每个领域、每个流程和每个细节，以便发现数据之间的关联性和规律，为企业提供更精准的决策依据。

企业必须把采集数据、管理数据和分析应用数据"武装"到每个领域、每个流程和每个细节。

案例分析：数字化萌芽，如图 2—1 所示。

图 2—1　若干年前，某便利店利用传统方式布局数据战略

数据来源：摘自赵兴峰的著作《数字蝶变》。

基于数据积累，可以回答以下问题：

(1)什么样的人经常光顾这家门店？

(2)不同年龄和性别的人都喜欢买什么？

(3)这家门店卖什么才能使收益最大化？

信息化 VS 数字化的朴素诠释：简单的结算系统演变为"结算系统 ＋ 决策系统"。

2.2.1.4 组织架构

（1）信息化

企业的组织架构不会发生根本性变化，通常增加 IT 部门来支持信息系统的建设和运营，企业的整体架构和决策流程基本保持不变。

（2）数字化

要求企业打破传统的组织架构和决策流程，建立更加扁平、灵活的组织架构来适应数字化转型的需求，数字化转型涉及企业各个部门，甚至全体员工，企业的整体架构和决策流程都将发生根本性变革。

2.2.2 企业数字化转型的内容

企业数字化转型不仅仅是一个信息技术升级为数字技术的技术层面变化，而是一场涉及企业战略、组织架构、业务模式及企业文化等方面的深刻变革，更是一场涉及数据管理、数据资产化以及业财法税融合等方面的深刻变革，核心在于数据生产要素。

2.2.2.1 业务数字化是重点

图 2-2 是企业数字化转型框架示意。

狭义的企业数字化转型是指业务模式与数字技术、数据要素、组织架构变革、人才队伍培养及企业文化建设等紧密结合，从而实现业务数字化，重点是业务、数据。

广义的企业数字化转型是指在狭义的企业数字化转型基础之上，进一步考虑财务、法务、税务的数字化，实现业财法税融合，重点是业务、数据、融合。

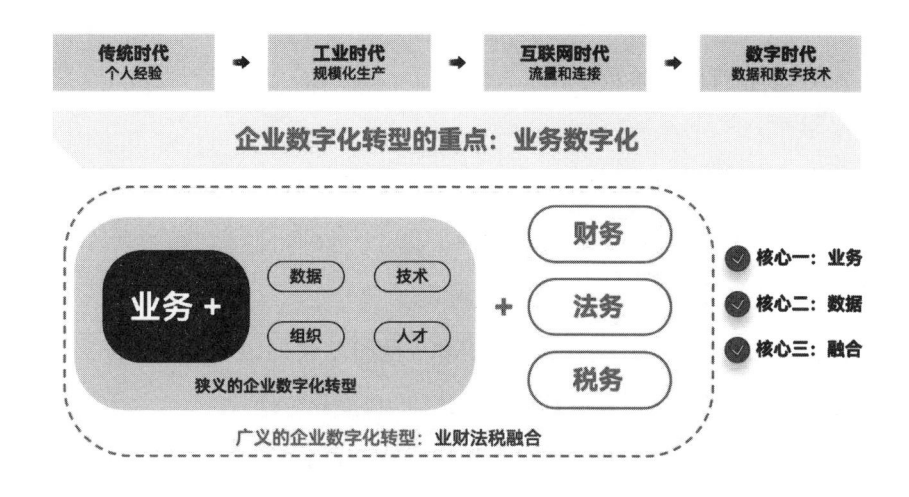

图 2—2　企业数字化转型框架示意

2.2.2.2　企业内外部数字化

企业数字化转型也可以按内外部划分，其中：企业内部数字化主要包括生产管理、办公管理、财税管理、数据资产化四大部分；企业外部数字化主要包括业务、数字营销、客户体验、市场洞察和供应链五个部分。

图 2—3 是企业内外部数字化示意。

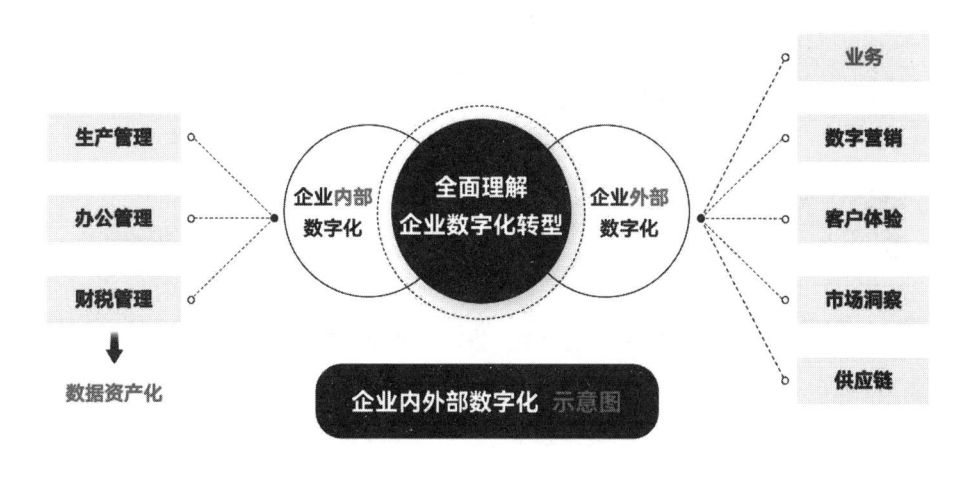

图 2—3　企业内外部数字化示意

第 2 章　企业数字化转型

2.2.2.3 企业管理进阶数字化

企业高效管理的手段是数字化,能够让数据"跑"的业务就不要让人或物"跑",能够远程解决的问题就不要面对面解决。图2—4(摘自赵兴峰的著作《数字蝶变》)揭示了企业管理进阶数字化的发展过程:

(1)管理1.0传统型企业聚焦对组织和人的科学管理。

(2)管理2.0信息化企业聚焦信息系统应用,提升管理效率。

(3)管理3.0数字化企业聚焦数据管理,通过数据挖掘和分析,发现问题和规律,总结出知识,从而实现数据帮助人准确决策。同时,此阶段聚焦数据资产化和以财税合规为导向的业财法税融合。

(4)管理4.0数字化企业聚焦智能化管理,通过引入人工智能、机器学习、深度学习等各种算法,使系统不断优化,从而成为智能的决策系统,实现系统代替人决策的管理体系(导航系统就是系统指挥人的一个典型应用)。

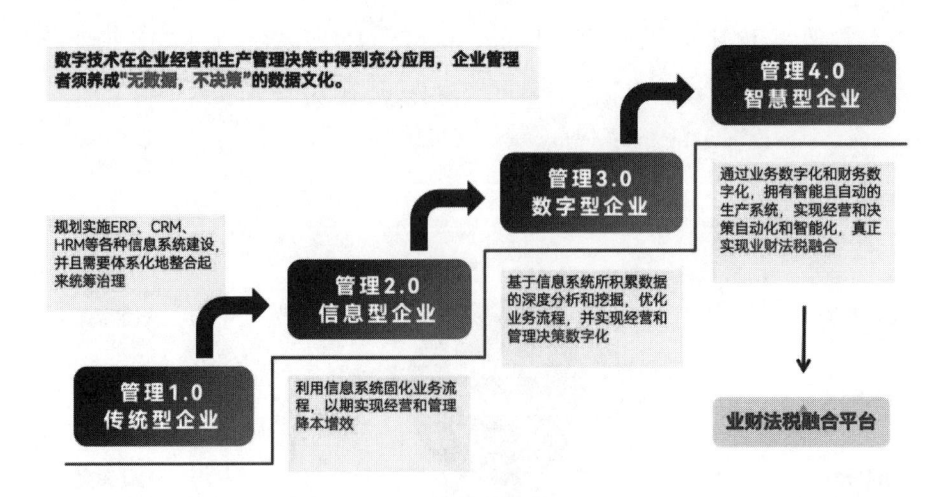

图2—4 企业管理进阶数字化示意

2.2.3 为什么要进行企业数字化转型

随着全球数字时代的到来、数字经济上升为国家战略的推动、以及数字经济政策体系的不断完善,企业数字化转型已经成为时代命题。数字化浪潮正在打破一切、刷新一切、重塑一切,企业数字化转型不是未来的"竞争加分卡",而是未来的"生存入场券"。数字化转型是企业实现提升竞争力、适应市场变化和可持续发展的必然选择,必然趋势,必由之路!

⊙ 2.2.3.1 重大事件——促使企业转变

工业时代,"供给规模经济"决定了企业生产规模越大,产品或服务的成本就越低,成本优势就是最大的优势。因此,企业更加重视从内部打造属于自己的核心竞争力,提供新的产品或服务引领市场,生产、销售、管理的信息化成为关注重点,传统销售模式主要包括经销商、代理商、直营店、加盟店等。任何时候,让企业主动放弃已经取得成功的商业模式是一件十分困难的事情,2003年和2020年的两个重大事件促使了企业转变。

2003年的非典疫情让企业主动拥抱互联网,加速了互联网技术的普及和应用。疫情防控期间,由于人员流动受限、社交距离要求等因素,传统业务模式受到了巨大冲击,为了维持运营和保持市场竞争力,许多企业不得不寻求线上解决方案,包括建立在线销售渠道、远程办公系统、虚拟会议平台等,以适应新的市场环境。

2020年的新冠疫情让企业主动寻求数字化转型,加速了数字技术的普及和应用。疫情防控期间,全球供应链受到严重冲击,生产中断和物流延误成为常态,企业需要通过数字化转型优化供应链管理,提高生产效率和灵活性。例如,引入物联网技术实现供应链的透明化管理,利用大数据技术预测市场需求,从而降低库存成本和提高响应速度。同时，直播、团购、拼团等成为疫情期间的新常态，促使企业调整业务模式和服务方式，以满足消费者对线上服务的需求，数字化转型成为企业应对市场需求变化的必然途径。

2.2.3.2 时代挑战——要求企业转变

我们已经生活在一个数字化的世界中，如果说互联网冲击了商业，那么数字技术浪潮将直接冲击人类的生产方式，我们面临一个全新的时代挑战。

数字时代，"需求规模经济"决定了用户规模越大，企业的价值就越大，用户规模优势就是最大的优势，产品或服务过剩，需求为王，供给侧改革应运而生。因此，企业更加重视以用户为中心，从外部打造属于自己的核心竞争力，依靠人与人的相互连接和参与，创造新的商业机会，企业生产、销售、管理的数字化转型成为关注重点。

数字时代，消费者流量不再局限于报刊、电视和线下，已经逐渐转向以线上为重点，消费者的注意力呈现线上化、社区化、社群化的特点，消费需求从功能、品牌逐渐转向服务、体验、参与等方向，所有这些，企业都需要通过数字化转型才能实现。

2.2.3.3 时代难题——需要企业转变

鲍莫尔成本病（Baumol's disease）是美国经济学家威廉·鲍莫尔在1965年提出的一种经济现象，俗称时代难题。一般情况下，企业通过引入先进机器、流水线等，可以大幅提升生产效率，但企业内部的人力资源、销售管理、质量管理和财税管理等服务部门的效率却难以同步提升。事实上，随着企业规模的不断扩大，业务流程和组织架构可能会越来越复杂，各种协调部门、协调人员会越来越多，最终致使企业运营成本增加、市场响应能力迟钝，并导致企业逐渐丧失市场竞争力。

数字时代为根治"鲍莫尔成本病"提供了可能，依托先进的数字技术开发的企业数字化平台,通过"作业即记录,记录即数据"的全业态、全过程数据管理方式,能够根治"鲍莫尔成本病",如图 2—5 所示(摘自《华为数字化转型之道》)。它同时可以带给企业以下好处。

(1)企业对所有业务状况的把握能力大幅增强,运营成本大幅降低。

(2)企业相关人员可以实时看到相同的信息,减少沟通成本,加快响应速度。

(3)运用规则、数字化等手段,减少人为干预,确定性业务由系统自动处理。

(4)实时判定、预警异常情况,实现监管决策数字化、实时高效。

总之,企业数字化转型通过数字化重构业务运作模式,打破企业原有组织架构的效能边界,可以实现企业运营管理的高效化、扁平化。

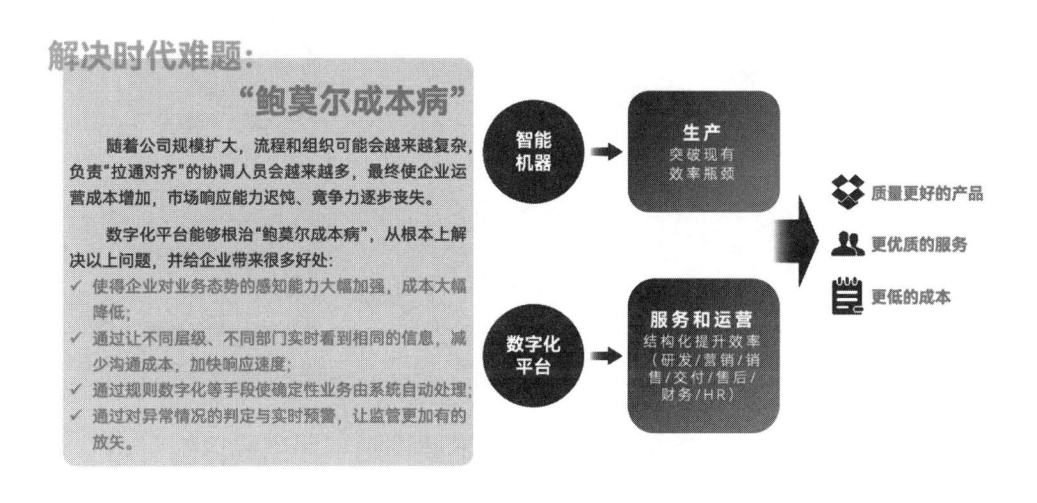

图 2—5　根治"鲍莫尔成本病"示意

2.2.4　怎样进行企业数字化转型

企业数字化转型是一个复杂而系统的过程,需要企业从战略、技术、人才、资金、组织和文化等多个层面进行全面考虑和规划,另外,还需要企业在考虑业务数字化的同时,进一步考虑如何实现数据资产化,如何实现财税合规化,如何实现业财法税融合等一系列问题。企业数字化转型如何转？千企千面，没有一个标准的方法、方案或答案。

2.2.4.1 基本原则

企业数字化转型的重要原则是突出数字经济特征，即认识上一定要把数据要素作为生产要素看待，行动上要坚持共创数据要素的应用场景。具体实施时，如图2-6所示，企业数字化转型的基本原则包括但不限于一把手工程、转型委员会和小步试错等，其中，小步试错尤为重要，下面一一阐述。

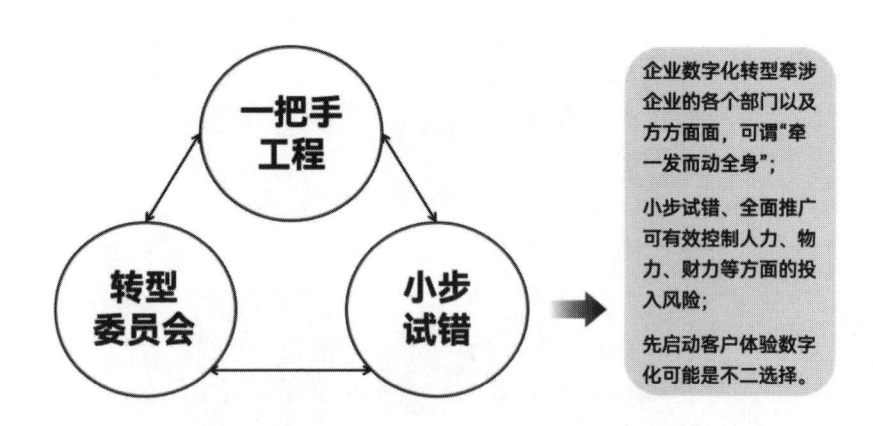

图2-6 企业数字化转型基本原则示意

（1）一把手工程

企业数字化转型之所以被视为"一把手工程"，是因为一把手在企业战略引领、资源调配、文化塑造、风险承担和持续推动等多个方面发挥着至关重要的作用，一把手的全力支持和深度参与，是企业数字化转型取得成功的重要保障。具体内容包括以下几个方面。

①数字化转型是企业战略的重要组成部分，它要求企业从顶层设计上重新思

考自身的业务模式、市场定位和发展方向。只有企业一把手才能站在全局的高度，把握企业转型的方向和目标，确保数字化转型与企业整体战略相契合。一把手这种战略引领的作用，使得一把手成为数字化转型的关键推动者。

②数字化转型需要大量的资源投入，包括资金、人力、技术等多个方面。一把手作为企业的最高决策者，拥有调配这些资源的权力和能力，可以通过制定预算、调整组织结构、引进人才等方式，为数字化转型提供必要的资源保障。一把手这种资源调配的能力，对于数字化转型的顺利进行至关重要。

③数字化转型不仅仅是技术层面的变革，更是企业文化和价值观的深刻重塑，需要企业打破传统的思维方式和行为习惯，建立新的工作方式和沟通机制。这种文化塑造需要一把手的亲自推动和示范，通过他们的言行举止来影响和带动全体员工。一把手在企业文化建设中的核心作用，使得他们成为数字化转型不可或缺的领导者。

④数字化转型过程中充满了不确定性和各种风险，如技术选型错误、项目延期、投资回报不达预期等。这些风险需要有人来承担和负责，一把手作为企业的最高领导者，自然需要承担起这一责任。一把手需要有足够的勇气和决心去面对这些风险，并采取有效的措施来降低风险的发生概率和影响程度。

⑤数字化转型是一个长期而复杂的过程，需要企业持续不断的投入和努力。在这个持续推动过程中，一把手需要保持对数字化转型的关注和热情，不断推动各项工作的落实和进展。他们还需要定期评估数字化转型的效果和成果，及时调整和优化转型策略和方向。一把手这种持续推动的能力，确保了数字化转型能够按照既定的目标和计划顺利推进。

(2) 转型委员会

企业数字化转型首先需要组建一个由一把手亲自挂帅的企业管理团队、各部门负责人和分子公司负责人等共同参与的"转型委员会"，确保统一领导。转型委员会负责确定转型方向和目标、协调资源配置、监督评估成效、推动文化变革以及应对风险和提供决策支持等，转型委员会是企业数字化转型取得成功的重要支撑。转型委员会的具体工作包括以下几个方面。

①转型委员会负责站在企业战略的高度,确定数字化转型的方向和目标,制定科学合理的数字化转型战略规划,确保转型工作与企业整体战略保持一致。同时,转型委员会负责细化转型路径,明确各阶段的目标和任务,为数字化转型提供清晰的路径指引。

②转型委员会负责协调企业各部门、各条线的资金、人力、技术等资源配置。另外,数字化转型往往涉及多个部门和业务领域的变革,转型委员会负责促进各部门之间的沟通和协作,打破信息孤岛和壁垒,推动数字化转型的顺利进行。

③转型委员会负责监督数字化转型的进度和成效,及时发现和解决转型过程中出现的各种问题。通过定期评估数字化转型的成效,转型委员会可以了解转型工作的进展和成果,为下一步的决策提供依据。同时,评估结果还可以作为企业绩效考核的重要依据之一。

④转型委员会负责通过宣传、培训和引导等方式,推动企业员工形成与数字化转型相适应的文化氛围和价值观。转型委员会负责组织各种培训和交流活动,提升企业员工的数字技能和创新能力,培养企业员工的数字化素质,为数字化转型提供有力的人才保障。

⑤转型委员会负责建立数字化转型风险预警机制,及时发现和应对潜在的风险和问题。同时,转型委员会负责组织专家团队对风险进行评估和分析,提出有效的应对措施和建议。在面对重大决策时,转型委员会负责提供全面的信息和专业的建议,帮助一把手做出明智的决策,以减少决策失误和降低转型风险。

(3)小步试错

企业数字化转型过程中,一个重要的策略和方法就是"小步试错",它不仅有助于减少不确定性和降低风险、快速迭代与优化转型方案、积累经验和学习新知识、促进全员参与共识、以及及时适应外部环境变化等,还能够为数字化转型提供稳健和可持续的发展路径。小步试错的具体内容包括以下几个方面。

①技术领域小步试错。云计算与大数据,可先从部分业务或项目开始,将数据存储和计算迁移到云平台上,逐步建立大数据收集、分析和应用的能力;人工智能与机器学习,可在客服、营销、生产等领域引入 AI 助手或智能推荐系统,利用机器

学习优化业务流程;物联网(IoT),可在部分生产线或设备上安装传感器,收集生产数据,进行初步分析和应用,实现设备的远程监控和智能控制。

②业务领域小步试错。业务数字化,可先从业务流程中的高能耗点(不断重复的业务作业)开始,开发数字化作业平台,实现高能耗点数字化;供应链数字化,可优化采购、库存和物流等环节,引入数字化管理系统,实现供应链的透明化和可视化;财务数字化,可引入数字化财务管理系统,实现财务数据的实时收集和自动化处理。

③客户领域小步试错。客户体验数字化,可先从客户体验旅程开始,逐步研究最短的购物路径、最佳的交易流程、最少的交易时间,实现最好的购物体验;多渠道整合和全触点覆盖,可在现有渠道的基础上,逐步引入新的渠道(如社交媒体、APP等),并进行整合和优化;个性化服务,根据"用户画像"可为客户提供个性化的推荐和服务,增加客户黏性和复购率。

④管理领域小步试错。办公管理数字化,可先从规章制度开始,通过职能部门平台化、平台服务化,协同减少管控层级;组织变革试验,可先在部分部门或团队中推行扁平化管理、项目制等新型组织模式,观察效果并逐步推广;数据文化培养,可先从管理层开始,通过培训、会议等方式,逐步树立数据驱动的文化氛围,提高员工的数据意识和应用能力。

⑤数据资产小步试错。数据资产化,首先明确诸如客户行为分析、供应链管理或产品研发等具体的领域或场景,另外按数据管理和数据资产入表要求,小规模收集和清洗数据并预处理,其次利用人工智能的机器学习算法建立初步模型,并根据测试结果不断迭代与优化模型,最后将成功的数据资产化方案逐步推广到其他领域或场景中。

2.2.4.2 前期准备

如图2—7所示,企业数字化转型的前期准备包括但不限于共同学习、场景共创和数据管理等,其中,数据管理(数据要素管理)十分关键,下面一一阐述。

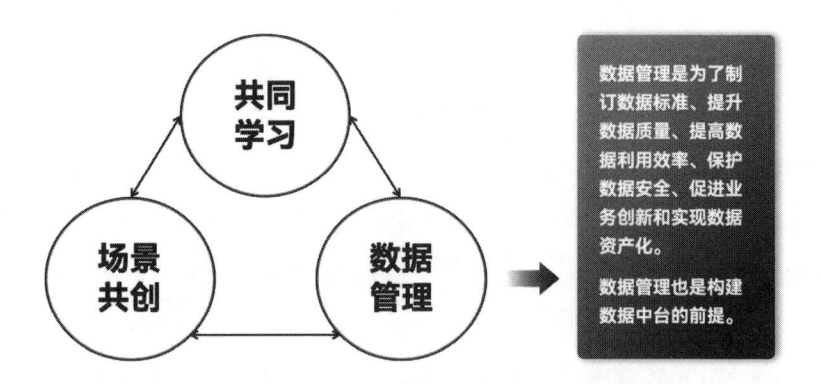

数据管理是为了制订数据标准、提升数据质量、提高数据利用效率、保护数据安全、促进业务创新和实现数据资产化。

数据管理也是构建数据中台的前提。

数字化是手段，转型才是目的，不要错把手段当成目的

图 2—7　企业数字化转型前期准备示意

（1）共同学习

企业数字化转型坚持"共同学习"是非常重要的，共同学习有助于企业提升创新思维和跨界融合的能力、促进跨部门沟通与协作、培养数字化转型所需人才、营造企业数据文化氛围、以及持续改进和优化转型策略等。共同学习的具体内容包括：

①共同学习数字化转型的基本概念与趋势。通过学习，让大家充分理解数字化转型的定义、背景、发展阶段以及对企业和社会的影响，同时，让大家充分了解行业内的数字化转型案例和最新趋势，了解同行企业的转型路径和成效，为自身企业的转型提供参考。

②共同学习企业的数字化战略规划。学习如何根据企业实际情况设定数字化转型的愿景、阶段性目标以及各部门的定位，确保转型方向明确、目标具体可衡量，同时，学习制定详细的转型路径图，明确各个阶段的任务、责任人和时间节点，确保转型工作有序推进。

③共同学习业务数字化。学习梳理业务流程中的高能耗点和业务场景，运用数字化手段优化业务流程，提高业务处理效率，同时，学习数字营销的方法和技巧，实现精准营销、内容营销和社交营销等多种形式的营销创新，帮助企业增收创收和

提高品牌知名度。

④共同学习客户体验数字化。学习设计全触点的客户体验旅程，探索最短的购物路径、最佳的交易流程、最少的交易时间以及最好的购物体验，同时，学习建立以客户为中心的数字化服务体系，通过在线客服、智能客服、社交媒体客服等多种形式，提升客户体验满意度。

⑤共同学习创新思维和跨界融合的能力。学习数据管理、数据资产、企业合规、数字财税和智慧税务的相关知识，推动数据资产化和业财法税融合，同时，学习团队协作能力，通过团队激励和跨部门协作等，确保数字化转型工作顺利推进并取得成效。

(2) 场景共创

企业在推进数字化转型时，场景设计不能闭门规划，应坚持群体参与式的"场景共创"理念和方法。场景共创能够有效提升团队协作能力、精准满足客户需求、加速业务流程优化、促进创新与合作。主要包括业务场景和客户体验场景两大类，举例如下。

①供应链管理。包括供应商管理、采购过程自动化、库存实时监控以及物流追踪等，提高供应链的效率和可靠性，降低采购成本和库存。场景共创需要供应商、采购部门、物流部门、IT部门等共同参与，通过共享信息和数据，实现供应链的协同作业和整体优化。

②生产管理。利用工业机器人、自动化设备和传感器技术等，提高生产效率和质量，同时通过 MES 系统，实现生产数据的实时监控和分析。场景共创需要设备供应商、生产部门、IT部门等共同参与，确保智能化设备等与企业现有生产流程的高度融合和高效运行。

③销售管理。通过传统电商平台、社交电商平台、视频电商平台等，实现销售过程的自动化和智能化。场景共创需要销售部门、市场部门、IT部门等共同参与，利用大数据和人工智能技术，对销售数据进行深度分析，以支持更加精准的市场定位和营销策略。

④多渠道客户服务。通过社交媒体、在线聊天工具、移动应用等多种渠道，为

客户提供实时便捷的服务,增强客户与企业之间的互动体验。场景共创需要客服部门、市场部门、IT部门等共同参与,确保不同渠道之间的一致性和协同性,为客户提供无缝的服务体验。

⑤个性化推荐服务。利用大数据和人工智能技术,分析客户的购买历史和浏览行为,为客户提供个性化的产品推荐,提高客户的购买转化率,增强客户的满意度和忠诚度。场景共创需要产品部门、市场部门、IT部门等共同参与,确保推荐算法的准确性和有效性。

⑥智能客服管理。通过引入智能客服系统,如聊天机器人等,实现客户问题的自动解答和快速响应,降低人工客服的成本,提高服务效率。场景共创需要客服部门、市场部门、IT部门等共同参与,确保智能客服系统能够准确理解客户问题,并提供有效的解决方案。

⑦客户反馈管理。通过数字化手段收集和分析客户反馈,及时了解客户需求和意见,为产品和服务的改进提供依据。场景共创需要市场部门、产品部门、客服部门等共同参与,确保客户反馈信息处理的及时性和有效性,并将其转化为实际的改进措施。

(3)数据管理

企业数字化转型过程中,严格的数据管理是为了制订数据标准、提升数据质量、提高数据利用效率、保护数据安全、促进业务创新和实现数据资产化,同时也是构建数据中台的前提条件。为了保障数据管理工作的有序进行,企业需要建立科学合理的数据管理组织架构,主要包括以下内容:

①数据管理委员会。由企业高层和业务、IT等部门的关键人员组成,负责数据管理的战略规划和重大决策,确保数据管理战略与企业整体战略一致,并有效推动数据资产化。

②数据管理办公室(DMO)或数据管理部。作为核心数据管理部门,以数据的全生命周期管理为目标,负责制定数据管理流程和规范,监督数据管理的执行情况,并提供必要的支持和指导。其中,数据治理团队负责数据管理工作,包括数据标准制定、元数据管理、数据质量监控等,确保数据的准确性、一致性、完整性和可

用性;数据运营团队负责数据的日常运营工作,包括数据收集、处理、存储和分发等,确保数据资产的流动性和可访问性;数据安全与隐私保护团队负责数据安全策略的制定和执行,保护数据资产免受未授权访问、泄露或破坏,确保数据资产的安全性和合规性。

③部门级和项目级数据管理组织。它们是数据管理的落地执行者,负责在各自部门或项目中实施数据管理,确保数据符合要求和标准。

数据管理组织架构可以推动企业积极引入大数据、云计算、人工智能等先进技术,提升数据管理的效率和准确性。同时,利用数据可视化、数据挖掘等智能化工具,提高数据的分析和预测能力,为企业的决策数字化和业务创新提供支持。

2.2.4.3 千企千面

图2-8揭示了企业数字化转型的共同点、侧重点和拓展点。不难看出,企业数字化转型"千企千面",没有一个标准的方法、方案或答案。

共同点	侧重点	拓展点
➢ 一把手工程	➢ 业务数字化	➢ 产品数字化升级
➢ 客户体验数字化	➢ 数字营销	➢ 数据资产发掘
➢ 场景共创	➢ 市场洞察数字化	➢ 税务风险防控
➢ 数据中台	➢ 供应链数字化	➢ 财务数字化
➢ 业务与IT一体化团队	➢ 生产管理数字化	➢ 产业互联网
➢ 业财法税融合	➢ 办公管理数字化	…

图2-8 企业数字化转型千企千面示意

企业数字化转型之所以"千企千面",主要原因是由于不同企业在规模、行业、业务模式、技术基础、管理水平以及企业文化等方面存在显著差异,导致数字化转型的需求、路径和策略各不相同。具体来说，以下几个方面是造成"千企千面"的主要原因：

(1)企业规模和行业差异

①规模差异。大型企业拥有更丰富的资源和更强的技术实力，能够全面地推进数字化转型，包括建设数据中台、构建智能工厂等。而中小微企业则可能受限于资金、技术和人才等因素，需要选择更为灵活、经济的转型方式，如通过云服务等外部资源来实现部分数字化功能。

②行业差异。不同行业对数字化转型的需求和重点也不同。例如，制造业可能更关注生产流程的自动化和智能化改造，而服务业则可能更关注客户体验和服务的个性化、便捷化。因此，不同行业的企业在数字化转型时会有不同的侧重点和路径。

(2)业务模式和管理水平差异

①业务模式。企业的业务模式决定了其数字化转型的切入点和策略。例如，B2B企业可能更注重供应链的数字化和协同效率，而B2C企业则可能更关注客户体验和营销精准度。

②管理水平。企业的管理水平也会影响其数字化转型的推进方式和效果。管理基础扎实的企业可能更容易实现业务流程的标准化和数字化，而管理相对薄弱的企业则可能需要先加强内部管理，再逐步推进数字化转型。

(3)技术基础和创新能力差异

①技术基础。不同企业在技术方面的积累和储备不同，这决定了其数字化转型的起点和难度。技术实力强的企业可能更容易引入和应用新的数字技术，而技术基础薄弱的企业则需要更多的学习和实践。

②创新能力。企业的创新能力也是影响数字化转型效果的重要因素。创新能力强的企业能够更快地适应市场变化，推出符合客户需求的产品和服务，从而在数字化转型中占据先机。

(4)企业文化和人才差异

①企业文化。企业文化对数字化转型的推进速度和效果也有重要影响。具有

开放、创新、包容等特质的企业文化更容易接受数字化转型的理念和模式,而相对保守的企业文化则可能需要更长的时间来适应和接受变化。

②人才储备。数字化转型需要大量具备数字化技能和素养的人才来推动和实施。不同企业在人才储备方面的差异也会影响其数字化转型的进展和效果。

综上所述,企业"痛点"各不相同,因此在推进数字化转型时,企业需要根据自身的实际情况和需求来制定合适的转型战略、规划和路径。关于企业数字化转型的目标、方案以及加盟生态圈,在此不再赘述,请参看本章2.3。

2.3 企业数字化转型目标及方案浅析

企业数字化转型的根本目标就是帮助企业拿到数字时代的"生存入场券",实现可持续发展。企业数字化转型"千企千面",从哪里开始转型呢?建议从企业规模、企业痛点、企业重点关心的问题或加盟生态圈等角度加以思考。

2.3.1 企业数字化转型目标

企业数字化转型的目标可分为战略目标和微观目标两个部分。其中,战略目标为企业数字化转型指明了方向,微观目标则为企业数字化转型精准定位。

2.3.1.1 战略目标

如图2-9所示,企业数字化转型的战略目标是一个多层次、多维度的体系,旨在通过数字技术实现业务数字化、数据资产化、提升竞争力并实现可持续发展。

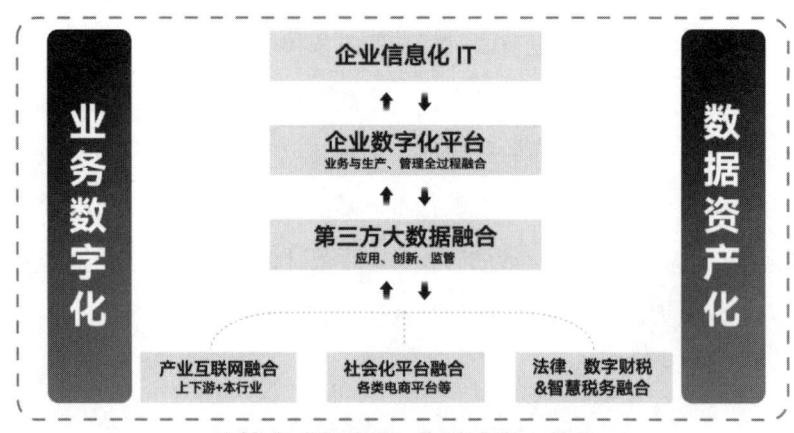

图 2—9　企业数字化转型战略目标示意

(1) 以业务数字化为核心之一

全力打造企业数字化平台,实现业务与生产、管理的全过程融合。企业数字化平台以数据中台为纽带,一方面,连接各类 IT 信息化系统,消除信息孤岛;另一方面,实现与第三方大数据融合,包括产业互联网融合(上下游及本行业)、社会化平台融合(各类电商平台、社交平台等)、财法税融合(数字财税及智慧税务)等。

(2) 以数据资产化为核心之二

通过制定严格的数据管理标准、设置数据管理组织架构,确保数据中台的数据资产入表成为常态化成果。数据资产入表可以提升企业的资产质量,还可以提升企业的融资能力等等。总之,数据资产化助力企业数字化转型。

企业数字化转型过程中,利用大数据技术对数据中台进行深度的挖掘分析,结合人工智能技术实现决策方式数字化、业财法税一体化,同时通过不断迭代优化,进一步完善数据中台建设,以上就是企业数字化转型的战略目标。

2.3.1.2 微观目标

如图 2—10 所示(摘自《华为数字化转型之道》),企业数字化转型的微观目标聚焦"赋能"主营业务成功,而不是为了跨界经营,这就是企业数字化转型的精准定位。

图 2-10 企业数字化转型微观目标示意

本章第 2 节已阐明,企业数字化转型"千企千面",目标多种多样。数字化转型过程中一方面需要跨界融合(互联网+、大数据、区块链、人工智能等数字技术),但不应理解为跨界经营(多种经营),另一方面通过数据资产化可能衍生出数据产品和服务,这是企业主营业务的自然延伸。

企业数字化转型如何"赋能"主营业务成功?首先,通过客户体验数字化,优化客户体验旅程,实现营收增长;另外通过业务数字化,优化业务流程,创新运营模式,实现运营效率提升和决策数字化;其次,以用户为中心,不断扩大生态圈,实现用户全触点、全生命周期运营,创新商业模式,为企业创造新的价值;最后,通过数据资产化,开发数据产品和服务,增加企业主营业务范围,提升企业盈利能力。

2.3.2 企业数字化转型方案浅析

不同规模的企业在实施数字化转型时面临的具体挑战和基本方案各不相同,

同时基本方案具体实施时还要考虑行业特性等因素。图2-11从小微企业、中型企业、大型企业的企业规模角度，提出了企业数字化转型可以考虑的内容或方向，作为抛砖引玉之用，具体的内容或方向由企业根据自身实际情况，自由组合或个性化定制。另外，企业规模的大小也决定了不同的IT实施方案。

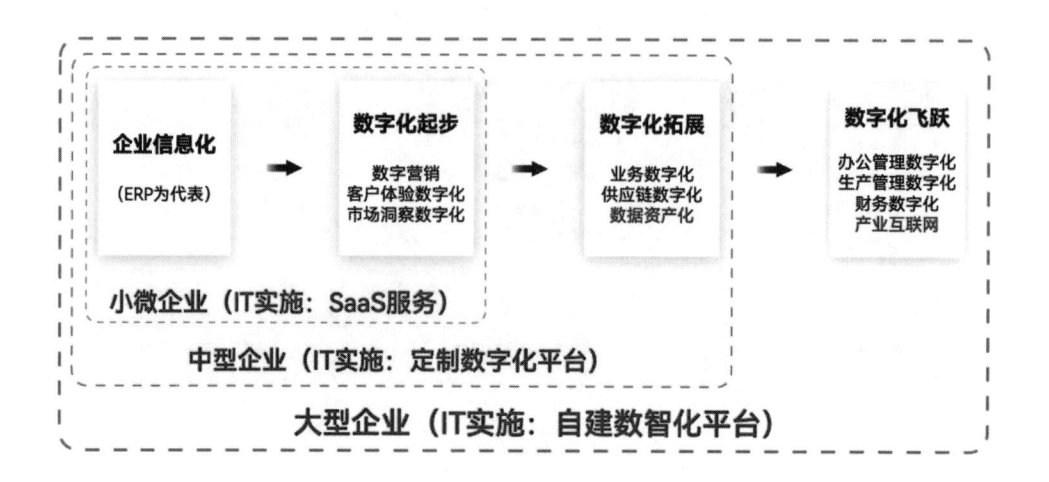

图2-11 企业数字化转型方案示意

2.3.2.1 小微企业

小微企业的信息化和数字化均可采用SAAS服务。信息化方面，包括客户关系管理、进销存管理等，在此不作讨论。数字化转型方面，建议聚焦数字营销、客户体验数字化和市场洞察数字化，下面一一阐述。

(1)数字营销

数字营销是使用数字传播渠道推广产品和服务的实践活动，数字营销的策略和工具包括搜索引擎优化、社交媒体营销、内容营销、移动营销、影响者营销等，旨在通过数字渠道与消费者建立联系，推广产品和服务，并实现营销目标。

①实施及关键点

a.明确目标与规划。企业需要明确数字营销的具体目标，例如品牌知名度提升、产品销量增长、用户黏性增强等,并制定详细的实施规划。

b. 数据采集。数字营销的核心在于对数据的有效管理和利用,企业需要收集和分析用户行为、偏好、交易记录等各方面数据,以构建全面的用户画像,同时通过市场调研了解行业趋势、竞争对手动态等,通过严格的数据管理,实现数据资产化。

c. 全渠道覆盖。数字营销涉及多个渠道,包括社交媒体、搜索引擎、电子邮件、移动应用等,企业需要实现多渠道整合营销,以确保信息的一致性和连贯性。

d. 内容营销策略。内容是数字营销的灵魂,企业需要创作有价值、有吸引力的高质量内容,如文章、博客、视频等,以吸引和保持用户的关注并根据反馈进行优化调整。

e. 用户互动与参与。通过社交媒体、在线社区、评论区等渠道,与用户进行积极互动,通过举办线上活动、抽奖、优惠等方式,激励用户参与和分享,以扩大用户基数。

f. 数据分析与反馈。利用数据分析工具对营销效果进行监测和评估,了解用户行为、转化率和市场趋势等关键指标,同时根据数据分析结果调整营销策略、优化执行方式。

②案例分析

美团的本地化服务与个性化推荐。

美团通过移动应用程序推广、社交媒体广告和搜索引擎优化等手段,成功将其外卖和生活服务推广给全国消费者,同时美团还利用个性化推荐系统分析用户历史订单和喜好数据,为用户提供定制化的商品和服务推荐。

美团的本地化服务和个性化推荐策略极大地提升了用户体验和满意度,通过与消费者的互动和个性化服务,美团实现了销售增长和品牌忠诚度的提升。

(2) 客户体验数字化

客户体验数字化是一个综合性、持续完善的过程,旨在通过数字技术提升客户在产品推介、购买、使用及售后服务等各个阶段的一站式服务体验,增强企业的市场竞争力。

①实施及关键点

a. 明确目标与规划。企业需要明确客户体验数字化的核心目标,例如提升客户满意度、增强客户忠诚度、提高产品竞争力等,并制订详细的实施规划。

b. 数据采集。利用客户关系管理系统(CRM)、大数据分析工具等,全面收集客户在咨询、购买、使用及售后服务过程中的各项数据,包括购买记录、使用习惯、反馈意见等,通过数据分析和挖掘技术,全面构建客户画像,通过严格的数据管理,实现数据资产化。

c. 分析客户需求与个性化服务。通过大数据分析,深入挖掘客户的潜在需求和偏好,识别客户在产品使用过程中的痛点和不满意点。同时基于客户数据分析结果,提供个性化的产品推荐、使用指导、售后服务等,增强客户的满意度和忠诚度。

d. 数字化产品与服务创新。利用物联网、AI 等技术,设计智能化产品,实现产品的远程监控、故障预警、自动调整等功能,提升产品的使用体验。同时数字化服务流程,实现服务请求的在线提交、快速响应、进度跟踪等功能,提高服务效率和客户满意度。

e. 多渠道体验的一致性与自助服务平台。企业需要确保在所有沟通渠道上为客户提供一致且无缝的体验,以满足客户在不同场景下的需求。同时为客户提供自助服务工具,如知识库、在线 FAQ、自助结账等,方便客户能够独立解决问题,提高服务效率。

f. 优化客户触点与反馈渠道。优化并整合官网、社交媒体、移动应用、在线客服等沟通渠道,构建全方位的客户互动平台,方便客户随时与企业沟通和反馈,鼓励客户提出意见和建议,不断调整和优化产品功能、服务流程等,确保持续改进与迭代。

②案例分析

某企业生产的大型机械设备销往世界各地,传统的售后服务模式主要依赖线下售后服务网络,包括售后服务热线、现场维修服务、定期维护检查以及通过纸质或电子表格记录服务信息等,缺陷是服务响应速度慢、数据利用率低、备件管理混乱、服务成本较高等。

该企业积极探索数字化、智能化的售后服务新模式,如图 2—12 所示。该模式利用物联网等数字技术,通过实时回传设备的运营数据,能够实时掌握设备运行状况、实时提醒保养、实时掌握备件库存、实时故障诊断及远程故障维修等,实现了客户体验数字化。

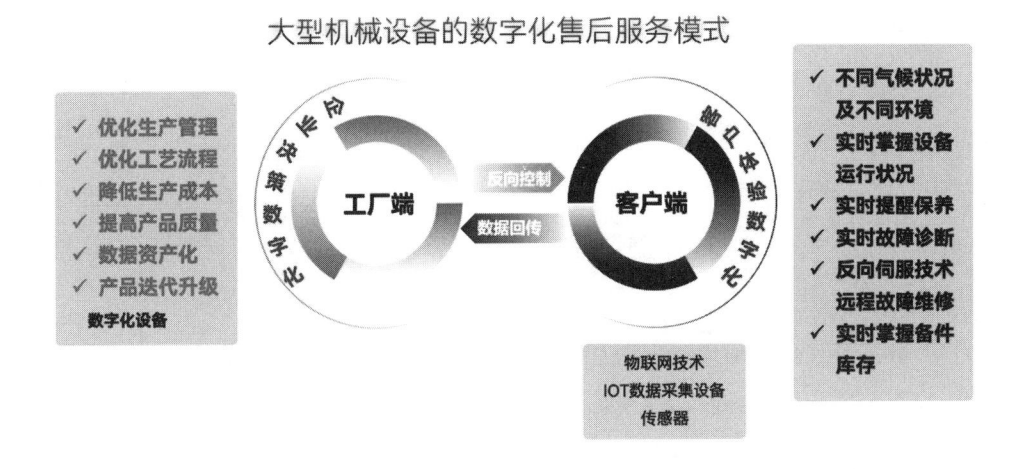

图 2—12　大型设备的数字化售后服务模式示意

数字化售后服务模式对该企业而言,由于积累了设备在不同气候状况、不同环境下的大量运营数据,利用大数据、人工智能等数字技术深度挖掘分析,能够实现优化生产管理、优化工艺流程、提高产品质量、数据资产化及产品迭代升级等。此时,该企业通过数字化转型,初步实现了传统制造业向智能制造、服务型制造转型,同时,传统机械设备升级为数字化机械设备,形成了新的业态模式。业态转变是企业数字化转型的重要方向之一。

(3)市场洞察数字化

市场洞察数字化是指利用数字技术,通过多渠道和自动化工具收集数据,对市场进行深入的洞察和分析,以获取更加准确全面的市场信息,为诸如市场细分与定位、营销策略调整、产品优化与创新等企业决策提供有力支持。

①实施及关键点

a. 明确目标与规划。明确市场洞察数字化的主要目标,例如了解市场需求、竞争对手动态、消费者行为等,并制订详细的实施规划。

b. 数据采集。通过各种渠道包括社交媒体、搜索引擎、电商平台、行业报告、客户反馈等,收集关于消费者行为的数据诸如购买记录、浏览行为、搜索关键词、社交媒体互动等,同时利用数据爬虫、API接口等自动化工具,实现数据的批量获取和实时更新,以获得全面、多元的市场信息,通过严格的数据管理,实现数据资产化。

c. 数据分析与竞争环境。利用数据分析技术,识别消费者的购买习惯、偏好变化、品牌忠诚度等行为模式。同时持续关注竞争对手的动态,包括产品更新、营销策略、市场份额变化等,对竞争对手进行优势、劣势、机会和威胁(SWOT)分析,评估自身在市场中的竞争地位,制订差异化的产品和服务策略,以区别于竞争对手并吸引消费者。

d. 数据可视化与呈现。通过柱状图、折线图、饼图等图表形式,直观地展示市场数据和分析结果。同时构建数据仪表盘,实时展示关键指标和监测市场变化。

e. 洞察应用与反馈。根据分析结果将市场细分为不同的客户群体,并针对不同群体制定差异化的营销策略;根据消费者对产品的反馈和需求,优化产品设计和功能,推动产品创新;基于市场洞察结果,调整营销策略和渠道布局,提高营销效果和投资回报率(ROI);建立有效的反馈机制,及时收集市场反馈和客户需求,不断优化市场洞察数字化流程。

f. 跨部门协作与数据共享。市场洞察数字化需要销售、市场、产品和技术等多个部门的协作配合,共同推动企业数字化转型。同时建立数据共享机制,打破部门壁垒,实现数据的互联互通和共享利用,提高整体决策效率。

②案例分析

云南白药牙膏与阿里的跨界营销活动。2017年6月,云南白药牙膏官方旗舰店在淘宝上开业,为了迅速提升品牌知名度和市场影响力,云南白药与阿里合作,利用大数据技术和明星效应开展了一场跨界营销活动,实施步骤如下。

a. 数据收集与分析。云南白药基于阿里生态平台的大数据技术,收集并分析淘宝用户的搜索、浏览、点击、购买和分享等行为数据,深入了解用户的使用习惯和偏好。

b. 精准营销。结合用户年轻化的特征,云南白药策划了将明星粉丝转化为店铺粉丝的营销理念。通过针对明星黄晓明和井柏然的粉丝组织营销互动活动,如PK赛等,激发粉丝的参与和互动热情。

c. 跨界合作。除了线上活动,云南白药还与热门网络剧《春风十里不如你》的原作者冯唐进行跨界合作,推出主题套装,进一步拓展品牌影响力。

该活动在短时间内吸引了大量粉丝参与,成功将超过30万的粉丝引流至旗舰店,并实现了销售额的大幅增长。通过大数据驱动的精准营销,云南白药不仅提升了品牌知名度,还建立了长期的市场优势。

2.3.2.2 中型企业

中型企业的信息化和数字化拟与数字技术企业合作,定制数字化平台。数字化转型方面,除上述小微企业部分阐述的数字营销、客户体验数字化和市场洞察数字化外,建议聚焦业务数字化、供应链数字化和数据资产化,下面一一阐述。

(1)业务数字化

业务数字化是指将企业的业务流程借助数字技术进行改造和优化的过程,旨在通过数字技术将传统的业务流程和管理方式进行数字化处理,提高数据的流通效率和使用价值,实现业务流程的自动化、集成化和智能化,改变企业传统的商业模式,为企业创造新的价值。

①实施及关键点

a. 明确目标与规划。通过市场调研、用户访谈、问卷调查等方式,深入了解用户需求和企业内部业务流程的痛点,明确业务数字化的主要目标,例如客户体验提升、运营效率提升、商业模式创新等,并制订详细的实施规划。

b. 数据采集。在业务数字化过程中,数据成为企业最宝贵的资产,企业应制订严格的数据管理制度,全面收集用户行为数据、交易数据、运营数据、财务数据及相关第三方数据等,有效整合企业内外部数据,倾力打造数据中台,实现数据资产化。

c. 业务对象、规则和过程。业务数字化以项目为中心,实施业务对象数字化(全量、全要素描述)、业务规则数字化(显性化、结构化、可配置)和业务过程数字化(可视、可管理、可追溯),其中,业务过程数字化包括数字化作业、数字化交易和数字化运营等。

d. 数字化作业。对现有业务流程进行全面梳理,找出高能耗点(不断重复的业务作业)、瓶颈和冗余环节,利用数字技术手段高效处理重复性高、效率低下、高风险的业务环节,实现作业模式数字化。

e. 数字化交易。让做生意简单、高效,围绕实时(Real-time)、按需(On-demand)、全在线(All-online)、自助(DIY)、社交(Social),打造 ROADS 客户体验,实现客户体验数字化。

f. 数字化运营。传统的运营管理大多采用管道模式,在管道中实现端到端管理,此时参与管控的职能部门越多,越容易出现效率低下的瓶颈,利用数字技术解决职能部门平台化、平台服务化,促使管控向服务转变(协同、共享、融合),实现运营模式数字化。

g. 数字化平台。打造"连接一切、集成一切、共享一切"的数字化平台,实现数字化重构业务运作模式,并根据用户反馈和市场变化不断迭代升级。

h. 鼓励创新与加强合作。业务数字化是企业数字化转型的核心,企业需要建立创新机制,鼓励各部门、各员工积极参与场景共创等,提出新的想法和解决方案。同时企业应与合作伙伴、供应商、客户等建立紧密联系,积极获取意见和建议,共同推动业务数字化。

②案例分析

华为公司的基站项目,业务流程涵盖营销、设计、生产、勘测、安装、验收及运维等多个方面,基站总数庞大,分布在世界各地。华为数字化重构基站业务运作模式,如图2—13所示,实施步骤如下。

a. 业务对象数字化。全面记录基站的设计数据、生产数据、勘测数据及图像信息、安装数据、验收数据及视频信息,以及运维数据等。

b. 业务规则数字化。全面提交基站的设计管理规则、生产管理规则、勘测管理规则、安装管理规则、验收管理规则,以及运维管理规则等。

c. 业务过程数字化。通过客户体验数字化、运营模式数字化和作业模式数字化,分别实现营销创新、平台运营和在线验收,并有效解决"现场验收"高能耗点,降低运营成本。

d. 营销创新。原营销方式以 PPT 演示为主,纸上谈兵。通过客户体验数字化,现营销方式以方案云、知识云、体验云三位一体,沉浸式体验,在线生成解决方案。

e. 平台运营。原运营方式采用管道式,管控层级多。通过运营模式数字化,现运营方式以项目为中心,职能部门平台化,平台服务化,协同减少管控层级。

f. 在线验收。原验收方式需要客户、华为、基站三方代表全部到现场。通过作业模式数字化,现验收方式只需要基站方到场即可,相关方通过远程视频验收系统在线验收。

案例分析:华为基站项目,业务流程涵盖营销、设计、生产、勘测、安装、验收、运维等多个方面在世界各地,华为基站总数庞大,华为数字化重构基站业务运作模式如下:

业务对象数字化	业务过程数字化			业务规则数字化
全面记录: ➢ 设计数据 ➢ 生产数据 ➢ 据勘测数据及图像信息 ➢ 安装数据 ➢ 验收数据及视频信息 ➢ 运维数据	作业模式数字化 在线验收: 1. 原验收:客户、华为、基站3方代表全部到现场 2. 现验收:基站方到场即可,相关方通过远程视频验收系统在线验收	客户体验数字化 营销创新: 1. 原营销:PPT营销,纸上谈兵 2. 现营销:方案云、知识云、体验云营销平台,沉浸式体验,在线生成解决方案	运营模式数字化 平台运营: 1. 原运营:管道式,管控层级多 2. 现运营:以项目为中心,职能部门平台化,平台服务化,协同减少管控层级	全面提交: ➢ 设计管理规则 ➢ 生产管理规则 ➢ 勘测管理规则 ➢ 安装管理规则 ➢ 验收管理规则 ➢ 运维管理规则 …… 语文题转为数学题

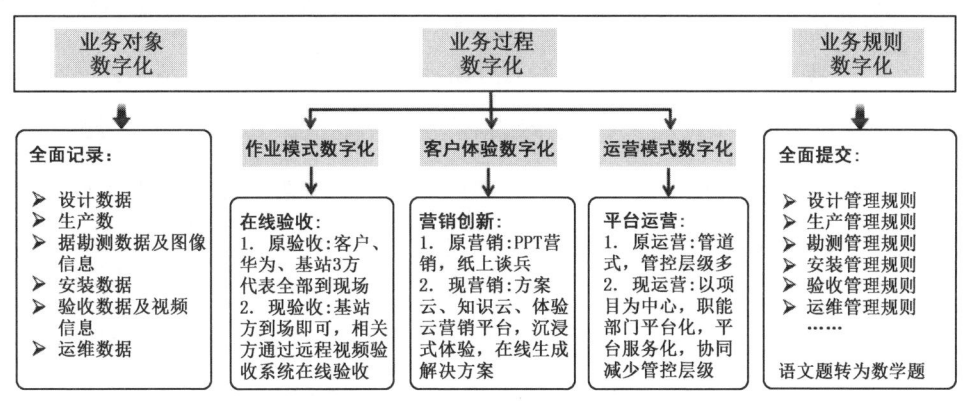

图 2—13 华为数字化重构基站业务运作模式示意

(2)供应链数字化

供应链数字化是指利用数字技术和数据管理方法,对供应链从上游到下游的各个环节进行优化和升级,以实现供应链的高效运转和管理。这一过程涵盖了从

第 2 章 企业数字化转型 071

原材料采购、仓储管理、生产制造、物流运输到最终产品销售的全过程,通过数字化手段实现供应链的智能化、协同化和透明化。

①实施及关键点

a. 明确目标与规划。明确企业的供应链数字化战略,包括目标、愿景、关键绩效指标体系(KPIS)等,确保与企业的整体发展战略保持一致,并制订详细的实施规划。

b. 数据采集。利用物联网(IoT)、射频识别技术(RFID)、传感器等技术手段,实时采集供应链各个环节的数据,包括库存、生产进度、物流状态、销售等多方面数据,并通过严格的数据管理,实现数据资产化。

c. 采购管理。采购是供应链管理的起点,它涉及原材料的获取、供应商的选择与管理等关键环节,通过供应链数字化实现提高采购效率(采购流程自动化和标准化)、实现供需匹配(自动调整采购计划)、加强供应商管理(精准识别优质供应商)。

d. 仓储管理。仓库是供应链管理的关键环节,负责物资的存储、分拣和配送,通过供应链数字化实现提升仓储效率(自动识别和跟踪库存)、优化库存管理(精准预测库存需求)、增强货物追踪能力(实时追踪货物在仓库内的位置和状态)。

e. 物流管理。物流是供应链管理的流动环节,负责将物资从供应地运送到需求地,通过供应链数字化实现提高物流效率(优化物流路径和配送计划)、增强物流可视性(实时共享、跟踪货物的运输状态和位置信息)、促进供应链协同(信息共享和协同作业)。

f. 数字孪生技术。建立数字孪生模型,模拟供应链的运行情况,实时反映供应链的实际状态,包括生产线的运行状态、库存水平、物流运输情况等。同时利用数字孪生模型进行仿真分析,预测供应链管理各个阶段的情况,并进行方案优化和可视化展示。

g. 人工智能技术。供应链管理的各个方面都需要应用人工智能技术,例如需求预测、供应商选择、运输规划等,同时人工智能技术还可以实现供应链管理的自动化处理,如自动下单、自动调度等,降低人力成本,提高处理效率。

h. 流程优化与创新合作。企业建立创新机制,鼓励采购、仓储、物流、生产和销售等部门参与场景共创，对供应链流程进行梳理和优化，去除冗余环节。同时企业应与供应商、分销商、物流服务商等建立紧密联系，积极获取意见和建议，共同推动供应链数字化。

②案例分析

日日顺供应链在数字化、智能化、协同化和透明化领域进行了深入的创新实践。

a. 数字化实践。日日顺供应链通过数字化技术，将订单管理、仓储管理、运力调度、智能路线规划等供应链各环节纳入统一的数字化管理平台，实现了全流程的数字化管理，同时通过对供应链各环节的数据挖掘和分析，为企业的决策提供科学依据。

b. 智能化实践。日日顺供应链在全国多个地区建立了智能化仓库，这些仓库采用全景智能扫描站、关节机器人、龙门拣选机器人等智能设备，实现了24小时不间断作业和自动进出库，显著提升了仓储效率和作业精准度。另外，日日顺供应链采用TMS在线可视化管理系统及智能化装备，通过人、车、店、库之间的互联互通，打造了干线、城配等不同场景的智能化配送解决方案。

c. 协同化实践。日日顺供应链针对大件消费品的物流和供应链需求高频次、碎片化、高时效、全流程的复杂特点，创新性地推出了"统仓统配"服务方案，该方案通过整合库存信息，优化信息流、商流和资金流的管理，实现了供应链各环节的高效协同。另外，日日顺供应链还积极构建场景物流生态平台，围绕不同场景下的用户需求，以场景化、生态化的供应链管理解决方案赋能千行百业，通过生态化合作，促进整个供应链的协同发展。

d. 透明化实践。日日顺供应链依托数字化信息系统的强大支持，实现了从仓内管理到配送过程的全链条可视化管理，同时通过数字化管理平台，将供应链各环节的信息进行实时共享和透明化处理，有助于降低信息不对称带来的风险，提高供应链的透明度和可追溯性。

(3) 数据资产化

数据资产化是指将业务数据通过技术手段和管理创新，转化为具有经济价值和可衡量、可管理、可交易的资产，如图2—14所示。这一过程不仅涉及数据的采集、存储、加工和分析，更重要的是通过数据的深度挖掘和应用，实现数据的价值最大化。

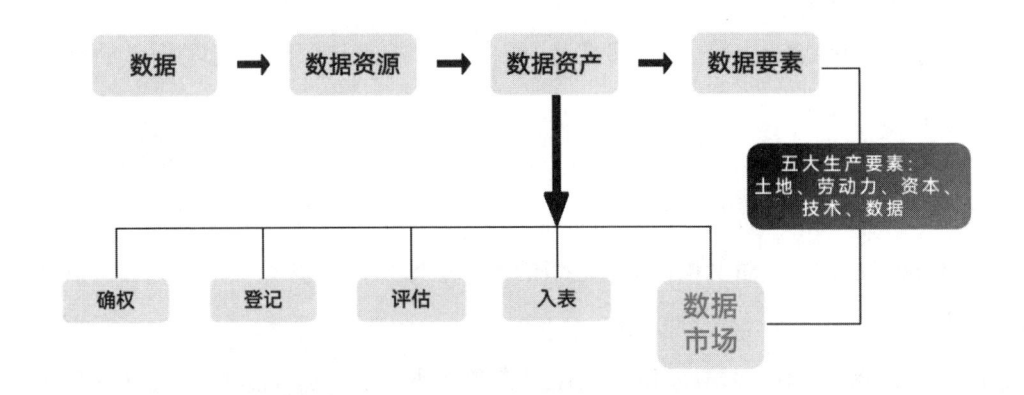

图2—14 数据资产化过程示意

① 实施及关键点

a. 业务数据化。企业数字化转型过程中产生的各类业务信息，需要在数据采集、存储、加工、分析和应用等各个环节上加强管理和优化，通过严格的数据管理制度转化为标准化、可量化、可分析的业务数据，这一阶段是数据资产化的起点。

b. 数据资源化。通过数据分析技术揭示数据背后的价值，如客户行为分析、市场趋势预测、产品优化建议等，将数据转化为可操作的商业洞察，实现数据的价值最大化，为企业决策、创新发展和数字化转型提供有力支持。

c. 数据产品化。通过将数据转化为有价值的产品或服务，为企业创造更多的商业价值和社会价值，数据产品化的过程需要解决注重用户体验、满足用户需求、为企业提供新的商业模式和增长点等多个方面的问题。

d. 数据资产化。根据财政部颁发的《企业数据资源相关会计处理暂行规定》和《关于加强数据资产管理的指导意见》等，数据资产是指企业过去的交易或事项形成的、由企业合法拥有或控制，预期会给企业带来经济利益的数据资源。

e. 数据资本化。企业以数据资产为基础，通过有效的运营管理，将数据资产转化为金融资本,这是数据资产化之后的衍生服务,涉及包括数据资产质押融资、数据资产入股、数据资产证券化、数据资产保险等一系列的数据资产创新应用和金融业务。

f. 数据安全、法律和合规性。数据安全包括数据的保密性、完整性和可用性,需要不断更新和改进安全措施。法律和合规性主要包括明确数据的权属关系、对数据资源进行实质性的合规审查,确保数据的合法性和合规性。

②案例分析

2023年4月,全国第一单数据资产保险在西安成功落地,这一里程碑事件标志着我国在数据资产保护领域迈出了重要一步,是我国在数据资产保险领域的一次重要创新实践,对于推动数字经济发展、保护企业数据资产具有重要意义。

a. 事件背景。随着数字经济的快速发展,企业数据资产的保护变得日益重要。为了更好地帮助企业保护自身数据资产,西安市碑林环大学创新产业带管委会联合中国人民财产保险西安分公司、因问科技共同发起了"数字资产保险创新中心"。

b. 事件详情。中国人民财产保险西安分公司依托"数字资产保险创新中心",于2023年4月21日为中航创世机器人(西安)有限公司、西安五和新材料科技集团股份有限公司等首批10家企业的数字资产提供总计1 000万元的保险,这是国内首单数据资产保险,标志着数据资产保险创新"从0到1"的突破。

c. 重要意义。数据资产保险的推出,不仅有效保护了企业数据资产,帮助企业保护商业秘密和核心技术,而且还为数字经济企业的新型风险需求提供了有力保障,有助于推动数字经济的健康发展,同时此次事件是保险行业在数据资产保护领域的一次重要探索,为未来的保险产品创新提供了宝贵经验。

d. 企业评价。多家企业对数据资产保险的推出表示热烈欢迎和高度认可,一致认为:数据资产保险不仅有助于保护企业的核心竞争力,还能将无形数据转化为可以价值变现的资产,实现了权益保障与经济收益的双丰收。

2.3.2.3 大型企业

大型企业的信息化和数字化拟自建云化数字平台(参看2.4.2),自建数智化平台。数字化转型方面,除上述中小微企业部分阐述的数字营销、客户体验数字化、市场洞察数字化、业务数字化、供应链数字化和数据资产化外,建议聚焦办公管理数字化、生产管理数字化、财务数字化和产业互联网,下面一一阐述。

(1)办公管理数字化

办公管理数字化是指通过现代信息技术和数字化手段,对办公流程、信息管理和沟通协作进行全面升级和优化的过程,旨在提高办公效率、优化管理流程、促进信息共享和增强决策能力,同时实现职能部门平台化、平台服务化,管控协同化。

①实施及关键点

a. 明确目标与规划。明确办公管理数字化的主要目标,例如数字化办公流程、数字化信息管理、数字化沟通协作等,并制订详细的实施规划。

b. 场景共创。行政、财务、IT部门等结合企业的实际情况,开展场景共创并对现有办公流程进行全面梳理,识别并去除冗余环节,提高流程效率。

c. 主要内容。包括但不限于办公流程管理、信息资源管理、(视频)会议室和工位管理、访客管理、设备管理、智能安防管理、文档管理、员工考勤管理、移动办公管理和办公数字化平台的数据分析报告管理等多个方面。

d. 智能办公。主要包括智能会议室管理(通过智能预约系统)、智能设备集成(将打印机、投影仪等各类智能办公设备集成到办公管理系统中)、智能安防系统(安装智能监控系统、门禁系统等),以便提高办公效率。

e. 员工服务。建立员工服务平台,提供员工自助服务、信息发布、员工互动等功能,增强员工与企业的互动性,同时支持员工在移动设备上进行工作,如移动应用、响应式网页等,提高办公的灵活性和便捷性。

f. 安全与合规。加强数据安全管理,采取严格的访问控制、加密存储、安全审计等措施,确保数据不被泄露或篡改,同时开展合规性管理,确保企业的数字化办公管理符合相关法律法规和行业标准的要求,避免合规性风险。

②案例分析

华为通过技术创新和场景化应用推动办公管理数字化转型,主要目标包括:提升办公效率(简化办公流程)、加强团队协作(实现跨部门、跨地域的实时沟通与协作)、降低运营成本(减少纸质文件使用、差旅费用等开支)、优化决策支持等。

华为构建了全面的数字化办公平台,如华为云 WeLink,实现了内部办公流程的数字化、自动化和智能化。该平台集成了消息、邮件、视频会议、云空间和协作文档等多种功能于一体,为员工提供了全方位、一站式的数字化办公体验。

华为推出了多款智能化办公设备与终端,如智能会议室系统、智能投影仪、智能平板等,这些设备支持无线投屏、多屏协同等功能,能够与其他智能设备无缝连接,大幅提升了办公的便捷性和效率。

华为积极构建数字化办公生态系统,与众多合作伙伴建立合作关系,共同为客户提供端到端的数字化办公解决方案。同时通过开放 API 接口和开发者平台,华为鼓励第三方开发者基于其平台进行创新和开发,丰富应用生态和功能模块。

华为办公管理数字化的成功实践,实现了企业高效、协同、智能化的需求,不仅提升了华为自身的运营效率和市场竞争力,还为其他企业提供了宝贵的经验和启示。

(2)生产管理数字化

生产管理数字化是指利用信息技术和数字化手段对生产过程进行管理和优化的过程,涵盖生产计划、执行和监控的各个环节,以实现生产过程数字化、自动化、智能化,旨在通过数字化手段提升生产效率、降低生产成本、提高产品质量以及增强市场竞争力。

①实施及关键点

a. 明确目标与规划。企业需要明确生产管理数字化的目标和需求,包括识别当前生产管理过程中存在的问题、瓶颈和供应链协同,以及希望通过场景共创实现的具体效果,同时确保生产管理数字化与企业的整体发展战略保持一致,并制订详细的实施规划。

b.数据采集。利用物联网(IoT)、传感器等数字技术,实时采集生产现场各个环节的数据,包括温度、湿度、压力、设备状态、能耗、物料流动、生产进度等,并通过严格的数据管理,实现数据资产化。

c.生产计划与调度。通过数字化手段,根据市场需求、库存水平和供应链协同自动生成生产计划,提高生产计划的准确性和灵活性,同时根据生产现场的实时数据,动态调度生产任务和资源分配,确保生产计划的顺利执行。

d.生产控制与监控。通过数字化手段实时采集生产过程中的各种数据,实现生产现场的实时信息化管理,对生产过程中的各种参数进行实时监控,以便及时发现并解决问题,提高生产过程的稳定性和可靠性,有效减少废品,提升产品质量。

e.设备运维管理。通过数字化手段实时采集生产过程中的设备运行状态数据,利用大数据技术挖掘分析,实现设备的远程监管、预测性维护和故障诊断应对,降低维修成本和减少生产中断,提高设备利用率。

f.质量监控管理。通过数字化手段实施质量控制标准和流程,对生产重要环节进行实时管控,将质量检测设备与生产管理系统集成,自动记录产品质量信息,实现产品质量的全流程可追溯管理,及时发现质量问题,利用大数据分析技术追溯问题的根本原因。

③案例分析

浙江五疆科技发展有限公司(简称五疆公司)专业制造高质量的化纤产品,主要问题包括:过程质量信息传递不及时、不准确、不全面,导致质量管理者无法及时获取相关信息,检验人员无法精准掌握过程信息,影响产品质量的判定和把控。

五疆公司实施生产管理数字化,通过工业互联网技术感知、汇聚来自工艺现场的生产数据,经清洗、加工后形成高质量的数据资源,用数据融通模型计算分析后,可实时反馈并调控、优化产品线相关参数,实现对产品线关键质量指标的实时监控和化纤生产过程总体质量水平的实时评级。五疆公司通过开发"化纤制造质量分析数据服务"系统,形成了"化纤制造质量分析数据资产",完成了数据资产入表。

五疆公司使用"化纤制造质量分析数据服务"系统后,数据要素驱动的品控体系日臻完善,质量管理效率和管理水平持续提升,有效降低了吨质量成本和客诉率。另外,通过实时评级,实现了提高化纤产品质量、提升企业质量管理能力、提高经营效能的目标。该案例展现了工业互联网数据在降低企业生产成本、提升企业管理效率和产品质量方面的巨大潜力。

(3)财务数字化

财务数字化是指将财务管理过程中的各种信息、数据和操作通过数字化手段进行管理和处理的过程,旨在财务流程优化。事实上,没有业务数字化,就不太可能实现真正意义上的财务数字化,纯粹的财务数字化可能止步于"财务共享中心"和"资金管理中心"。关于数字化重构财务运营模式,详见本书第六章。

①实施及关键点

a. 明确目标与规划。企业需要明确财务数字化的目标和需求,包括识别当前财务管理过程中存在的瓶颈、痛点和不足之处,以及希望通过场景共创实现的具体效果,同时确保财务数字化与企业的整体发展战略保持一致,并制订详细的实施规划。

b. 数据采集。确定包括哪些业务流程将纳入财务数字化转型的范畴,将财务管理系统与业务管理系统(如 ERP、CRM 等)进行集成,实现数据共享。重点基于总部、分子公司的各种财务管理系统及智慧税务电子税务局的数据,开发财务数据中台。

c. 财务流程优化。通过数字化手段,自动处理财务信息和数据,应用规则引擎与机器学习技术,实现财务单据的智能审核(实时校验和准确审核),建立智能结算平台,开发智慧发票开具与核验功能等,实现智能结算。

d. 决策支持与管理优化。通过实时获取、大数据分析和可视化技术展示数字化的财务数据,方便企业管理者随时掌握企业的财务状况。利用数字化手段,加强财务风险管理、稽核管理和内部控制等系统建设,提升企业的财务风险管理水平。

e. 数字财税和智慧税务。财务数字化需要全面考虑财税合规,符合条件的企业,应对接智慧税务"乐企"模块,自觉遵从智慧税务的 $365\times24H$ 监管。同时,定期或不定期依托第三方开展财税风险体检(详见本书第四章),及时防范、应对税务风险。

f.财务数字化过程中,数据安全和隐私保护是不可忽视的重要问题。企业需要建立严格的数据管理制度和数据安全管理体系,采取有效的加密、备份和恢复措施,确保财务数据的安全性和可靠性。

②案例分析

物产中大集团股份有限公司(简称物产中大)业务范围覆盖全球90多个国家和地区,拥有超过600＋成员单位和超过2万＋员工。物产中大通过成立专业公司、构建财务共享平台、优化财务流程、提升智能化水平等措施的实施,初步实现了财务数字化转型,不仅提高了财务管理效率和控制能力,还促进了业财融合和企业竞争力的提升,实现集团效益最大化。

2021年,物产中大成立了物产中大财智共享服务(浙江)有限公司,以公司化方式运营财务共享中心,这一举措为财务数字化转型提供了组织保障。

物产中大携手金蝶,以财务共享为抓手,打造"敏捷型"财务共享平台。该平台通过强大的集成能力,打通集团内部数据渠道,统一财务流程,推动财务共享上线,该平台的建设不仅解决了数据孤岛问题,还提高了数据处理的效率和准确性。

物产中大按照"业财融合、数据赋能"的理念,对财务流程进行了优化再造。通过梳理超100＋业务流程,形成全流程闭环,实现了业务流程的全面线上化。同时,物产中大还建立了统一的财务核算和报告体系,确保集团内同行业、同板块、同业务的会计科目、会计政策和会计估计的一致性。

在财务共享平台中,物产中大充分应用了智能化技术。例如,通过智能审核实现质量、效率双重提升,部署了4 700＋数据洞察规则,使得8万余单据实现全流程自动化。此外,物产中大还引入了"财小智"智能财务机器人,实现了降本增效的效果。

(4)产业互联网

互联网一般划分为消费互联网(ToC)、产业互联网(ToB)、政府互联网(ToG),其中,产业互联网是对各个垂直产业的互联网重塑和改造(包括工业互联网、农业互联网、医疗互联网、教育互联网等),通常指工业互联网利用数字技术、信息技术和互联网平台,充分发挥互联网在生产要素配置中的优化和集成作用,实现互联网与传统产业的深度融合,5G、物联网、云计算、大数据、人工智能、区块链、数字孪生技术是产业互联网的核心技术。

中国是全世界唯一拥有联合国产业分类当中全部工业门类的国家,在世界500多种主要工业产品当中,有220多种工业产品中国的产量位居全球第一,因此,中国发展产业互联网的机会巨大。产业互联网是行业龙头企业数字化转型的重要发展战略,也是供应链上下游企业数字化转型尤其是业务数字化的重要外部平台,科技金融(供应链金融)、数据资产共享是产业互联网的重要应用之一。本书仅讨论工业产品的行业龙头企业如何构建产业互联网,对于地方政府或第三方服务机构如何构建产业互联网不作讨论。

①实施及关键点

a. 明确目标与规划。一方面开展行业分析研究,深入了解所在行业的市场规模、竞争状况、技术进步等,评估产业互联网的潜在市场和价值。另一方面基于行业分析结果,制定适合行业龙头企业的产业互联网战略,明确目标、基本原则、指导思想以及实施路径。

b. 数据采集。通过物联网技术等数字化手段,全面连接产业链上下游企业的生产、供应、销售等各个环节的数据,实现全面的数据共享和交互,为产业互联网提供实时、准确的数据支持,通过区块链等技术手段,构建去中心化的信任机制和数据共享平台。

产业互联网平台主要由以下几个平台组成。

业务模式平台。将行业龙头企业的业务模式和技术优势向产业链上下游延伸,助力行业龙头企业实现裂变式增长。

线上交易平台。促进产业链上下游企业之间的交易合作,提高交易效率。

增信融资平台。为产业链上下游企业提供信用评估、融资担保、供应链金融等服务。为小微企业提供增信服务,帮助银行降低小微企业的获取和服务成本。

智能制造平台。为产业提供具有竞争力的智能制造解决方案,提高装备的智能化程度和联网能力,适应柔性化、个性化的智能制造趋势。

物流交付平台。为产业链上下游企业提供物流信息管理、订单跟踪、仓储配送等服务,优化物流资源配置,降低物流成本,提高物流效率。

数据资产平台。依托产业互联网数据中台,定期或不定期完成产业互联网数据资产入表,积极探索产业链上下游企业共享产业互联网数据资产的机制和模式。

c.商业模式与生态构建。注重产业互联网数据的价值挖掘和产业链的整合协同,促进不同产业之间的跨界合作,发掘新的业态和商业模式。同时构建开放、协同、共赢的产业互联网生态体系,促进产业链上下游企业间的合作与共享,形成强大的协同效应。

d.数据中台。产业互联网的重点是产业链上下游企业的协同和融合,考虑到产业链上下游企业可能存在五花八门的信息管理系统,产业互联网应制订严格的数据管理制度,按照统一的数据管理标准打造产业互联网数据中台,以实现产业链上下游企业的发展理念、业务模式、数据甚至数据资产等全方面的协同和融合。

e.财税合规。产业互联网面临更加复杂的税务环境和税务风险,除国内智慧税务的严格监管外,产业互联网的跨境交易频繁且复杂,涉及多个国家和地区的税收法规和政策,且各国和地区的税收政策不断调整和更新,需要密切关注并及时适应。

未来,产业互联网将进一步推动传统产业的数字化转型和升级,加速产业结构的优化和资源配置的高效利用。同时,产业互联网也将促进不同产业间的融合与共生,打破传统产业壁垒,促进产业生态的共建共享。总之,产业互联网是连接未来的新引擎。

②案例分析

海目星智能制造工业互联网平台是海目星激光科技集团股份有限公司针对非标装备制造行业存在的一系列痛点,通过外购加自主开发的方式搭建而成的。该平台深入推进了多个典型应用模式,主要包括平台化设计、智能化制造、网络化协同、个性化定制、服务化延伸以及数字化管理等方面,实现了企业的数字化升级和智能化生产。以下是海目星智能制造工业互联网平台(简称海目星)的主要内容。

a.平台化设计。通过工业互联网平台,海目星实现了产品设计的标准化、模块化和可重用性,缩短了新产品的设计周期,提高了设计效率和质量。

b. 智能化制造。引入先进的智能制造技术和设备,如智能机器人、自动化生产线等,实现了生产过程的自动化和智能化。通过工业互联网平台的数据采集和分析,对生产过程进行实时监控和优化,提高了生产效率和产品质量。

c. 网络化协同。利用工业互联网平台的网络互联能力,实现了企业内部各部门以及供应链上下游企业之间的信息共享和协同作业,促进了资源的优化配置和供应链的灵活调整,降低了企业的运营成本。

d. 个性化定制。通过工业互联网平台,海目星能够收集和分析客户需求数据,为客户提供个性化的定制服务,提高了客户满意度和市场竞争力。

e. 服务化延伸。工业互联网平台为企业提供了远程运维、故障诊断、预防性维护等增值服务,这些服务不仅提高了设备的可靠性和使用寿命,还为客户提供了更加便捷和高效的支持。

f. 数字化管理。构建了全面的数字化管理体系,包括生产管理、质量管理、供应链管理、财务管理等各个方面。通过数据的实时采集和分析,实现了对企业管理流程的精准控制和持续优化。

具体来说,海目星智能制造工业互联网平台的实施带来了显著的效果:新产品研发周期缩短16%,设备产能利用率达到了99%,产品质量良品率达到了99.99%,成本核算准确率达98%以上,库存准确率达到99%,生产计划完成率95%以上,物料采购成本降低12%,企业运营成本降低29.54%。这些成效充分展示了海目星智能制造工业互联网平台在降本增效、提高产品质量和满足客户需求方面的巨大潜力。同时,该平台也促进了企业业务结构的优化和产业链的整体性、长远性和可持续性发展。

点评:从上述内容可以看出,海目星智能制造工业互联网平台是为企业自己量身打造的工业互联网平台,在产业链上下游企业的协同和融合方面有待进一步开发和完善。

2.3.2.4 加盟生态圈

事实上,从节约投资或规避风险角度考虑,中小企业的数字化转型还可以从加盟生态圈开始,产业互联网就是典型的数字化生态圈。所谓的加盟生态圈是指中小企业通过加盟一个由大型企业或平台主导的数字化生态圈,利用生态圈内的数字化资源、技术和平台,快速实现自身的数字化转型和升级。下面对加盟生态圈模式作简要介绍。

(1)模式特点

①资源共享

生态圈内的中小企业可以共享大型企业或平台提供的数字化资源,如云计算、大数据、人工智能等技术,以及数字化营销、客户管理等工具,这些资源有助于中小企业降低数字化转型的投资成本,规避投资风险。

②技术赋能

大型企业或平台通常拥有先进的数字技术,能够为中小企业提供技术支持和解决方案,快速提升中小企业的数字化能力,实现业务流程的优化和升级,以及自动化和智能化,提高运营效率和客户满意度。

③市场协同

生态圈内的中小企业可以与大型企业或平台形成协同效应,共同开拓市场、提升品牌影响力,帮助中小企业获得更多的市场机会,扩大业务范围。

④学习交流

生态圈内的中小企业可以与大型企业或平台其他企业开展学习交流,分享数字化转型的成功经验和失败教训,帮助中小企业少走弯路,加速数字化转型进程。

⑤评估加盟

中小企业需要仔细评估市场上的数字化生态圈,加盟与自己业务领域相契合、具有强大影响力和丰富资源的生态圈,所在行业的产业互联网是优先选择。

(2)效益分析

以华为生态圈为例。华为自身的数字化转型经历了长时间的探索,在数字化平台的搭建和变革治理体系等方面都比较成熟。中小企业加盟华为生态圈,从数字化系统的标准架构、品牌宣传、渠道营销等,都可以利用华为雄厚的实力赋能。总之,华为生态圈可以弥补中小企业数字化转型技术和经验方面的不足,能够达到事半功倍的效果。至于腾讯生态圈和阿里巴巴生态圈,它们在依赖大数据的用户偏好分析、运用云计算平台实现数据资产的深度挖掘等方面拥有独到的优势和丰富的经验。中小企业应根据自身特点加以选择。

①华为生态圈简介

华为利用其云计算和AI技术,为中小企业提供数字化转型的解决方案。主要内容包括:

与合作伙伴共同推出解决方案:例如,华为云与如创业黑马携手发布的"创业黑马中小企业服务大模型解决方案",旨在加速中小企业的数字化转型升级。

提供全流程智能化的解决方案:面向城市政府,集成华为云、中小企业一张网智能化平台等,为中小企业数字化转型提供全流程智能化支持。

针对中小企业提供培训和支持:通过"中小企业数智化培训"等项目,提升中小企业对数字化转型的认知和能力。

②腾讯生态圈简介

腾讯利用其企业微信、腾讯云等平台,以及实时数字孪生、物联网等技术,助力中小企业数字化转型。主要内容包括:

搭建行业数字化平台:通过提供"小快轻准"的数字化系统解决方案和产品,搭建行业数字化平台,推动形成协同、高效、融合、顺畅的大中小企业融通创新生态。

提供便捷的连接工具:如企业微信、小程序等,帮助中小企业降低数字化转型成本,提升业务协同效率。

打造数字化转型示范样本:通过支持专精特新企业等数字化转型的排头兵,为更多中小企业提供示范和借鉴。

③阿里巴巴生态圈简介

阿里巴巴主要通过其电商平台、云计算服务、数字工厂等,为中小企业提供全方位的数字化转型支持。主要包括以下几个方面。

a. 搭建新基建。完善以云计算为代表的新型基础设施建设，帮助中小企业降低技术成本。

b. 提供定制化开发服务。如钉钉的"数字化平台＋低代码"开发工具，支持中小企业从单体式架构走向微服务架构，降低开发成本。

c. 构建研发生态体系。如天猫新品创新中心，构建消费者、品牌商与供应链企业为一体的研发生态体系，助力中小企业快速打造新品，提升市场竞争力。

d. 优化供应链管理。通过1688等B2B平台，提供优化供应链管理的针对性解决方案，如"一件代发"模式、闪电定制新模式等，帮助中小企业高效匹配供需，降低运营成本。

2.4 企业数字化转型拓展

企业数字化转型的拓展内容很多，其中，数字技术是企业数字化转型的核心，本节仅讨论部分数字技术在企业数字化转型中的应用场景。另外，数据中台是企业数字化转型的核心应用，本节仅对其做概要介绍，不涉及数据中台的具体构建。

2.4.1 数字技术应用场景

5G、物联网、云计算、大数据、人工智能、区块链和数字孪生技术是企业数字化转型必备的数字技术，它们只有与企业数字化转型具体的应用场景相结合，才能真正发挥其使用价值。

2.4.1.1 移动通信技术 5G

4G 改变生活,开启消费互联网时代。

5G 改变社会,它具有高速率、广连接、低时延的特点,通过先进的无线网络连接技术,实现设备之间的快速、可靠的通信和数据传输。一方面,我们日常所能接触到的设备内置 5G 通信模块后,理论上都可以通过基站接入 5G 网络,万物互联得以实现。另一方面,5G 开启产业互联网时代,尤其在工业互联网、医疗互联网、教育互联网及交通互联网等领域,已经形成相当丰富且成熟的应用场景。以下简单介绍 5G 在工业互联网领域的典型应用场景。

(1)协同研发设计

①远程研发实验

利用 5G 及增强现实/虚拟现实(AR/VR)技术建设或升级企业的研发实验系统,实时采集现场的实验画面和实验数据,通过 5G 网络同步传送给分布在不同地域的科研人员,实现跨地域、在线协同操作完成实验流程。

②异地协同设计

基于 5G、数字孪生、AR/VR 等技术建设协同设计系统,实时生成工业部件、设备、系统、环境等数字模型,通过 5G 网络同步传输设计数据,实现异地设计人员利用终端接入沉浸式体验的虚拟环境,协同修改与完善设计图纸。

(2)生产制造环节

①远程设备操控

利用 5G 网络实现设备的远程操控,特别是在危险或难以到达的环境中,减少人员风险,提高生产效率和安全性。

②设备协同作业

综合利用 5G 授时定位、人工智能等技术,将生产现场的多台设备按需灵活组成一个协同工作体系,优化设备之间的协同工作方式,提高设备利用效率。

③柔性生产制造

利用5G技术实现数控机床和其他自动化工艺设备的灵活配置和快速调整,满足个性化定制生产的要求。

④现场辅助装配

利用5G网络传输高清视频和实时数据,辅助现场装配人员进行精准装配,提高装配效率和质量。

(3)质量检测与运维

①机器视觉质检

利用5G网络高速传输高清图像和视频数据,结合机器视觉技术实现产品质量的自动化检测,提高检测效率和准确性。

②设备故障诊断

利用5G网络实时采集设备运行数据,结合大数据分析和人工智能技术进行故障预测和诊断,提前发现并解决潜在问题,减少停机时间和维修成本。

(4)物流运输与安全管理

①厂区智能物流

利用5G网络实现物流车辆的精准定位和智能调度,优化物流路径和配送效率,降低物流成本。

②无人智能巡检

利用5G网络实现无人机的自主飞行和智能巡检,对生产现场进行实时监控和数据分析,提高巡检效率和安全性。

③生产现场监测

利用5G网络传输生产现场的视频和传感器数据,对生产环境、设备状态等进行实时监测和预警,确保生产安全。

⊙ 2.4.1.2 物联网

物联网(Internet of Things,IoT)是指通过互联网将各种物理设备、传感器、软件以及其他技术连接在一起(每个设备都可以被独立寻址),使它们能够相互通信和交换数据的网络系统。传感器和微控制单元(单片微型计算机或单片机,是一种高度集成的芯片)作为物联网系统的核心组成部分,负责将现实世界中的物理量转换成计算机能够理解的电信号,并通过各种通信技术[无线通信技术(含5G)、有线通信技术、云平台技术、卫星联网技术]传输到物联网平台或远程用户,从而实现对设备的远程监控和控制。

①物联网的核心内涵

围绕"物"和"数据"打造新模式、实现智能化,我们可以通俗地理解为:"物"即数据源、"联"即数据集、"网"即数据应用。事实上,物联网与云计算(高效存储)、大数据(数据分析)、人工智能(机器学习)有机组合,完美体现了数据要素的生命周期,也使万物互联的数据真正实现了价值。

②物联网的前景和未来

互联网时代"连接信息",移动互联网时代"连接人",万物互联时代"连接物",从万物互联到连接一切将是物联网的发展方向。关于物联网的前景和未来,陈霞等专家在《企业数字化转型——从认知到落地》一书中给出了十分精彩的论述:

人与人的连接创造了腾讯;

人与交易的连接创造了阿里巴巴;

人与信息的连接创造了百度;

人与服务的连接创造了美团、滴滴打车。

把握人与物的连接,并形成"网"的智慧,打造生态,将引领数字化转型的浪潮!

③物联网技术的应用场景

物联网技术在企业数字化转型中的应用场景非常丰富,覆盖了企业运营管理的各个方面,从生产到管理,再到服务,都能实现智能化的升级和转型,以下是一些主要的应用场景。

(1)智能制造

①生产流程优化

物联网技术通过在生产线上部署传感器、电子标签 RFID 等设备,实时采集生产数据,如温度、湿度、压力、物料流动和生产进度等,并利用云计算平台进行分析处理,实现生产流程的精准控制和优化,提高生产效率和产品质量。

②预测性维护

物联网技术通过实时监测设备的运行状态和性能指标,结合大数据技术预测设备的剩余寿命和潜在故障,提前安排维修计划,避免非计划停机,提高设备利用率。

(2)智慧能源

①能源监测

物联网技术通过实时监测企业的能源消耗情况,包括水、电、气等,随时形成能源使用分析报告。

②节能控制

物联网技术根据能源消耗监测数据,智能调节设备的能耗,如智能照明系统、智能温控系统等,实现节能减排,降低企业的运营成本。

(3)智慧供应链

①实时追踪

物联网技术通过RFID、GPS等技术手段,实时监控库存、追踪货物的位置和状态,确保供应链的透明度和可控性。

②协同作业

物联网技术可以实现企业与供应商、分销商等合作伙伴之间的信息共享和协同作业,提高供应链的响应速度和灵活性。

(4)智能安防与安全

①智能监控系统

物联网技术通过构建智能安防系统,实现视频监控、入侵报警、门禁控制等功能,提高企业的安全防范能力。

②安全巡检与应急响应

物联网技术支持安全巡检的自动化和智能化。同时,在发生紧急情况时,可以快速响应并进行应急处理。

(5)智慧办公与智慧园区

①智能办公环境

物联网技术可以实现办公设备的远程控制、智能联动等功能,如智能灯光、智能空调等,提高办公环境的舒适度和便捷性。

②智慧园区管理

物联网技术可以应用于园区的安全监控、环境监测、设施管理等方面,实现园区的智能化管理和运维。

2.4.1.3 云计算

云计算是一种基于互联网的分布式存储、分布式计算模式,它通过网络将计算资源虚拟化并服务化交付给用户(按需付费),具有动态可扩展性、高可用性和容错性、安全性等特点。云计算已经成为企业数字化转型的重要支撑和推动力量,为企业提供了更加便捷、高效和灵活的计算资源和服务,降低了企业的初期投资成本。

云计算技术在企业数字化转型中的应用场景十分广泛,以下是一些主要的应用场景。

(1)企业级应用与资源管理

云计算技术可以支持企业资源规划系统(ERP)的部署和运行,帮助企业实现资源的共享、优化和集中管理;也可以助力企业构建客户关系管理系统(CRM),实现客户信息的集中存储、分析和利用;还可以应用于人力资源管理(HRM)等,帮助企业实现员工信息的集中管理、招聘流程的自动化以及培训计划的制定。

(2)大数据处理与分析

云计算技术为大数据处理提供了强大的支持。企业可以利用云计算平台的大数据处理能力,对海量数据进行分析挖掘,帮助企业发现市场趋势、优化产品策略、提高运营效率等。

(3)物联网应用与边缘计算

云计算技术与物联网的结合可以实现企业数字化转型的应用场景。企业可以通过云计算平台对物联网设备进行远程监控和管理,实现数据的实时传输和处理。另外,企业利用云计算技术,可以在物联网设备附近部署边缘计算节点(边缘计算是一种将计算任务从云端转移到设备边缘的技术),实现数据的实时处理和分析,降低数据传输延迟和带宽消耗。

(4)业务创新与优化

云计算技术可以支持企业探索新的业务模式。例如,企业可以利用云计算平台构建按需付费的服务,降低客户的初期投入成本,提高客户满意度。

2.4.1.4 大数据

大数据是一种规模巨大、类型多样且复杂的数据集合,需要采用新的数据处理技术和架构来处理。大数据具有大量性、多样性和高速性等显著特征,大数据的价值在于通过分析和挖掘大数据中的信息和洞察,利用大数据技术发现关联和规律,为企业提供决策数字化、优化运营、优化产品设计、提升客户体验、创新商业模式等方面的支持。

大数据技术在企业数字化转型中的应用场景十分广泛,涵盖了企业的营销、客户体验、制造、供应链与物流、运营管理以及业务决策等各个方面,以下是一些具体的应用场景。

(1)营销数字化

大数据技术可以帮助企业更好地了解消费者的需求和偏好,从而实现精准定位目标客户群体,并开展高效的营销活动。首先,企业可以利用大数据技术对客户行为、购买习惯等信息进行分析和挖掘,提供个性化推荐服务,快速响应市场变化。另外,通过分析用户社交媒体数据、搜索记录等,预测用户的未来需求,为企业制定前瞻性的营销策略提供依据。

(2)客户体验提升

大数据技术可以帮助企业更好地分析客户反馈、用户行为等数据,了解客户对产品和服务的意见或建议,及时发现产品或服务中的问题,并及时改进和优化。同时,还可以分析预测客户未来的需求和偏好,提供更加个性化的产品和服务,进一步提升客户体验。

（3）智能制造

大数据技术可以帮助企业将物联网技术等与传统制造产业相结合,实现智能化转型。首先,在生产过程中利用智能设备实时采集制造数据,利用大数据技术分析识别潜在的问题和机会,及时调整生产流程和设备配置,从而提升生产效率和质量水平。另外,通过大数据分析,优化供应链管理,降低库存成本,提高供应链的响应速度和灵活性。

（4）供应链与物流优化

大数据技术可以帮助企业优化供应链和物流管理,通过实时跟踪和分析货物运输、库存管理等数据,优化物流路径,减少库存积压,提高供应链效率。同时,还可以预测需求变化,提前调整生产和库存计划,降低运营成本。

（5）运营管理优化

大数据技术可以帮助企业优化业务流程,通过对数据中台的分析和挖掘,找出业务流程中的高能耗点、瓶颈和冗余环节,借助数字技术进行智能化改造,有效提升运营效率,推动企业实现智能感知、网络协同、敏捷响应、高效决策和动态优化。

（6）业务决策优化

大数据技术可以帮助企业优化诸如产品创新、市场营销、人力资源管理等决策流程。企业可以利用大数据技术分析市场数据、竞争对手数据等,为企业制定市场战略提供依据。同时,还可以分析财务数据,预测财务状况,为企业的财务管理和投资决策提供支持。

2.4.1.5 人工智能 AI

人工智能是一门研究模拟、延伸和扩展人类智能的综合性学科,旨在使智能机器能够处理语言、音频、图像、视频等各种信息,并从中能够感知、理解、推理、学习、思考、规划和决策,从而实现类似于人类的智能行为。这种技术融合了数学、计算机科学、心理学和哲学等多学科的理论,通过模拟人类的思维和学习能力,使智能机器能够像人类一样思考、学习和解决问题。

人工智能技术在企业数字化转型过程中有着广泛的应用场景,覆盖了企业的各个业务领域和运营环节,以下是一些主要的应用场景。

(1)客户关系管理(CRM)

智能客服系统(聊天机器人等)通过自然语言处理和机器学习技术,能够精准识别客户问题,提供24小时在线服务和解答,显著降低人力成本。同时,AI技术能够分析客户数据,预测消费者行为,从而提供个性化的产品和服务,增强客户满意度和忠诚度。

(2)供应链管理

AI技术可以预测市场需求,帮助企业优化库存水平,减少库存积压和缺货风险。同时,可以自动调整采购计划和生产计划,提高供应链的响应速度和灵活性。AI技术和物联网相结合,可以实现物流过程的实时监控和智能调度,提高物流效率和准确性。

(3)财务管理

AI技术能够实现财务流程自动化,如发票处理、账目核对、财务报告生成和预测分析等。同时,能够识别潜在的财务风险,提供合规性检查,确保企业财务的准确性和透明度。

(4)人力资源管理(HRM)

AI技术可以优化招聘流程,包括简历筛选、面试安排等,提高招聘效率。同时,还能够分析员工与工作有关的各类数据,进行员工绩效评估,并提供个性化的员工发展计划,提高员工满意度和留存率。

(5)智能制造

AI技术可以优化生产流程,提高生产效率,预测设备故障,自动调整生产计划,减少停机时间。同时,还可以应用于质量控制和产品检测,提高产品质量。

(6)市场营销

AI技术能够分析消费者数据,为企业提供个性化的营销策略。同时,还能够根据消费者行为和偏好,定制营销活动,提高营销效果和投资回报率。

(7)决策支持

AI技术通过大数据分析和模式识别,能够为企业决策提供基于数据的洞察和建议,帮助管理层实现决策数字化,使决策更加科学和高效,从而提高企业的运营效率和管理水平,为企业创造新的商业机会和价值。

2.4.1.6 区块链

区块链是一种具有去中心化、不可篡改、安全可信等特征的分布式账本技术,本质上是一个去中心化的数据库,存储于其中的数据或信息具有"不可伪造""全程留痕""可以追溯""公开透明""集体维护"等特征。这些特征使得区块链技术能够奠定坚实的"信任"基础,并创造可靠的"合作"机制。

区块链技术在企业数字化转型中具有广泛的应用场景,以下是一些主要的应用。

(1)物联网领域

区块链技术可以用来建立一个去中心化的设备管理系统,更好地实现设备的管理和控制;还可以建立一个可靠的身份认证系统,实现设备之间的安全通信;也可以用来确保物联网数据的安全性和隐私性,通过加密和存储技术,保护数据不被泄露或篡改。

(2)供应链管理

区块链技术可以建立一个透明的物流跟踪系统,实现对物流信息的实时跟踪和监测;还可以实现商品的防伪溯源,确保商品的质量和安全,广泛应用于食品医药、农产品、酒类和奢侈品等各领域;也可以用来减少供应链中不必要的中间环节,降低供应链的成本和时间。

(3)供应链金融。区块链技术可以有效解决中小企业融资难问题,通过建立一种"联盟链网络",涵盖核心企业、上下游供应商、金融机构等,实现票据的数字化流转,帮助供应商实现对应额度的融资。

(4)企业经营管理

企业可以利用区块链技术优化经营管理流程,如通过建立综合项目管理信息系统,提高工程项目精细化管理水平与集成化交付能力;或打造企业经营管理系统,实现全方位、全过程精细化监督管理。

2.4.1.7 数字孪生技术

数字孪生技术融合了传感器、物联网、虚拟现实、人工智能和大数据等数字技术,将物理实体(属性、结构、状态、性能、功能和行为等)镜像映射到虚拟空间,实现虚实之间的双向映射、动态交互和实时连接。简言之,数字孪生技术就是通过对物理实体的全面感知、镜像再现,在数字世界中构建其数字化应用,并实现对物理实体的模拟、监控、预测和优化。

数字孪生技术在企业数字化转型中具有广泛的应用场景,以下是一些主要的应用。

(1)智能制造领域

数字孪生技术可以实时模拟生产过程,精准预测设备故障、优化生产流程,提高生产效率和产品质量。企业通过物联网及边缘计算上传相关数据后,使用数字孪生技术可以完成生产、能耗、设备和设计管理等工作,进而实现提质、降本、增效和创收四大价值。

①设备监控与维护

通过建立设备的数字孪生体,实时监测设备的运行状态,预测设备的维护周期和潜在故障,实现预防性维护。

②生产流程优化

通过数字孪生技术模拟生产流程,发现生产流程中的瓶颈,优化生产计划,提高生产效率。

(2)客户服务领域

数字孪生技术可以为企业客户提供数字化营销服务平台。通过该平台,客服人员可以更加高效地与客户进行沟通,从而提升客户满意度。

①话术导航

利用数字孪生技术,构建销售流程的数字孪生模型,将销售流程标准化,每个环节都按照人工智能的流程进行,把所有的答案进行标准化处理,让销售过程有据可查,有效提升销售成单率。

②智能客服

利用数字孪生技术,构建客户服务流程的数字孪生模型,模拟和分析客户服务的各个环节,找出潜在的瓶颈和问题,再结合人工智能和机器学习技术,通过模拟客户的提问和可能的解决方案,系统可以自动生成回答,有效提升客服人员的工作效率。

(3)智慧园区管理

数字孪生技术可以实现对园区的运营、安防、业务等管理工作的全面监控和优化。

①安防监控

利用数字孪生技术,构建园区安防监控系统的数字孪生模型,模拟和分析安防监控的各个环节,找出潜在的问题,实现全天候、全方位监控,确保园区安全。

②能源管理

利用数字孪生技术,构建园区能源使用情况的数字孪生模型,对园区的能源使用情况进行实时监测和分析,发现能源浪费问题,提出优化建议,实现节能减排。

2.4.2 数据中台概述

中台战略是企业数字化转型的关键组成部分。中台战略并非纯技术概念的数据堆砌,而是将企业的核心能力、数据、用户信息以共享服务的形式加以沉淀,避免各业务部门重复建设,降低新业务开发成本,使得大多数业务需求可由业务和IT团队自行接入。中台位于前台与后台之间,起着承上启下的桥梁作用。

一般情况下,中台分为数据中台、技术中台、业务中台三种(后两种合并也称为云化数字平台),其中,技术中台是一个集中管理和运营的技术资源中心,它为企业提供统一的技术标准和服务标准(包括数字技术、IT平台、IT基础设施),实现各个业务线之间的协同和资源共享。业务中台是一个能够支撑企业各项业务快速响应和创新的技术平台,它通过将企业的共性业务能力进行抽象和封装,形成可复用的业务组件,这些组件可以像搭积木一样灵活地组合和配置,以快速响应市场变化和业务需求。

本节对技术中台、业务中台不作展开讨论,重点概要性介绍数据中台。数据中台能够为企业的战略决策、运营管理、市场营销等方面提供强大的数据支持,从而推动企业的数字化转型和智能化发展,数据中台是数据驱动企业发展的核心引擎。

2.4.2.1 数据中台的定义

数据中台是一个集中化、系统化的数据管理与服务平台,它位于业务与技术之间,起到了桥梁和纽带的作用。具体来说,数据中台是企业数据价值实现的能力框架,包括数据汇聚、数据开发、数据管理、数据服务、数据资产发掘等能力。同时,数据中台通过把原始数据转化为可用的数据产品和服务,帮助企业创新商业模式。

数据中台是一套可持续"让企业的数据用起来"的组织机制,让企业员工、客户、供应商、合作伙伴、消费者都能够方便地应用数据。同时,数据中台也是一套持续不断把数据变成资产并服务于业务的创新机制,使得企业的各个业务系统能够快速获取所需的数据资源,实现数据的互联互通和协同工作。

数据中台架构,如图2-15所示。

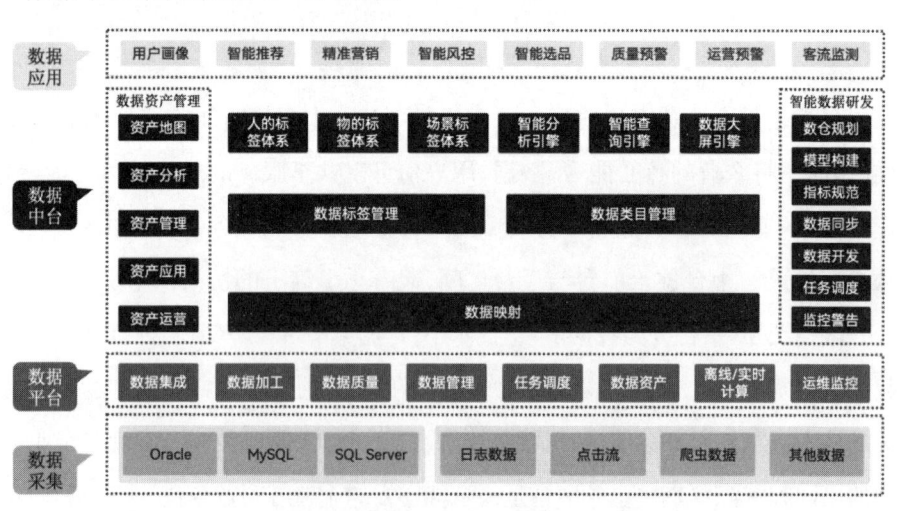

图2-15 数据中台架构示意

资料来源:陈睿峰.数字化转型实战[M].北京:化学工业出版社,2022.

2.4.2.2 数据中台的作用

数据中台在企业数字化转型中扮演着至关重要的角色,它不仅能够实现数据的集中管理和共享,支持数据分析和决策,优化业务流程和运营,还能推动业务创新和数据资产发掘,并保障数据安全与合规。

(1)集中管理和共享

①解决数据孤岛问题

信息时代,企业的数据往往分散在不同部门、业务系统和信息系统中,导致数据管理和维护困难。数字时代,数据中台能够将企业分散的数据集中存储、管理和维护,打破数据孤岛,提高数据的一致性和准确性。

②提升数据共享能力

数据中台执行严格的数据管理制度,统一处理原始数据,提供标准化的数据接口,使企业的不同部门和业务系统能够方便地共享和访问数据,从而提高数据利用效率,降低协作沟通成本,助力企业数字化转型。

(2)数据分析和财税合规

①挖掘数据价值

数据中台提供数据分析和智能应用的功能,通过大数据技术对海量数据进行实时分析,帮助企业挖掘有价值的信息,如市场趋势、客户需求等,为企业决策提供有力支持,进一步提高决策效率和准确性。

②财税合规融合

数据中台应包含企业合规、财务合规、税务合规等方面的数据,企业通过财务数字化,可以实现财税规章制度、数字财税(智慧税务)监管、业财法税融合的有机统一,确保数据中台符合财税合规融合的要求。关于这一部分内容,详情见本书第六章。

(3)业务流程和运营

①业务流程优化

数据中台可以与不同的业务系统进行集成,实现数据的无缝连接和流转,从而优化业务流程,减少重复劳动,提高工作效率。

②运营管理优化

通过大数据技术分析挖掘,数据中台可以帮助企业发现运营过程中的问题、痛点和瓶颈,为优化运营管理提供数据支持。

(4)业务创新和发掘

①业务创新支持

数据中台提供丰富的数据分析和数据挖掘工具,支持企业基于数据进行业务创新,如开发新的产品和服务、优化市场策略等。

②数据资产发掘

数据中台汇聚了企业的业务数据、市场数据、客户数据、生产数据、工艺数据、财务数据及相关第三方的数据等,企业应执行统一的数据管理标准,不断发掘数据资产,使数据资产入表成为常态化工作,有效扩大企业的资产规模。

(5)数据安全与合规性

①数据安全机制

数据中台具备完善的数据安全机制,可以保障数据的保密性和完整性,防止企业数据泄露和损坏。

②数据合规性

随着国家对数据安全和个人隐私信息保护的立法加强,数据中台能够帮助企业更好地遵守相关法律法规,确保数据使用的合规性。

2.4.2.3 案例分析

华为数据中台,即华为数据底座,如图2—16所示(摘自《华为数字化转型之道》)。华为数据底座是华为公司在数据管理领域的重要创新,是一款功能强大、灵活可扩展的数据管理和分析平台,能够帮助企业高效地整合和利用数据资源,提升业务决策效率和智能化水平。

图 2—16 华为数据底座示意

以下是华为数据底座的简要介绍。

(1)概述

华为数据底座由数据湖和数据主题联接两层组成,旨在将公司内外部的数据汇聚到一起,并对这些数据进行新的组织和联接,从而为业务数字化等提供强大的数据服务。

(2)核心组件

①数据湖

a. 定义。数据湖是逻辑上各种原始数据的集合,除了"原始"这一特征外,还具有"海量"和"多样"(包含结构化、非结构化数据)的特征。

b. 功能。数据湖保留数据的原格式,不对数据进行清洗、加工,但对于数据资产多源异构的场景需要整合处理,并进行数据资产注册。

c. 入湖标准。数据入湖需要遵循 6 项标准,包括明确数据 Owner、发布数据标准、定义数据密级、明确数据源、数据质量评估和元数据注册。这些标准共同确保入湖数据的质量,并满足数据联接和数据消费的需求。

②数据主题联接

a.定义。数据主题联接是对数据湖的数据按业务流/事件、对象/主体进行联接和规则计算等处理,形成面向数据消费的主题数据。

b.特点。具有多角度、多层次、多粒度等特征,能够支撑业务分析、决策与执行。

c.联接方式。基于不同的数据消费诉求,主要有多维模型、图模型、指标、标签和算法模型 5 种数据联接方式。

(3)主要特点

华为数据底座在逻辑上统一,能够处理各类数据,包括结构化数据和非结构化数据。数据底座中的数据湖保留了数据的原始特征,为数据的后续加工和消费提供了丰富的可能性。华为数据底座支持根据数据类型、业务区域等进行扩展,以满足不同场景下的数据需求。

(4)入湖方式

华为数据底座提供了物理入湖、虚拟入湖等多种数据入湖方式,以满足不同场景下的数据需求。其中,物理入湖意指将原始数据复制到数据湖中,包括批量处理、数据复制同步等方式;虚拟入湖意指原始数据不在数据湖中进行物理存储,而是通过建立对应虚拟表的集成方式实现入湖,实时性强,一般面向小数据量应用。

(5)应用场景与价值

华为数据底座在多个领域都有广泛的应用场景,如金融、制造、零售等。通过数据底座,企业可以更加高效地管理和利用数据资源,提升业务决策效率和智能化水平。同时,数据底座还能够支持数据的共享和开放,促进数据的流通和利用,为企业创造更大的价值。

2.5 企业数字化转型底层逻辑

企业数字化转型与数字经济、数据资产、财税合规(含数字财税和智慧税务)、业财法税融合之间的关联性,以及数据资产与财税合规的关联性等,相互约束、相互促进、共同发展,构成了企业数字化转型的底层逻辑。

2.5.1 企业数字化转型与数字经济

数字中国是推进中国式现代化的重要引擎、是构筑国家竞争新优势的有力支撑、是把握新一轮科技革命和产业变革新机遇的战略选择、是数字时代下发展中国式数字经济支柱产业的战略机遇。数字中国的核心是数字经济建设,数字经济的关键是企业数字化转型。

(1)数字经济是企业数字化转型的驱动力

数字经济是指以数据为关键生产要素,以数字技术创新为核心驱动力,通过数字技术与实体经济的深度融合,形成数字技术产业化、产业数字化、数据要素产业化的良性循环,加速重构经济发展与政府治理模式的新型经济形态。数字经济的发展为企业提供了丰富的数字化技术和工具,如大数据、人工智能、云计算、物联网等,这些技术为企业数字化转型提供了技术支持,有力推动了企业在业务流程、客户体验、产品和服务创新、市场营销、供应链、生产管理等方面的数字化变革。

(2)企业数字化转型推动数字经济的发展

企业数字化转型过程中,通过采用数字化技术,实现了业务模式创新、运营效率提升和生产效率提升等,促进了企业之间的信息共享和协同合作,形成了更加紧密的数字产业链和生态系统,大力推动了产业互联网的发展。这些革命性变革增加了企业的数据资产,提升了企业的核心竞争力,推动了企业踊跃跨入数字时代、合规时代。同时,企业数字化转型产生的海量数据和信息,也为数字经济的发展提供了丰富的数据资源和创新动力,成为数字经济进一步发展的重要基础。

总之,企业数字化转型与数字经济密切关联、相互促进、形成良性循环。一方面,数字经济的快速发展不断催生新的数字化技术和创新应用,为企业数字化转型提供了更多的选择和可能性,另一方面,企业数字化转型的深入推进也为数字经济的发展提供了更加广阔的市场空间和应用场景,这种相互促进的关系共同推动了经济社会的数字化进程。

2.5.2 企业数字化转型与数据资产

企业数字化转型通过构建数据中台,按照严格而统一的数据管理标准,集中管理和共享数据,从而常态化发掘数据资产,推动数据资产入表,提升企业的竞争力。企业需要充分认识到数据资产的重要性,加强数据资产管理能力,以支持企业的数字化转型和可持续发展。

(1)数字化转型促进数据资产价值释放

数字化转型为企业提供了先进的数据处理和分析技术,使得企业能够高效地采集、存储、处理和分析数据,推动了数据的共享与开放,为企业提供了多元化的数据应用场景、业务模式创新和合作模式创新等,通过业务数据化、数据资源化、数据产品化、数据资产化和数据资本化,实现数据资产的发掘、增值和变现。

(2)数据资产化是数字化转型的重要环节

数据资产化即数据资源完成入表并被确认为会计学意义上的存货或无形资产,意味着数据的价值得到认可并被纳入企业的资产范畴,数据资产可以为企业增加数据产品和服务,从而为企业增强实力、创造竞争优势。因此,数字化转型过程中把源源不断的数据资源转化为有价值的数据资产,是一项必须完成的重要工作。

(3)数据资产化推动数字化转型创新发展

企业数字化转型过程中,数据资产发挥着关键作用,通过对数据资产的深入分析和利用,企业可以更好地了解市场需求、客户行为和竞争态势等,从而做出更加精准的决策。因此,数据资产化进一步完善了企业数字化转型的战略规划和具体实施,促进了数字化转型依托数据资产的变革创新和与时俱进。

2.5.3 企业数字化转型与财税合规

企业数字化转型与财税合规是企业可持续发展的两大支柱。财税合规不仅关乎企业的法律风险防控,还直接影响到企业的运营效率、市场信誉和融资能力等多个方面。因此,财税合规是企业数字化转型的必要条件,财税不合规的企业数字化转型是不可能成功的。

(1)数字财税即财务数字化,是财税合规的具体实践、最佳路径和根本目标

智慧税务即金税工程,是财税合规免费的云上评估机构、检验者、监督者。因此,数字财税、智慧税务与财税合规三位一体,构成企业数字化转型合法合规的护城河。

(2)数字财税是企业数字化转型的基石

财务数字化是企业数字化转型的重要组成部分,它依托数字技术,数字化重构财务运作模式,实现财税数据的自动化处理、分析和管理。数字财税不仅能够提高财税工作的效率和准确性,还能够为企业提供更全面、更深入的财税数据洞察,助力企业作出更加精准的财税决策,进一步推动企业数字化转型。

(3)智慧税务是企业数字化转型的加速器

智慧税务是数字化转型在税务管理领域的具体体现,它利用大数据、云计算、人工智能等数字技术,实现智能化的税务申报、风险管理、政策推送,还能够为企业提供更加便捷、高效的税务服务体验。随着智慧税务的不断推进,倒逼企业抓紧实施财税数字化转型,加速推进企业数字化转型。

（4）财税合规是企业数字化转型的保障

在数字化转型的背景下，企业面临更加复杂多变的税务环境和更加严格的监管要求。因此，企业必须加强财税合规管理，确保所有财税活动都符合相关法律法规和政策要求，确保经营活动的合法性和规范性。也就是说，财税不合规将会导致企业数字化转型面临不可预知的风险。

企业数字化转型是一个持续迭代优化的过程，财税合规工作也需要不断优化和完善。一方面，确定财税合规目标，定期或不定期依托第三方开展财税风险体检（详见本书第四章），加强财税风险防控。另一方面，根据业务发展需求、政策法规变化以及内外部审计结果等因素，及时调整和优化财税合规策略和措施。同时，建立有效的反馈机制，收集员工、客户、合作伙伴、税务机关等各方意见和建议，为财税合规工作的持续改进提供有力支持。

2.5.4 数据资产与财税合规

随着数字经济的快速发展和企业数字化转型的深入推进，数据已成为企业最重要的核心资产之一，对企业决策、运营和市场竞争力具有至关重要的影响。然而，数据资产的管理与利用并非没有边界，尤其在财税领域，必须严格遵守相关法律法规以确保财税合规，财税不合规的数据资产是没有价值的，财税合规促进数据资产的价值释放。

（1）数据资产需要财税合规保驾护航

数据资产是一个新生事物，在计税基础、摊销期限、税会差异、出售或处置和资产损失税前扣除等方面带来了税务挑战，在往年亏损弥补、政府补贴补助、高新技术申请、研发加计扣除和技术转让减免等方面又带来了税务机会。目前，数据资产的确权、登记、评估、入表和数据资本化等尚不成熟，其财税合规的依据主要来自《企业会计准则》和陆续出台的相关政策法规，二十届三中全会提出"建立同新业态相适应的税收制度"，数据资产的财税合规已经启航。

(2)财税合规促进数据资产价值释放

财税合规要求企业明确数据权属,以及数据的获取、使用、共享和销售等均应遵守法律法规,并与企业的财税管理制度相衔接,确保数据资产在财税处理中的准确性和合规性。因数据资产具有无形资产特征、流动资产特征、风险资产特征等,企业应定期开展数据资产的审计评估工作,内容包括数据管理制度的执行情况、财税处理规范的遵守情况以及可能存在的合规风险点等。总之,数据资产的风险和机会并存,唯有财税合规才能让数据资产真正释放价值,才能确保数据资产行稳致远。

随着数字中国和数字经济的不断推进和持续发展,可以预见在不久的将来,《企业数据资产会计准则》和《企业数据资产表》可能陆续出台。同时,数字财税中的数据资产税务风控指标体系,以及智慧税务中的数据资产税务风险管理体系必将启动并逐渐完善。

2.5.5 企业数字化转型与业财法税融合

我们以前经常讲业财融合、业财税融合、财法税融合以及业财法税融合,逻辑上更多的是强调组织机构保障下的部门协作机制。事实上,没有业务数字化、财务数字化、法务数字化和税务数字化,就不可能有真正意义上的业财法税融合。为此,可以考虑以下几个方面。

(1)数字化规划

企业数字化转型的规划应基于企业现状、行业趋势和未来愿景,明确数字化转型的目标、路径和阶段性任务。数字化规划需覆盖业务、财务、法务和税务等多个领域,确保各部门在转型过程中协同一致,共同推动数字化转型。

(2)业务数字化

企业数字化转型的核心是业务数字化,企业应利用数字技术识别并消除业务流程中痛点、高能耗点和冗余环节,实现业务流程的自动化、智能化和集成化,实现客户体验提升、运营效率提升,为后续的业财法税融合打下坚实基础。

(3)财务数字化

企业数字化转型的重点之一是财务数字化,传统财务管理模式往往侧重于事后核算与报告,而数字化转型则要求财务管理向事前预测、事中控制和事后分析的全链条管理转变。通过数字化重构财务运作模式,企业可以实现对财务数据的实时监控和深度分析挖掘,为管理层提供更加精准、及时的决策支持,推动财务与业务融合。

(4)法务数字化

企业数字化转型的重点之一是法务数字化,法务合规对企业稳健发展至关重要,企业应加强对法律法规的跟踪研究,确保业务活动始终在法律框架内运行。传统法务管理模式侧重于文本式描述,企业应对相关法务规则进行数字化改造,同时建立合同管理系统、法律风险预警系统等,融入企业数字化平台,推动法务与业财融合。

(5)税务数字化

企业数字化转型的重点之一是税务数字化,税务合规是企业合规、财税合规的核心中的核心,企业在开展税务规划、税务管理工作时,应充分利用以往的税务合规手段和经验,同时应认真考虑数字财税中的税务风控指标体系、以及智慧税务的税务风险管理体系,把税务规划、税务管理融入企业数字化平台,推动税务与业财法融合。

总之,企业数字化转型是业财法税融合的发展方向,也就是财税合规的发展方向。企业数字化转型推动了业财法税融合,同样,业财法税融合又进一步推动了企业数字化转型的持续迭代优化,这是一项系统性工程,需要企业较长时间的投入和实践。

本章小结

本章深入探讨了企业数字化转型的原理、方法、拓展以及底层逻辑。首先，从生产要素与企业发展战略角度，阐述了数字时代下企业发展战略的趋势是数字化转型、业财法税融合。

另外，围绕信息化与数字化的区别，以及企业数字化转型是什么、为什么、如何转，厘清了企业数字化转型的基本概念，重点讨论了企业数字化转型如何转的问题，涉及基本原则（一把手工程、转型委员会、小步试错）、前期准备（共同学习、场景共创、数据管理），以及千企千面（共同点、侧重点、拓展点）等三个方向。

其次，针对企业数字化转型的目标，明确了企业数字化转型的精准定位，即聚焦"赋能"主营业务成功，而不是为了跨界经营。接下来重点从实施及关键点、案例分析两个角度，一一讨论了具体的数字化转型项目，其中，小微企业可能涉及数字营销、客户体验数字化、市场洞察数字化；中型企业可能还涉及业务数字化、供应链数字化、数据资产化；大型企业可能还涉及办公管理数字化、生产管理数字化、财务数字化和产业互联网。最后，从节约投资或规避风险角度考虑，简要介绍了中小企业可以从加盟生态圈开始数字化转型。

再次,针对企业数字化转型的拓展,重点讨论了企业数字化转型必备数字技术的应用场景,包括5G、物联网、云计算、大数据、人工智能、区块链和数字孪生技术。同时概要性介绍了数据中台,明确了数据中台是数据驱动企业发展的核心引擎。

最后,重点论述了企业数字化转型的底层逻辑,包括企业数字化转型与数字经济、数据资产、财税合规(含数字财税和智慧税务)、业财法税融合之间的关联性,以及数据资产与财税合规的关联性等。得出了以下结论:企业数字化转型是数字经济的关键,数据资产是企业数字化转型的助推器,财税合规是企业数字化转型的护城河,业财法税融合是企业数字化转型的根本目标,财税不合规的数据资产是没有价值的,财税合规促进数据资产的价值释放。

第3章 数据资源价值实现

近年来，随着人工智能技术的不断突破，作为其主要基础的数据资源，逐渐成为推动社会进步和经济发展的新动力，开始显现出无比重要的社会价值。

2022年12月19日，中共中央、国务院在《关于构建数据基础制度更好发挥数据要素作用的意见》中指出："数据作为新型生产要素，是数字化、网络化、智能化的基础，已快速融入生产、分配、流通、消费和社会服务管理等各环节，深刻改变着生产方式.生活方式和社会治理方式。"

随着数据资源的积累与日俱增，如何从海量的数据中提炼出有价值的信息，并将其转化为可利用的知识或决策支持，已成为全社会的共同努力方向。从实践上看，数据资源价值实现基本遵循着"应用价值→市场价值→财务价值→资本价值"的发展链路。

3.1 从数据到数据资源

在信息时代,数据已成为一种重要的资产和资源。原始数据通常指未经处理或分析的数据集,它们蕴含着潜在的价值。然而,只有通过有效的处理和分析,这些原始数据才能转化为有用的数据资源,进而支持决策制定、知识发现和创新活动。因此,研究如何将原始数据转化为高质量的数据资源,对于提升数据的价值和优化资源配置,促进科技进步和社会发展具有重大的理论和实践意义。

3.1.1 数据的定义与特征

3.1.1.1 原始数据的定义

原始数据是指在没有经过任何加工或转换的情况下收集的数据。这些数据通常是直接从数据源获得的,反映了现实世界中的对象、事件或现象的初始状态。原始数据可以是结构化的,如数据库中的表格数据;也可以是非结构化的,如文本、图像和视频等。它们是数据分析和决策支持的基础,但需要经过适当的处理才能发挥其潜在价值。

3.1.1.2 原始数据的分类

原始数据可以根据其来源、格式和用途进行分类。按照来源,可以分为用户生成数据、传感器数据、交易数据等;按照格式,可以分为文本数据、数值数据、图像数据等；按照用途，可以分为业务数据、科研数据、社交媒体数据等。不同类型的原始数据需要采用不同的技术和方法进行处理和分析。

3.1.1.3 原始数据的特征

原始数据具有多样性、复杂性和不确定性等特征。多样性体现在数据类型和来源的广泛性；复杂性体现在数据结构和关系的错综复杂；不确定性则体现在数据质量和完整性的不稳定性。这些特征使得原始数据的处理和分析成为一个挑战，需要综合考虑数据的多维度特性，采取合适的策略和技术手段。

3.1.1.4 原始数据的获取途径

原始数据的获取途径多种多样，包括在线抓取、传感器采集、问卷调查和公共数据集等。随着物联网和移动互联网的发展，实时数据的获取变得越来越容易。然而，数据的获取也伴随着隐私保护、数据安全等问题，这要求在获取原始数据时必须遵守相关法律法规，并采取相应的技术和管理措施来确保数据的合法合规使用。

3.1.2 数据资源的定义与特征

3.1.2.1 数据资源的定义

数据资源是指能够被计算机系统识别、存储和处理的数据集合，这些数据可以用于支持决策制定、业务运营、科学研究等各类活动。数据资源通常分为结构化数据、非结构化数据、半结构化数据。

结构化数据是按照特定格式或模型组织起来的数据，它们通常存储在关系数据库中，如 MySQL、Oracle、SQL Server 等。这类数据易于查询和分析，因为它们遵循严格的模式,每个字段都有明确的数据类型和约束。例如表格形式:员工信息表可能包含员工 ID、姓名、职位、部门、入职日期等字段。

非结构化数据不符合传统数据库的行和列结构,它们可以是文本文件、图片、视频、音频及社交媒体内容等。这类数据的处理和分析通常需要更复杂的技术和算法,如自然语言处理(NLP)、图像识别等。例如文本数据:博客文章、电子邮件、社交媒体帖子等。

半结构化数据介于结构化和非结构化数据之间,它们包含一些结构信息,但这些信息不严格遵循固定的模式。JSON 和 XML 是两种常见的半结构化数据格式。例如 JSON:一种轻量级的数据交换格式,易于人阅读和编写,同时也易于机器解析和生成。XML:可扩展标记语言,用于编码文档以便于人类阅读和机器处理。

3.1.2.2 数据资源的特征

数据资源的特征可以从多个维度进行详细描述,以下是一些主要特征。

价值性:数据资源具有经济价值和社会价值,能够为组织或个人带来直接或间接的利益。数据的价值体现在其能够支持决策制定、优化业务流程、提升服务质量等方面。

(1)稀缺性

数据资源并非无限供应,其获取、处理和存储都需要投入相应的成本。高质量的、特定领域的数据往往更为稀缺,因此更具价值。

(2)可计量性

数据资源可以通过各种指标进行量化评估,如数据量、数据质量、数据可用性等。这种可计量性有助于组织更有效地管理和利用数据资源。

(3)多维性

数据资源通常包含多个维度的信息,如时间、地点、人物、事件等。多维性使得数据能够提供更全面、更深入的洞察和分析。

（4）动态性

数据资源是不断变化的，随着时间的推移和新数据的生成，其内容和价值也会发生变化。动态性要求组织具备持续更新和管理数据的能力。

（5）关联性

数据资源之间往往存在关联关系，通过挖掘这些关联可以发现新的信息和知识。关联性有助于构建更复杂的数据分析模型和预测模型。

（6）非消耗性

与物质资源不同，数据资源在使用过程中不会被消耗殆尽。相反，数据的使用和共享可能会增加其价值和影响力。

（7）可复制性

数据资源可以被轻松地复制和传播，这有助于数据的共享和再利用。然而，也需要注意数据安全和隐私保护的问题。

（8）依赖性

数据资源的生成、处理和应用往往依赖于特定的技术和工具。随着技术的不断发展，数据资源的利用方式和效率也在不断变化。

（9）战略性

对于许多组织来说，数据资源已经成为其核心竞争力的重要组成部分。有效的数据管理和利用策略可以帮助组织在市场竞争中占据优势地位。

综上，数据资源具有多种独有的特征，这些特征共同决定了数据在现代社会中的重要性和价值。为了充分发挥数据资源的潜力，组织需要建立完善的数据管理体系和技术支撑体系，以确保数据的有效收集、处理、分析和利用。

3.1.3 从数据到数据资源

从原始数据到数据资源的转变是一个涉及多个步骤的过程，这些步骤确保了数据的收集、处理、存储和利用能够高效且符合业务需求。以下是这一过程的详细阐述。

3.1.3.1 数据收集

(1) 确定数据源

明确需要收集哪些数据,以及这些数据的来源,如传感器、日志文件、用户输入等。

(2) 设计数据收集策略

根据数据源的特点和业务需求,设计合适的数据收集方法,如实时采集、批量导入等。

(3) 实施数据收集

通过编写代码或使用工具,实现对原始数据的自动化收集。

3.1.3.2 数据清洗

(1) 去除噪声

识别并去除数据中的异常值、重复值和缺失值,以提高数据质量。

(2) 格式统一

将不同来源的数据转换为统一的格式,便于后续处理和分析。

(3) 错误修正

纠正数据中的错误,如拼写错误、数据类型错误等。

3.1.3.3 数据整合

(1) 数据合并

将来自不同数据源的数据进行合并,形成一个完整的数据集。

(2) 数据关联

建立数据之间的关联关系,如通过主键和外键将不同表的数据关联起来。

(3)数据转换

根据业务需求,对数据进行必要的转换和计算,如时间戳格式化、数值单位转换等。

3.1.3.4 数据存储

(1)选择存储介质

根据数据量、访问频率和性能要求,选择合适的存储介质,如关系型数据库、NoSQL数据库、数据仓库等。

(2)设计存储结构

根据数据特点和查询需求,设计合理的存储结构,如表结构、索引等。

(3)数据入库

将清洗和整合后的数据导入选定的存储介质中。

3.1.3.5 数据分析与挖掘

(1)探索性数据分析(EDA)

对数据进行初步探索,了解数据的分布、趋势和异常情况。

(2)特征工程

根据业务需求和机器学习算法的要求,提取和构造有意义的特征。

(3)模型训练与评估

使用机器学习算法对数据进行建模,并通过交叉验证等方法评估模型的性能。

3.1.3.6 数据可视化与报告

(1)数据可视化

将数据分析结果以图表、仪表盘等形式展示出来,便于理解和决策。

(2)撰写

根据数据分析结果撰写报告,总结发现,提出建议并给出结论。

3.1.3.7 数据共享与交换

(1)数据标准化

确保数据遵循一定的标准和规范,以便在不同系统之间共享和交换。

(2)数据接口设计

为数据共享和交换设计合适的接口,如 API 和 Web 服务等。

(3)数据安全与隐私保护

在数据共享和交换过程中采取必要的安全措施,保护数据的机密性和完整性。

3.1.3.8 数据治理与管理

(1)制定数据政策

明确数据的归属权、使用权和管理责任等。

(2)建立数据质量管理体系

确保数据在整个生命周期内的质量得到有效控制。

(3)监控与审计

对数据的收集、处理、存储和使用过程进行监控和审计,确保合规性和安全性。

综上所述,从原始数据到数据资源的转变是一个复杂而细致的过程,需要经过数据收集、清洗、整合、存储、分析与挖掘、可视化与报告、共享与交换以及治理与管理等多个步骤。这些步骤共同构成了一个完整的数据处理流程,旨在将原始数据转化为有价值的信息和知识,为业务决策提供有力支持。

3.2 数据资源应用价值实现

数据资源应用价值的实现路径需要在具体的应用场景中实现。根据不同开发情形,我们将数据资源应用场景区分为四个级别。

3.2.1 数据资源零级开发模式及应用场景分析

数据资源零级开发是指对数据资源经过加工处理,用于企业内部防范风险,效率提升,间接实现经济利益流入的开发模式。

数据资源零级开发典型应用场景如下。

联邦学习平台在电信反欺诈中的应用——工商银行

3.2.1.1 应用场景

随着互联网、通信技术的发展,电信网络诈骗案例日益增多且难以识别,2022年上半年,四大行电诈涉案卡同比上涨 24.5%,电诈防控形势非常严峻。在党中央、国务院的部署下,全国公安机关、金融机构配合开展"长城""云剑""断卡""断流"等专案行动,先后发起 40 余次全国集群战役,打击电信网络诈骗。然而,在电信反欺诈场景中,银行孤岛数据难以支撑风险识别。结合案件发现,运营商数据对及时识别诈骗意义重大,因为诈骗分子的异常行为在运营商侧更为提前(如更换手机设备、异地联网等)。如何在保障数据隐私与安全的前提下实现数据流通和融合应用,通过外部数据补充金融风控反欺诈体系,已成为重要的实践课题。

3.2.1.2 解决方案

采用联邦学习技术,在保障数据"可用不可见"的前提下,中国工商银行股份有限公司(简称中国工商银行)以自身电信诈骗风险特征为基础,引入了运营商层面通话类、短信类、流量类和机主信息类指标,建立工商银行手机银行登录行为异常识别模型。在保护数据隐私与安全前提下,工商银行可以基于该模型实现对异常客户的预判,快速识别可疑客户,提前准确识别风险事件,进而干预欺诈。

以上模型创新性地采用联邦学习技术完成联合建模,保证数据安全。联邦学习的特点是基于统计学和机器学习建模的原理,在原始数据不进行传输、交换的情况下,通过模型训练过程中的中间结果交互,完成模型的训练,实现数据不动模型动,数据可用不可见。工商银行和电信原始数据分别都保存在本地,利用工商银行联邦学习平台,双方使用隐私提交技术在互不暴露用户列表的前提下获取双方共有客户,进而使用同态加密技术交互梯度更新模型,双方模型参数各保存在本地,通过模型参数汇总形成最终模型(见图3—1和图3—2)。

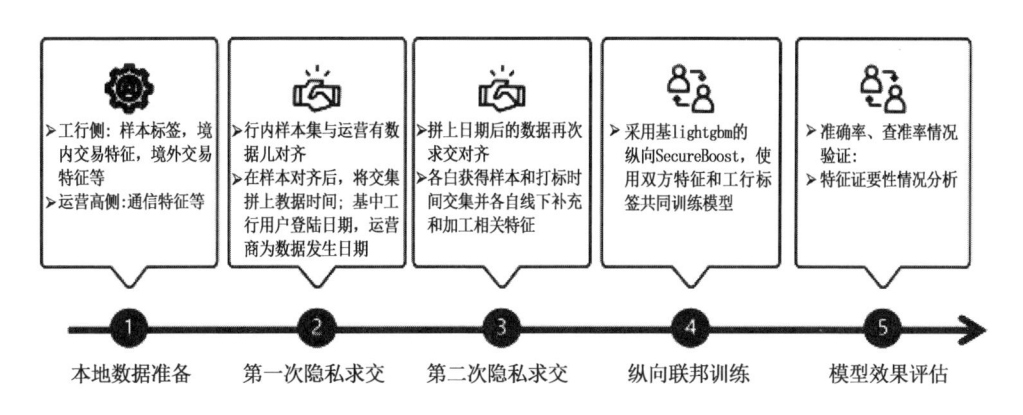

图3—1 中国工商银行联邦学习技术方案路线

资料来源:中国工商银行。

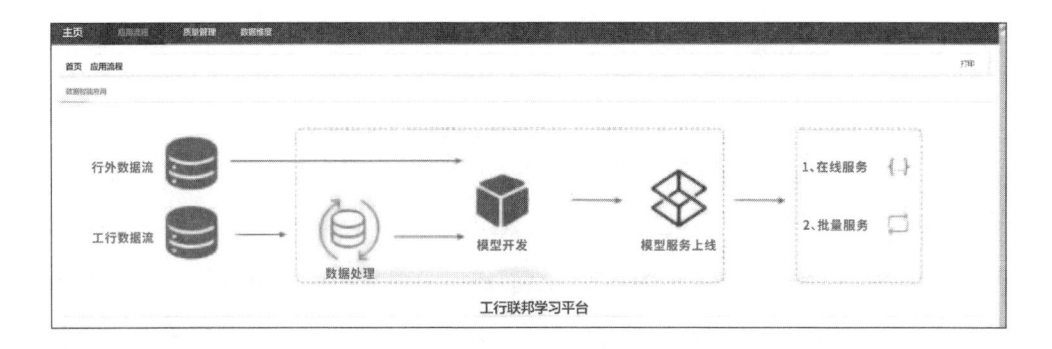

图3—2　中国工商银行联邦学习平台

资料来源：中国工商银行。

反欺诈业务流程如下。

（1）工行反欺诈系统每日通过联邦学习联合交易特征与运营商客户特征，计算客户欺诈风险评分，高分客户列入可疑名单。

（2）客户登录手机银行，系统实时检测并查询可疑名单，如命中则采取"禁止登录手机银行，提示转柜面办理业务"的干预策略。

（3）被公安部确认欺诈的客户将列为训练样本，定期联邦建模，更新反欺诈模型（见图3—3）。

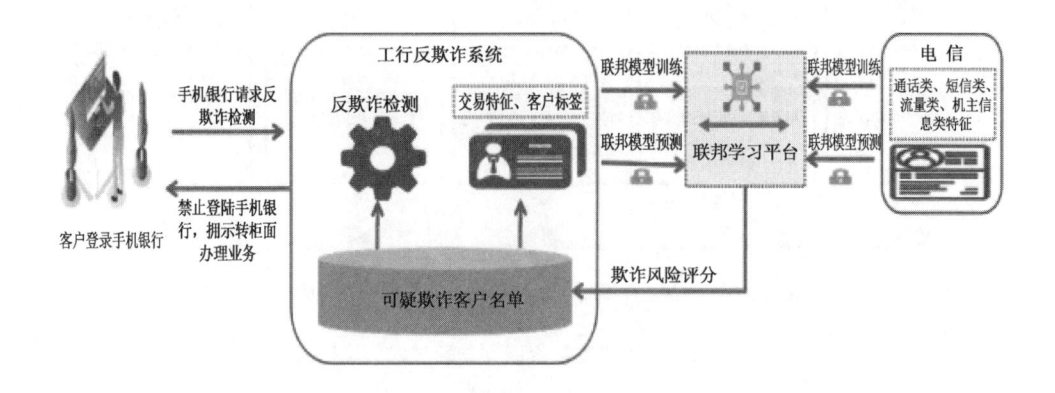

图3—3　中国工商银行电信反欺诈业务场景处理流程

资料来源：中国工商银行。

3.2.1.3 社会效益、经济效益和创新点

基于联邦学习的工商银行手机银行登录行为异常识别模型还原了打电话到收款结束的完整诈骗流程，构建了完整链路的电诈风险特征，大幅提升工商银行电信反欺诈服务的准确性，有效降低欺诈风险并减少客户的资金损失，提高整个金融系统的安全性，保障金融体系的稳定和健康。联邦建模为银行引入运营商数据，联邦学习建模工商银行共衍生 212 个特征，运营商衍生 170 个特征，特征重要性前 30 中，电信占 9 个，TOP100 较只用工商银行特征准确率提升 30%。

这一应用提高了银行风控工作的准确性和智能化水平，使反欺诈从"被动防"走向"主动控"，有效助力国务院"断卡行动"的开展。截至 2022 年 9 月，工商银行涉案账户数量降至四大行最低，取得了国务院"断卡行动"以来的最好成绩。涉案账户数量下降 40%，月均诈骗金额同比压降 52%。从业务发展角度看，工商银行净增开户数在四大行排名第一，是排名第二金融机构的 1.3 倍，是排名第三金融机构的 8.5 倍。此外，该场景利用联邦学习实现合规，合法前提下的联合建模，实现数据的流通和数据价值的挖掘，有利于促进数据生态的良性发展，为金融行业的反欺诈构筑了新的体系和生态。

工商银行联邦学习平台实现了数据流通新技术与方式的创新。该平台采用联邦学习、隐私求交等先进隐私计算技术，提供联邦特征统计、联邦学习、匿踪查询等服务，支持 100 余种业界常用的联邦学习算子，覆盖各种安全级别的特征探查、工程功能。组织架构分为功能完善的平台服务、异构引擎功能接口、资源对接接口三层。在业务流程方面，支持工商银行与外部安全合作，保障数据隐私与安全，提升风控、产品创新、普惠金融等业务效率。具体实施上，整合开源技术和商用产品，构建企业级联邦学习平台，提供一站式建模流程、在线推理等功能，降低技术门槛，保障高稳定性需求。

3.2.1.4 应用推广价值

工商银行反欺诈模型应用推广价值体现在技术与场景两方面。在技术层面,该案例通过联邦学习,在确保数据安全合规的前提下,实现数据流通融合和价值释放。该数据流通技术与新范式可以推广到各家金融机构,为整个金融行业利用数据流通开展反欺诈服务提供了可参考、可借鉴的样本方案。在场景层面,该案例为电信反欺诈提升质效形成了工商银行样板。场景中沉淀形成的反欺诈模型、反欺诈服务链路和处理方式等一整套解决方案,为整个金融行业提升电信反欺诈能力提供重要的经验和范例。

(以上内容资料来源:复旦大学,国家工业信息安全发展研究中心,上海数据交易所. 数据要素流通典型应用场景案例集[EB/OL]. 2023-05-15. https://mp.weixin.qq.com/s/kEnvNDm0fJkGx07P6eFvTA.)

3.2.2 数据资源一级开发模式及应用场景分析

数据资源一级开发是指对数据资源经过加工处理,形成产品化的数据元件,对外直接销售,直接实现经济利益流入的开发模式。

数据资源一级开发典型应用场景:基于临床试验的医疗数据共享和流通平台——上海数产。

3.2.2.1 应用场景

在医疗领域,健康医疗大数据是国家重要的基础性战略资源,对促进医疗数字化和数字经济的发展至关重要。它在产业发展中发挥决定性作用,但也引发了前所未有的数据安全和隐私担忧,对保护这两方面提出更高要求。新兴技术如隐私计算为改变医疗数据分享与使用方式提供支持,可推动医疗信息共享和服务模式的变革。国家层面积极推动隐私保护计算等技术与医疗信息化融合,以促进临床、医疗服务和管理信息的共享与协同应用,从底层技术创新入手改变医疗数据利用方式,实现医疗健康数据的高效互通与流动。

医疗健康数据在领域内多个场景发挥关键作用,其中之一是临床试验。目前,临床试验面临三大挑战。首先,传统招募方法低效且昂贵,依赖合作研究者手动搜索,准确性有限。其次,医疗数据系统无法协同获取基层医院和大型医院的病人信息,导致信息不对称。最后,历史医疗数据通常无法满足临床试验需求,需要提前获取患者信息以支持沟通。因此,医疗行业急需数据共享平台以提高临床试验的效率和安全性。

3.2.2.2 解决方案

基于此痛点,上海数字产业发展有限公司(简称上海数产)开发了基于临床试验的医疗数据共享和流通平台。平台采用1+N+2的模式,以上海数产中心作为医疗数据运营主中心,选定N家医院为参与建设单位,进行医疗数据对接和应用开发试点,秉持着"原始数据不出域、数据可用不可见"的合规和应用要求,支持受试者医疗数据共享以及受试者实时招募两个场景的应用。

图3-4是上海数字医疗数据要素流通闭环示意。

平台系统架构为多个层级,分别为数据接入层、数据传输层、数据汇聚层、中间服务层及数据应用层等,通过各个层级的协同合作,建立一套完善、合规、合法的从原始数据获取到数据价值转化的体系和框架,最终实现医疗健康数据共享和流通。平台内的主要角色包括数据需求方、数据运营方、数据提供方和数据监管方。数据运营方与数据提供方协作,遵循临床试验规则,实现数据上线和数据的转化价值;通过合约协同、应用协同建立数据流通体系,支持数据应用;为数据需求方提供多样化的应用接口和服务。数据监管方由多个机构组成,负责合规管理和监督,包括数据来源、伦理、使用和授权确权等,以确保数据流通合法合规。同时,他们审查和监管数据需求方的使用和运营平台的内部流程。数据提供方贡献数据,根据标准

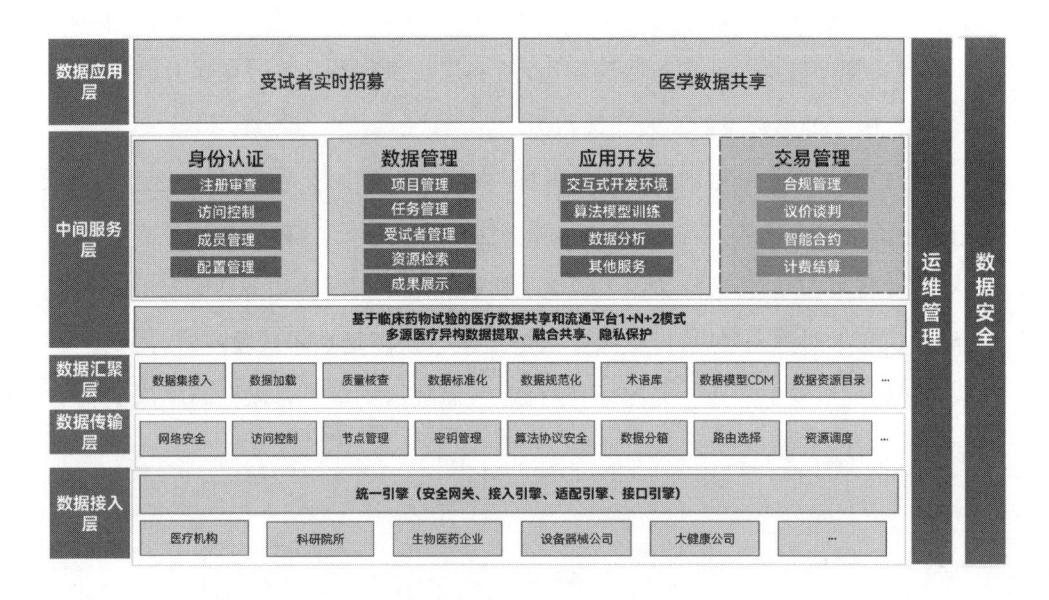

图3—4 上海数字医疗数据要素流通闭环示意

资料来源：上海数字产业发展有限公司。

进行数据清洗、治理，提供伦理授权材料，形成合法合规的数据资源。他们与数据运营方合作，对外开放数据资源。数据需求方是数据的最终使用者，通过平台获取数据资源和工具，运用算法和服务完成复杂临床试验应用。

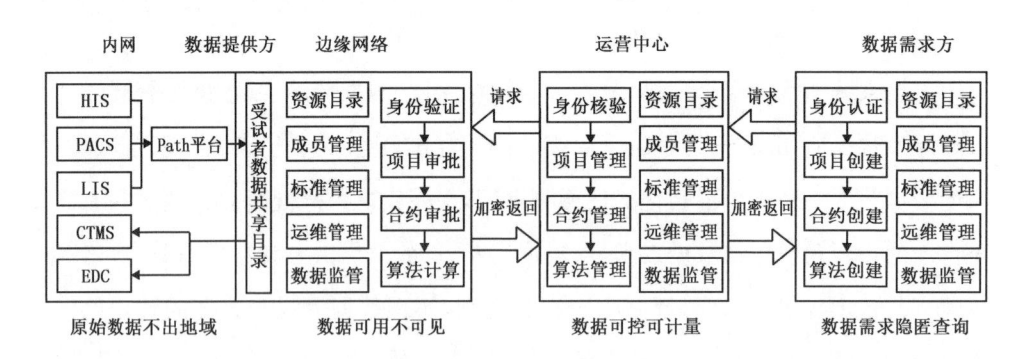

图3—5 上海数产基于临床试验的医疗数据流通和共享平台业务架构

资料来源：上海数字产业发展有限公司。

针对受试者医疗数据共享，该平台通过相应的医疗数据标准在不同医疗机构构建面向临床试验的标准数据集,涵盖病人多维信息,形成临床试验数据资产;通过隐私保护计算技术能力,联通不同医疗机构,保证医疗数据不出域;同时通过接入医药企业,实现医疗数据的引流和应用。对于受试者招募,该平台接入医疗机构的病理系统,根据病理系统出具的最新诊断结果以及通过病理系统与其他系统的前置接入,获取患者或病人的标准诊断结果以及额外医疗信息。医药企业通过隐私查询算法可实时获取目标医疗机构或地域的患者或病人整体情况,便于医药企业快速开展临床试验以及患者的招募入组。

3.2.2.3 社会效益、经济效益和创新点

目前,该平台正在与浦东新区某家医院推进落地中,其经济价值主要体现在降低招募研究成本和提高临床试验效率上。通过智能算法和数据整合,平台可以准确地找到合适的受试者,据目前测算可降低约40%~50%的招募成本。

数据共享平台的建立从社会层面推动了医疗公平,增加患者前沿治疗机会,保障了试验安全和伦理。临床试验受试者匹配平台扩大了患者筛选样本量,确保在更大范围内筛选到潜在患者,提高治疗成功机会。它也促进了更多患者参与临床试验,解决了传统招募中信息不足的问题,实现了公众更广泛的参与。这一匹配平台基于合法合规标准,找到符合试验条件的受试者,避免不合规情况,确保入组受试者符合标准,有助于评估治疗效果和安全性,确保伦理性和科学性。

3.2.2.4 应用推广价值

目前,实现拥有自主知识产权的基于临床试验的医疗数据共享和流通平台系统,隐私计算技术达到国际先进水平,能够显著提升我国医疗、生物与信息融合技术的研究水平和产业赋能以及转化能力。现阶段健康医疗数据要素安全保护等级高,数据如何在安全可控的环境下进行应用和价值流转成为难题。该平台基于隐私计算技术探索出一套普适的数据安全流通模式,解决了健康数据需求方和供给

方实现"数据可用不可见",能够有效促进数据共享应用,实现数据资源的价值转化。

（以上内容资料来源:复旦大学,国家工业信息安全发展研究中心,上海数据交易所.数据要素流通典型应用场景案例集［EB/OL］.2023－05－15. https://mp.weixin.qq.com/s/kEnvNDm0fJkGx07P6eFvTA.)

3.2.3 数据资源二级开发模式及应用场景分析

数据资源二级开发是指对数据资源经过加工处理,形成产品化的数据应用,对外直接销售,直接实现经济利益流入的开发模式。

数据资源二级开发典型应用场景:基于Corner case数据驱动智能驾驶产品力跃升——岚图科技。

3.2.3.1 应用场景

智能汽车是全球汽车产业的战略方向,也是我国汽车强国计划的战略选择。政府高度重视智能汽车行业,发布了系列政策文件,包括2020年2月发布的《智能汽车创新发展战略》和2022年1月发布的《"十四五"现代综合交通运输体系发展规划》。在政策支持下,我国智能汽车行业快速发展,2017～2022年无人驾驶市场规模从681亿元增至2 894亿元,2023年预计达到3 301亿元。智能驾驶终端也在不断普及,截至2022年上半年,国内搭载驾驶辅助系统的乘用车达228万辆,渗透率32.4%,同比增长46.2%。

数据是智能驾驶行业发展的关键动力,智能驾驶需要高质量数据来开发和改进算法。数据在如下四个典型场景中起关键作用。

(1)事故数据帮助确定责任。

(2)故障数据提高功能稳定性和安全性。

(3)边缘场景数据优化感知系统。

(4)异质性数据促进个性化服务。

然而,数据采集受高成本限制,包括设备的固定成本、全量数据采集的存储和传输成本以及有价值数据的提取成本。此外,数据交易也面临问题,如数据所有权不清晰、数据价值难以确定、交易不透明和存在违规风险等。这些问题导致了企业之间的数据隔离,限制了智能驾驶相关技术的开发和智能驾驶行业的发展。

3.2.3.2 解决方案

岚图汽车科技有限公司(简称岚图)提出了智能驾驶数据采集和流通的系统解决方案,包括车端场景数据采集、云端数据管理分析和需求端数据获取与应用三个部分(见图3-6)。

车路云一体化融合控制

□ 自动驾驶、通信、云计算等技术升级,基础设施布局完善,逐步形成车-路-云一体化智慧交通生态系统

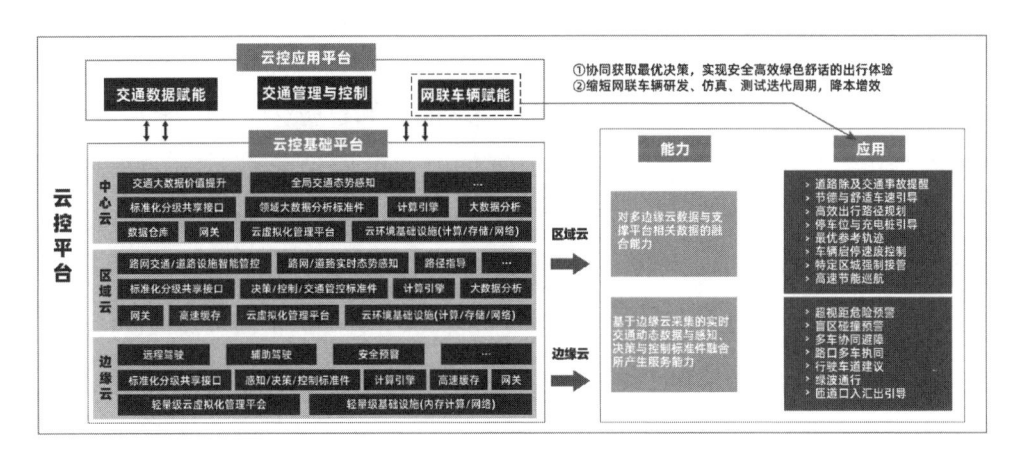

图3-6 岚图智能驾驶数据采集和流通的系统解决方案总体方案

资料来源:岚图。

"车端场景数据收集"涵盖事件触发、数据录制以及数据脱敏与上传三个模块。事件触发模块使用车端埋点技术采集车辆行驶相关数据,同时支持云端触发器配

置，以实现个性化采集。数据录制模块采集场景触发时刻及前后的高价值数据，包括传感器数据、定位信息、状态信息等。数据脱敏及上传模块对视频数据进行处理并安全上传至云端。

图3—7是岚图车端采集数据示例。

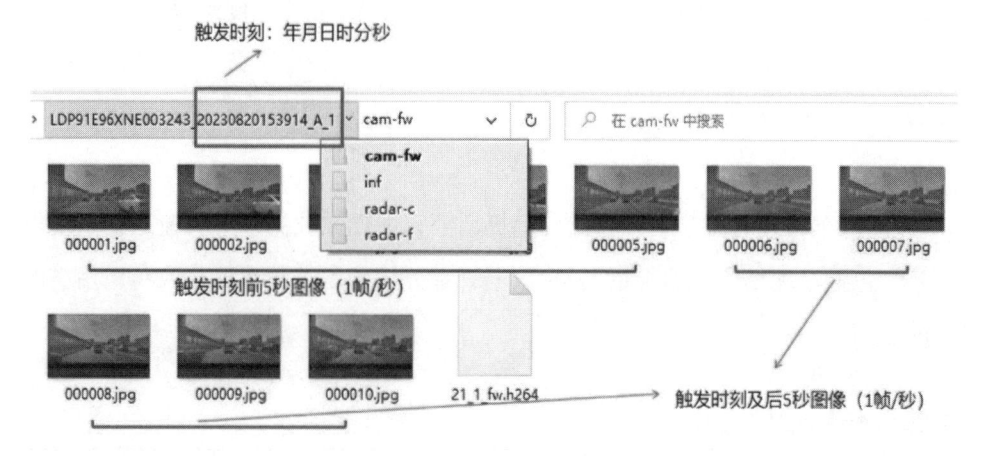

图3—7 岚图车端采集数据示例

资料来源：岚图。

"云端数据管理分析"包括触发器配置、数据中台和数据挖掘分析、触发器配置支持实时下发配置到车端，减少设备层面成本。数据中台进行数据存储和管理，包括触发器数据回传进度、触发次数等。数据挖掘分析对数据进行解析并分类，形成场景库，同时提供功能状态反馈。

在数据交易所支持下，科技公司和科研机构等可以获取车辆数据进行技术创新。数据交易所的支持确保了交易安全合规。需求方的购买一定程度上共担了岚图的数据采集成本，为其持续运营提供资金支持。数据需求方通过分析所获数据推动智能驾驶技术的发展，促进整个行业前进。

3.2.3.3 社会效益、经济效益和创新点

在经济效益方面，数据需求方无需支付高昂的数据采集费用，只需承担相对较

数据中台PaaS

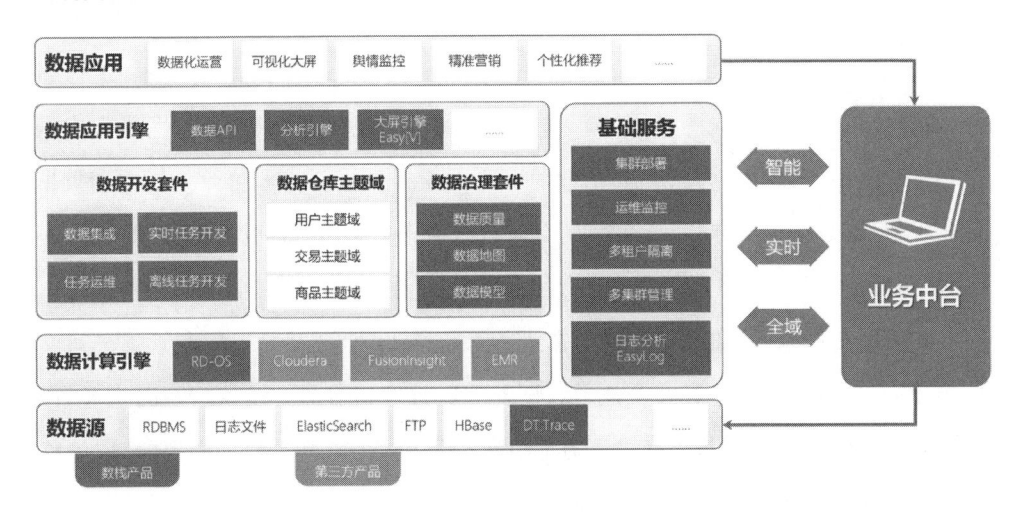

图3—8　岚图云数据中台数据管理示例

资料来源：岚图。

小的购买成本，从而降低了产品开发成本。对岚图来说，经济效益包括数据转化收入和商业闭环模式带来的效益。

在社会效益方面，岚图的数据采集和交易模式推动了智能驾驶技术的高速发展，为消费者提供了更实惠、更高质量的智能驾驶体验，同时保护了隐私和信息安全。此外，岚图计划建立数据联合实验室，促进政府、企业和学术界的数据共享，推动智能驾驶行业良性发展。

岚图在数据采集和交易方面进行了系列创新。其通过非全量采集和云端配置，只在事件发生时采集有限时间内的数据，实现了高价值数据的高效采集并降低了存储和传输成本。岚图还通过数据脱敏保护个人隐私，并在上海数交所支持下确保交易的合规性和安全性。此外，其还对数据进行分类存储和初步解析，促进买卖双方的成功匹配和高效交易。

3.2.3.4 应用推广价值

在数据采集方面,岚图采用了非全量采集和云端配置,这降低了数据采集成本并提高了高价值数据的含量。非全量采集要求业务一线深入理解业务流程和数据需求,以满足需求方的要求。云端配置允许数据需求方提出个性化采集需求,使采集规则更加灵活,避免了数据冗余。该方法值得向直接接触原始数据的业务一线推广。

在数据交易方面,岚图对交易数据进行系统预处理,并在第三方监管下进行交易,确保了交易的合规性和安全性。数据处理后台应与业务一线保持及时沟通,以更好地满足需求方。交易应在第三方监管支持下进行,如上海数据交易所,以消除买卖双方的后顾之忧。该模式值得在数据处理后台推广。

(以上内容资料来源:复旦大学,国家工业信息安全发展研究中心,上海数据交易所. 数据要素流通典型应用场景案例集[EB/OL]. 2023－05－15. https://mp.weixin.qq.com/s/kEnvNDm0fJkGx07P6eFvTA.)

3.2.4 数据资源三级开发模式及应用场景分析

数据资源三级开发是指以开发的数据元件及数据应用为依托,对外提供数据服务,从而实现经济利益流动的开发模式。

数据资源三级开发典型应用场景:利用时空 AI 和大数据智能选址评估——维智卓新。

3.2.4.1 应用场景

随着经济发展与数字化水平提高,如何精准化、智能化决策已成为政府与企业所面临的前所未有的挑战,这一趋势在选址决策中同样明显。在政务服务侧,城市规划需要大量数据和分析工具支持基础设施决策。传统方法难以综合考虑不同数据源的影响,从而无法实现资源的最优配置。在商业服务端,缺乏全面地理信息数据和时空AI分析工具使企业选址决策困难,难以识别潜在客户分布和行为习惯,进而市场营销策略效果不佳。因此,企业和政府需要更智能。数据驱动的选址决策,以满足不断变化的需求。

3.2.4.2 解决方案

面对政府和商业用户的需求,上海维智卓新智能科技有限公司(简称"维智")推出"维智址寻",该产品凭借维智地图库、人群热力动态数据及AI算法,为企业选址。政府规划提供时空场景信息数据服务。依托时空AI技术加持不同行业选址模型,维智址寻为政府、品牌方展示并评估备选地点。政府可基于维智址寻进行规划和资源配置,分析地理、交通数据,提供城市规划建议。品牌方可突破店铺限制,精准制定市场策略,了解潜在客户,提升推广精准度,优化营销资源。

维智址寻将全国划分为约5亿多个网格,以层次化网格为单位聚合了8 000多万条POI数据和相关的人流热力数据,经过大数据开发和图谱相关的计算,形成了经纬度—网格—三级标签的关联数据资产,包含地理位置、行政规划、公共交通、周边业态和场景比例等,并支持双向索引查询。所需地理与地图数据源于行业内领先的社会化数据和公共数据。基于以上数据,维智址寻针对时序信息开展建模与基于图学习的预训练模型,在提供基础性数据资产查询的同时,还提供智能算法加工输出的标签,从人口、商业成熟度、交通便利性与消费水平四大维度来评估点位优劣。以上数据通过SaaS系统交付,并根据客户的需求与业务场景提供定制化服务。基于上述指标,维智址寻能在城市/行政区范围内,对特定行业及人群标签特征,结合周边场景特点,推荐区域内最适合的网格,并对地图上任意点位利用行业模型进行分析。

图3-9是维智科技某零售品牌选址评估示例——用户画像。

图3-10是维智科技某零售品牌选址评估示例——场景业态。

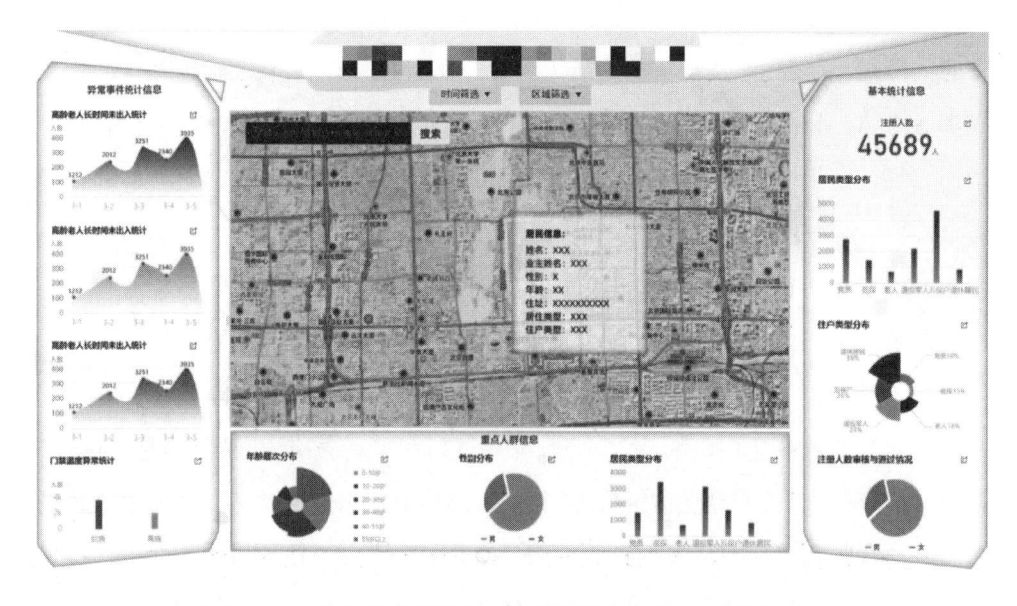

图 3—9　维智科技某零售品牌选址评估示例——用户画像

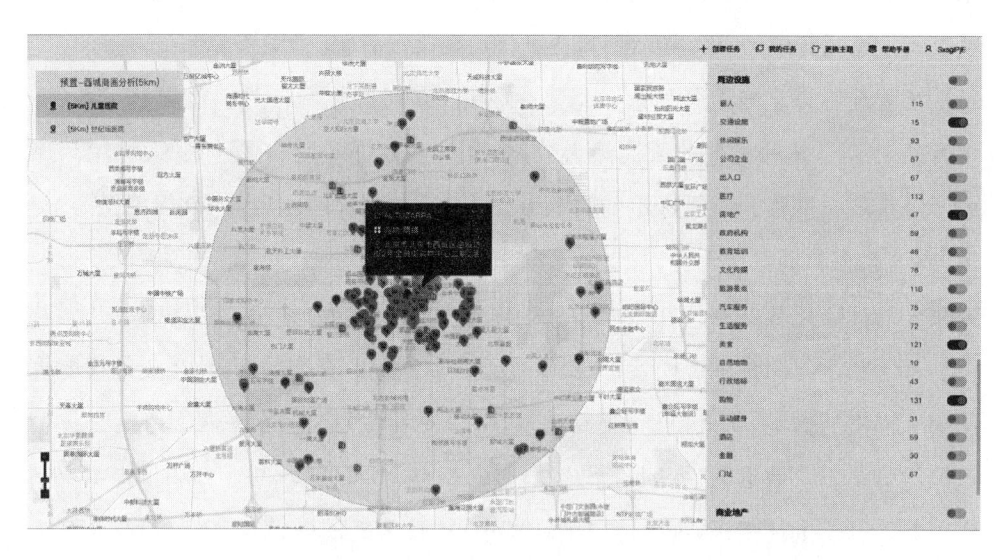

图 3—10　维智科技某零售品牌选址评估示例——场景业态

资料来源：维智科技。

3.2.4.3 社会效益、经济效益和创新点

迄今为止,维智址寻曾为国家卫健委疾控中心、国务院办公厅等国家级机构以及上海市等数十个省市超百家政府机构提供城市数字孪生平台等技术支持。例如,在智慧社区业务中,实现智慧社区展示,提升管理效率和服务能力。在产业园区,以动态产业地图展示产业分布,梳理产业链和发展要素,支持产业精准决策。在金融/连锁品牌等企业服务端,维智址寻目前已为宝洁、大众、通用、沃尔玛、美宜佳、华为、小米、平安及农业银行等数百家大型企业客户提供商业智能决策平台。例如,维智址寻为中国农业银行打造智能展业平台,利用业务生态数据助力金融市场洞察,为网点提供全方位营销与展业智能服务。同时,根据行政区划,精细分析每个网点的评分、绩效及周边客群。迄今为止,零售、银行、政府等客户评估准确率与用户满意度达到90%以上。

综合利用各类公共数据,打破数据孤岛,维智址寻基于全国网格聚合的大数据标签图谱系统为城市规划、实体门店等提供动态周边信息,实现数智化支持。例如,连锁品牌在拓展市场时可依托本地化数据预判门店销量,实现精准化经营。政府也可通过细粒度网格数据实现更精细管理。维智智寻的创新点体现在以下几个方面。

(1)数据整合和分析

为多源数据(包括POI数据、人流热力数据)的大数据开发与图谱计算,提供地理信息分析工具;

(2)精细网格划分

创新地将全国划分为约5亿多个网格,提供了更细粒度的地理数据,有助于更精确的决策制定;

(3)双向索引查询

支持根据地理信息查询所属网格区域相关信息,也支持从特定业态或场景出发查找适合的地理位置;

(4)支持多领域应用

支持商业领域、政府规划、投资决策和市场研究等多个领域,拓展了数据的应用范围。

3.2.4.4 应用推广价值

维智址寻可为各种领域的决策制定者、企业、政府、投资者、市场研究人员和学术界提供全面的地理信息和分析工具,实现智能决策,资源配置优化,助力城市和商业的数字化转型。其推广价值体现在以下几个方面。

(1)商业价值

帮助企业选择最佳的营业地点,优化资源配置。品牌客户可以利用维智址寻的数据实现店铺与客户管理,制定针对性的市场推广策略,提高市场份额和销售收入。

(2)政府规划和城市管理价值

支持城市基础设施规划与发展分析,精确配置资源,提高城市可持续性和居民生活质量。

(3)投资和金融价值

帮助金融机构评估地区投资机会,降低风险,提高回报率。银行可利用用户画像和地区数据精确评估贷款申请人信用风险,优化贷款策略。

(4)市场研究价值

维智址寻数据支持市场研究,分析趋势。竞争和受众行为,获得市场细分和地域表现的深刻洞察,指导产品定位和营销策略。

(以上内容资料来源:复旦大学,国家工业信息安全发展研究中心,上海数据交易所. 数据要素流通典型应用场景案例集[EB/OL]. 2023－05－15. https://mp.weixin.qq.com/s/kEnvNDm0fJkGx07P6eFvTA.)

3.3 数据资源市场价值实现

随着大数据时代的到来,数据资源逐渐成为企业的重要资产。如何将数据资源转化为具有市场竞争力的数据产品,成为企业关注的焦点。数据产品的商业孵化路径,包括产品规划、孵化、合规审查、上市、交易撮合和运营等关键环节,为企业提供系统性的指导。

3.3.1 产品规划

(1)明确产品目标

在产品规划阶段,首先需要明确数据产品的目标。这包括确定产品的应用场景,目标用户群体以及预期的市场效果。

(2)数据资源评估

对现有的数据资源进行全面评估,包括数据的完整性、准确性、时效性和相关性等方面。只有高质量的数据才能支撑起有价值的数据产品。

(3)可行性评估

评估现有技术是否能够满足产品开发的需求,包括数据处理、存储、分析和可视化等方面的技术能力。如果现有技术不足以支持产品开发,需要考虑引入外部技术或进行自主研发。

3.3.2 产品孵化

(1)数据处理机制完善

在产品孵化阶段,需要建立完善的数据处理机制,确保数据的准确性和一致性。这包括数据的清洗、转换、整合和存储等环节。

(2)高效孵化产品研发

采用敏捷开发的方法,快速迭代产品原型,并根据用户反馈进行调整和优化。这样可以在短时间内推出初步可用的产品,并逐步完善其功能和性能。

3.3.3 合规审查

(1)数据权益审查

在产品上市前,必须进行严格的数据权益审查,确保所有使用的数据都是合法获取的,并且没有侵犯他人的知识产权或其他合法权益。

(2)法律意见书确保合规

聘请专业的法律顾问出具法律意见书,确保产品在法律上的合规性。这包括但不限于数据隐私保护,数据安全等方面的法律法规要求。

3.3.4 产品上市

(1)成本因素评估

在决定产品上市之前,需要对成本因素进行全面评估。这包括产品开发成本、运营成本、市场营销成本等。只有当预期收益大于成本时,才值得将产品推向市场。

(2)场景因素分析

分析产品在不同应用场景下的表现,选择最适合的应用场景作为突破口。例如,对于金融行业的数据产品,可以选择风险管理或信贷审批作为主要应用场景。

(3)市场因素考量

考虑市场需求的大小和竞争态势。如果市场需求较小或者竞争激烈,可能需要重新调整产品定位或寻找新的市场机会。

(4)质量因素评价

确保产品质量达到行业标准,甚至超越行业标准。高质量的产品更容易获得用户的认可和好评,从而促进产品的推广和应用。

3.3.5 交易撮合

(1)数据交易所中介角色

通过数据交易所等中介机构,可以帮助供需双方更好地对接,降低交易成本,提高交易效率。

(2)供需衔接与生态融合

构建良好的生态系统,促进供需双方的紧密合作。例如,可以通过API接口等方式,实现不同系统之间的无缝对接,提高用户体验。

3.3.6 产品运营

(1)持续运营与迭代

产品上市后,需要进行持续的运营和维护,及时解决用户反馈的问题,并根据市场变化不断迭代更新产品功能。

(2)建立数据文化

培养企业内部的数据文化,鼓励员工积极参与数据分析和应用,形成良好的数据驱动决策机制。

3.4 数据资源财务价值实现

随着数字经济的蓬勃发展,数据逐渐成为企业的重要资源和核心资产。然而,如何有效管理和利用数据资源,实现其经济价值的最大化,成为企业面临的重要课题。数据资产入表作为企业数字化转型的关键步骤之一,不仅有助于显化数据资源价值,促进数据流通使用,还能提升数据安全管理,推动企业业务创新性发展。

3.4.1 数据资产的定义与特征

3.4.1.1 数据资产的定义

数据资产是企业拥有或控制的、能够为企业带来未来经济利益的数据资源。它包括结构化数据和非结构化数据,涵盖企业内部生成的数据和从外部获取的数据。

3.4.1.2 数据资产的特征

(1)非消耗性

与传统的物理资产不同,数据资产在使用过程中不会被消耗,反而可能因为共享和再利用而增值。

(2)可复制性

数据资产可以轻易地被复制和分发,这使得其在更大范围内传播和应用成为可能。

(3)增值性

通过对数据的分析、挖掘和整合,可以发现新的商业机会和价值点,从而实现数据资产的增值。

(4)动态性

数据资产的价值不是固定不变的,而是随着市场需求、技术进步和应用场景的变化而动态调整。

3.4.2 数据资产入表的意义

3.4.2.1 显化数据资源价值

将数据资源纳入资产负债表,可以真实反映企业的经济运行状态和资产状况,为投资者和决策者提供更准确的信息。

3.4.2.2 促进数据流通使用

数据资产入表有助于明确数据的所有权和使用权,促进数据的流通和共享,提高数据的利用率和价值创造能力。

3.4.2.3 培育数据产业生态

通过数据资产入表,可以推动形成以数据为核心的产业生态体系,吸引更多企业和机构参与到数据产业链中来,共同推动数字经济的发展。

⊙ 3.4.2.4 提升数据安全管理

将数据资产纳入管理体系,有助于加强数据的安全管理和风险控制,确保数据的安全性和可靠性。

3.4.3 数据资产入表的路径

⊙ 3.4.3.1 数据资产确认

明确数据资产的身份与边界,建立数据确权和数据资产登记管理制度。这包括确定哪些数据资源可以被视为数据资产,以及如何对其进行分类和编号。

⊙ 3.4.3.2 数据资产评估

明确数据资产质量评估、安全合规评估、价值评估的方式方法。这包括对数据的准确性、完整性、时效性等方面进行评估,以及对数据的合规性和安全性进行审查。同时,还需要采用合适的方法对数据资产的价值进行评估,如成本法、收益法等。

⊙ 3.4.3.3 数据资产计量和披露

明确数据资产的成本与价值,以及披露方式和内容。这包括确定数据资产的初始计量方法和后续计量方法,以及在财务报表中如何披露数据资产的信息。此外,还需要关注数据资产的折旧或摊销等问题。

3.4.4 数据资产入表的实践案例

(1)温州市大数据运营有限公司的"信贷数据宝"

该项目完成了数据资产确认登记,成为财政指导企业数据资产入表第一单。通过将信贷数据纳入资产负债表进行管理和披露,温州市大数据运营有限公司不仅提升了自身数据资源的管理水平和应用能力,还为金融机构提供了更加准确可靠的信贷信息支持。

(2)浙江五疆科技发展有限公司的"化纤制造质量分析数据资产"

该项目在桐乡市落地实施后成为全国首单工业互联网数据资源入表案例。通过对化纤制造过程中产生的大量数据进行分析和挖掘,浙江五疆科技发展有限公司发现了潜在的质量问题和改进空间,从而优化了生产工艺并提高了产品质量。同时,该项目的成功实施也为其他企业提供了可借鉴的经验和方法。

(3)国网浙江省电力有限公司子公司——国网浙江新兴科技有限公司的"双碳绿色信用评价数据产品"

该项目完成了市场价值评估并成功入表成为全国第一单电力行业数据资产市场价值评估案例。通过对电力用户的碳排放数据进行收集和分析,该公司开发出了一个能够评估用户绿色信用等级的数据产品并将其应用于金融服务领域,为用户提供更加精准的信贷支持和服务,同时也为电力行业的绿色发展做出了积极贡献。

3.4.5 数据资产入表的未来展望与挑战

(1)未来展望

随着《企业数据资源相关会计处理暂行规定》的施行以及数字经济的快速发展

可以预见未来将有越来越多的企业参与数据资产入表进程。这不仅有助于提升企业自身的竞争力,还将推动整个经济社会向更高层次迈进,实现高质量发展目标。

(2)面临的挑战

尽管前景广阔但在推进数据资产入表过程中仍面临诸多挑战,如法律法规滞后、技术与标准缺乏以及安全隐患与隐私保护等问题需要政府企业及社会各界共同努力加以解决和完善,才能更好地发挥数据资产的作用,推动数字经济健康发展。

综上所述,数据资产入表是企业数字化转型和业务创新的重要步骤之一。通过将数据资源纳入资产负债表进行管理和披露,可以显化数据资源价值,促进数据流通,使用培育数据产业生态并提升数据安全管理。然而在推进数据资产入表过程中,也需要关注相关问题和挑战,并采取相应的措施加以应对,以确保数据资产化进程的顺利推进和有效实施。

3.5 数据资源资本价值实现

数据资产投融资是当前数字经济时代的一个重要议题,它涉及将数据作为资产进行投资和融资的过程。随着数字经济的发展,各国政府逐渐认识到数据资源的重要性,并出台了一系列政策来促进数据资产化。例如,中国发布了《关于构建数据基础制度更好发挥数据要素作用的意见》,旨在加速培育数据要素市场,提高数据流通和开发利用效率。

3.5.1 数据资产融资方式

3.5.1.1 数据资产抵押贷款

数据资产抵押贷款是一种创新的融资方式,它允许企业或个人使用其拥有的数据资源作为抵押物,从金融机构获取贷款。以下是对数据资产抵押贷款的详细介绍。

(1)基本概念

在数字化时代,数据已成为企业最宝贵的资产之一。随着数据资产入表和数据要素化的推进,其实际价值越来越受到关注。数据资产抵押贷款作为金融创新的一部分,在中国逐渐受到重视并得到实践。

(2)主要特点

目前,地方城市商业银行(简称城商行)在数据资产抵押贷款领域扮演了主要角色。虽然国有大型银行和股份制银行也在尝试推出相关产品,但城商行因其更加灵活的运营机制和对地方市场的深入了解,似乎更倾向于开展此类业务。大多数数据资产抵押贷款的规模在几百万元人民币,少数案例达到了上千万元。这可能是因为数据资产作为一种新兴的抵押物,其价值评估和风险控制仍处于探索阶段。

(3)具体案例

中国工商银行推出了数据资产融资授信服务,允许企业利用其数据资产作为抵押,从银行获取贷款。例如,南方财经全媒体集团通过工商银行获得了500万元的授信额度。中国建设银行推出的"数易贷"服务,专门针对数据资产的抵押贷款需求。上海寰动机器人有限公司就是通过"数易贷"服务,成功获得了数据资产质押贷款。平安银行已经开始涉足数据资产抵押贷款领域,并与第三方评估机构合作,对企业的数据资产进行价值评估。基于评估结果,平安银行为企业提供相应的贷款服务。光大银行的数据资产融资业务为企业提供了一种新的融资方式。深圳微言科技有限责任公司通过光大银行深圳分行,获得了全国首笔无质押数据资产增信贷款额度1 000万元。

(4)面临挑战

尽管国家政策层面给予了一定的支持和引导,但数据资产抵押贷款业务还主要是政策驱动,而非市场驱动。银行在缺乏充分经验和数据支持的情况下,倾向于保守放贷,以降低潜在的信贷风险。当前尚未形成统一的、普适性的定价标准,已有的数据资产估值方法仍需在数据要素市场范围内进行统一和标准化。

总的来说,数据资产抵押贷款是一种创新的融资方式,它允许企业或个人使用其拥有的数据资源作为抵押物,从金融机构获取贷款。然而,这一领域仍面临诸多挑战,需要不断完善数据资产的评估和风险控制机制,同时提高企业的数据管理和利用能力。

3.5.1.2 数据资产证券化

数据资产证券化是一种将数据资源转化为可交易金融资产的过程,它通过结构化的金融工具,如债券或股票,将数据资产的未来现金流权益转让给投资者。以下是对数据资产证券化的详细介绍。

(1)基本概念

数据资产证券化是指以数据资产为基础,通过发行证券的方式,将数据资产的未来收益权转让给投资者,从而实现数据资产的货币化和流通。

(2)主要特点

数据资产证券化能够将原本难以直接变现的数据资产转化为流动性强的金融产品,提高数据的利用效率和价值。通过证券化,企业可以分散风险,降低单一数据资产带来的不确定性。数据资产证券化为企业和投资者提供了新的融资和投资渠道,有助于资本市场的发展和创新。

（3）具体案例

2024年11月25日,左岸芯慧(上海)数据技术股份有限公司(以下简称"左岸芯慧")在2024数据资产管理峰会上发布农业领域首个RWA(Real World Asset Tokenization)项目——"马陆葡萄RWA"项目,并完成1 000万元股权融资。RWA即现实世界资产通证化,是指将实物资产的所有权以数字代币的形式存储在区块链上进行交易的过程。这一概念可以类比为数字世界的"IPO",即通过通证化的方式,将现实世界中的各类资产转化为可在区块链上交易的数字资产。

农业首个RWA项目探索促进智慧农业发展"马陆葡萄"是上海最具代表性的农产品品牌之一,至今已有40多年发展历史,获得国家地理标志证明商标。结合"马陆葡萄"产业链发展情况,上海数据交易所联合马陆镇经济发展服务中心、左岸芯慧(上海)数据技术股份有限公司、"马陆葡萄"种植企业,以及基础设施服务商、信息安全服务商、律师事务所、会计师事务所、资产评估公司等探索数据要素创新应用。上海数据交易所数据资产交易部总监叶礼峰表示,上述项目中,左岸芯慧(上海)数据技术股份有限公司作为项目运营方,基于SwiftLink管理平台核心架构,将农产品及农产品生产数据整合为项目资产,依托项目运营方股份的可流通交易属性,确保信息披露的准确性、完整性、及时性,增强投资者信心,完成一千万元股权融资。据悉,该笔融资将用于智慧农业领域的新型基础设施建设和改造升级,以满足更高的农业生产标准,实现农产品溯源,优化农产品供应链管理;培育壮大农业经营主体,提升农产品品牌影响力,提高销售额;为消费者提供安全、可靠的农产品,提振消费信心;支持保险、银行等金融机构服务特色农业产业开展数字金融、普惠金融创新,促进数据要素市场与资本要素市场联动发展,充分发挥数据要素的放大、叠加、倍增作用。

总的来说,数据资产证券化是数字经济时代下的一种创新金融实践,它为数据资产的商业化和产业化提供了广阔的空间。然而,这一领域仍面临诸多挑战,需要不断完善数据资产的评估和风险控制机制,同时提高企业的数据管理和利用能力。

3.5.1.3 数据资产投资基金

数据资产投资基金是一种专注于投资数据相关领域或利用数据资产进行投资决策的基金。以下是对数据资产投资基金的详细介绍。

(1)基本概念

数据资产投资基金通常由专业的投资管理团队管理,他们利用数据分析和挖掘技术,识别具有投资价值的企业、项目或资产,并进行投资。这种基金的投资范围可能包括但不限于数据收集、存储、处理、分析和应用等领域的企业,以及拥有大量有价值数据资产的企业。

(2)主要特点

数据资产投资基金通过投资于数据相关的领域,能够分散投资风险,降低单一投资带来的不确定性。数据资产投资基金的管理团队通常具备丰富的数据分析和投资经验,能够运用先进的数据技术和算法,提高投资收益。随着数字经济的快速发展,数据资产的价值日益凸显,数据资产投资基金有望获得较高的长期回报。

(3)具体案例

一些知名的私募股权基金已经开始涉足数据资产投资领域,如红杉资本、经纬中国等。这些基金通过投资于大数据。人工智能等高科技领域的初创企业,分享数字经济发展的红利。一些公募基金也推出了与数据资产相关的产品,如华夏基金、南方基金等。这些产品通过投资于数据资产相关领域的上市公司股票或债券,为投资者提供数据资产投资的机会。

(4)面临挑战

数据资产的价值评估相对复杂,需要综合考虑数据的稀缺性、准确性、时效性等多个因素。目前市场上缺乏统一的数据资产评估标准和方法,给基金的投资决策带来一定难度。数据安全和隐私保护是数据资产投资基金需要重点关注的问题。在投资过程中,基金需要确保所投资企业的数据安全和合规性,避免因数据泄露或违规使用而引发的法律风险和声誉损失。

总的来说,数据资产投资基金是一种创新的金融工具,它结合了数据科学和投资管理的优势,为投资者提供了新的投资渠道和机会。然而,这一领域仍面临诸多挑战,需要不断完善数据资产的评估和风险控制机制,同时提高基金管理团队的专业能力和水平。

3.5.2 数据资产投资策略数据资产投融资现状与挑战

3.5.2.1 数据资产投资组合构建

数据资产投资组合构建是一个涉及多个步骤和策略的复杂过程。以下是对数据资产投资组合构建的详细介绍。

(1)确定用例和影响

明确组织中哪些数据驱动的用例是重要的,这些用例应能够支持组织的总体战略目标。通过采访业务和分析领导,结合外部相关用例,构建和完善用例清单。

(2)调查所需数据

识别支持这些用例所需的关键数据输入,包括生产量和机器性能日志等。随着关键数据输入列表的增长,将数据分组为数据类型或域,如客户、员工和财务等。

(3)评估数据价值

对收集到的数据进行质量评估,确保数据的可靠性和准确性。基于数据的潜在用途和市场需求,评估数据的经济价值。

(4)选择投资策略

根据投资者的风险承受能力和投资目标,选择合适的数据资产投资策略。考虑投资低成本指数基金或 ETF,以及主动管理型基金经理的策略。

(5)优化投资组合

利用数据分析技术,如有效前沿理论,找到最佳的资产配置方案。通过历史数据的分析,评估各种资产的回报和风险指标,识别潜在的高收益资产和低相关性资产。

(6)实施风险管理

计算各个资产的风险指标,如波动率、Beta系数等,并构建风险模型。进行场景分析和压力测试,制定相应的风险管理策略。

(7)调整投资组合

根据市场变化和投资目标的变化,定期调整投资组合的配置。利用数据分析技术进行实时监测和反馈,及时调整投资策略。

总的来说,数据资产投资组合构建是一个动态且持续的过程,需要投资者具备专业知识和技能,合理运用数据分析工具和模型。通过不断学习和研究数据分析方法,与专业人士合作,投资者可以更好地构建和管理数据资产投资组合,实现长期的投资回报。

3.5.2.2 数据资产风险评估与管理

数据资产风险评估与管理是一个涉及识别、量化和控制数据相关风险的复杂过程。以下是对数据资产风险评估与管理的详细介绍。

(1)风险识别

①全面梳理企业数据资产。包括结构化数据和非结构化数据,了解数据的来源、用途和存储方式。

②建立风险识别框架。明确风险类型、来源和影响,为风险识别提供指导。

③敏感数据识别。特别关注客户个人信息、商业机密等敏感数据,并进行特殊保护。

(2)风险评估

①采用合适的评估方法。如风险矩阵、风险指数等,对潜在的数据风险进行量化分析。

②明确评估标准。考虑数据的重要性、敏感度和合规性等因素。

③确定风险等级和优先级。根据评估结果,为风险应对提供指导。

(3)风险应对

①制定针对性的风险应对策略。如加强访问控制、实施数据加密、建立数据备份和恢复机制等。

②制定具体的风险控制措施。如设置复杂密码、实施双重认证、定期更新安全补丁等。

③建立应急响应机制。制定应急预案和处置流程,确保在数据安全事件发生时能够迅速响应。

(4)风险监控

①持续监控。定期审查和更新风险管理策略,以适应不断变化的环境和威胁。

②改进报告系统。建立一个有效的报告系统,以便在发生风险事件时能够及时检测并采取措施。

总的来说,数据资产风险评估与管理是企业稳健发展的必要条件。通过全面识别,科学评估并有效应对数据风险,企业可以确保数据资产的安全性与合规性,从而为企业稳健发展提供坚实保障。

3.5.2.3 数据资产投资回报分析

数据资产投资回报分析是一个复杂且关键的过程,它涉及对数据资产价值的评估和未来收益的预测。以下是对数据资产投资回报分析的详细介绍。

(1)提高决策效率

通过实时分析和挖掘数据,企业可以迅速发现市场趋势和潜在机会,为决策提供有力支持。这种高效的决策过程有助于企业在竞争激烈的市场环境中保持领先地位。

(2)降低运营成本

通过对数据的精细化管理,企业可以实现资源的优化配置,从而降低运营成本。例如,通过数据分析,企业可以更准确地预测需求,减少库存积压和浪费。

(3)提升客户体验

深入分析客户数据,企业可以更好地了解客户需求,提供个性化的产品和服务。这不仅可以提高客户满意度,还能增强客户忠诚度,为企业带来稳定的收入来源。

(4)创新业务模式

通过对数据的挖掘和分析,企业可以发现新的商业模式和盈利点,实现业务的创新发展。例如,基于大数据分析的精准营销、个性化推荐等新型业务模式正逐渐成为企业竞争的新焦点。

(5)增加经济收益

数据资产投资回报直接体现在经济收益的增加上。通过有效的数据资产管理和利用,企业可以获得更多的收入来源和利润增长点。

(6)促进技术创新

数据资产的价值不仅体现在经济层面,还体现在技术创新上。通过不断积累和分析数据,企业可以推动技术进步和产业升级。

总的来说,数据资产投资回报分析是一个多维度、多层次的过程,需要投资者具备专业知识和技能,合理运用数据分析工具和模型。通过不断学习和研究数据分析方法,与专业人士合作,投资者可以更好地构建和管理数据资产投资组合,实现长期的投资回报。

3.5.3 数据资产投融资平台

⊙ 3.5.3.1 数据资产交易平台功能与作用

数据资产交易平台是一个专门用于数据资产交易的在线市场,它为数据的买卖双方提供了一个安全、高效、透明的交易环境。以下是对数据资产交易平台功能与作用的详细介绍。

(1)提供交易场所

数据资产交易平台为数据的供给方和需求方提供了一个专门的交易场所,使得数据交易能够有序进行。

(2)促进数据流通

通过平台,数据资源可以更便捷地在不同主体间流通,打破数据孤岛,促进数据资源的共享和利用。

(3)实现数据变现

数据资产交易平台帮助数据所有者将其数据资产转化为经济价值,为企业和个人创造新的收入来源。

(4)推动数字经济发展

作为数字经济的重要组成部分,数据资产交易平台的发展有助于推动整个数字经济的增长和繁荣。

总的来说,数据资产交易平台在现代数字经济中扮演着至关重要的角色。它们不仅促进了数据的流通和变现,还推动了数据驱动的创新性发展。随着技术的不断进步和市场需求的增加,数据资产交易平台将继续发展和壮大,为更多的企业和个人带来便利和机遇。

3.5.3.2 数据资产投融资平台发展趋势

数据资产投融资平台的发展趋势是一个备受关注的话题,它涉及未来数据资产交易的走向和变革。以下是对数据资产投融资平台发展趋势的分析。

(1)技术创新与整合

①人工智能与机器学习。随着人工智能和机器学习技术的不断进步,数据资产投融资平台将更广泛地应用这些技术来提高数据处理和分析的效率。

②区块链技术。区块链技术以其去中心化、不可篡改和透明性的特点,在数据资产交易中具有广泛的应用前景。未来,数据资产投融资平台可能会更多地采用区块链技术来确保数据的安全性和可信度。

(2)政策支持与监管加强

①国家政策推动。各国政府逐渐认识到数据资源的战略价值,纷纷出台相关政策支持数据资产的发展。例如,我国已经提出了数据要素市场化配置综合改革等举措。

②监管体系完善。随着数据资产市场的不断扩大,监管体系也在逐步完善。未来,数据资产投融资平台将受到更加严格的监管,以确保市场的公平性和透明度。

(3)市场需求增长与多元化

①市场需求持续增长。随着数字经济的快速发展,越来越多的企业和个人开始重视数据资产的价值。未来,数据资产投融资平台的市场需求将持续增长。

②应用场景多元化。数据资产的应用场景正在不断扩展,从传统的金融、电商等领域向医疗、教育、交通等更多领域延伸。这将为数据资产投融资平台带来更多的发展机遇。

(4)国际化发展

①跨国合作与交流。随着全球化的深入发展,数据资产投融资平台将加强与国际市场的合作与交流。这将有助于引进国外先进技术和管理经验,提升我国数据资产投融资平台的竞争力。

②国际标准制定。未来,我国数据资产投融资平台将积极参与国际标准的制定,推动全球数据资产交易的规范化和统一化。

(5)安全性与隐私保护

①数据安全保障。随着数据泄露和滥用事件的频发,数据安全成为数据资产投融资平台不可忽视的问题。未来,平台将加强数据安全保障措施,确保用户数据的安全和隐私。

②隐私保护意识提升。随着用户隐私保护意识的提升,数据资产投融资平台将更加注重用户隐私的保护。平台将建立完善的隐私保护机制,确保用户在使用过程中的隐私权益得到保障。

综上所述,数据资产投融资平台的发展趋势呈现出技术创新、政策支持、市场需求增长、国际化发展以及安全性与隐私保护等多个方面的特点。这些趋势将共同推动数据资产投融资平台在未来实现更加快速和稳健的发展。

3.5.4 国内外数据资产投融资成功案例

3.5.4.1 国内案例

(1) 佳华科技

2022年10月12日,北京银行城市副中心分行成功落地首笔1 000万元数据资产质押融资贷款,此笔贷款采用罗克佳华科技集团股份有限公司(以下简称佳华科技)的数据资产质押。佳华科技是一家A股科创板上市公司,是集物联网智能制造、数据采集、数据融合、智能分析为一体的物联网大数据服务企业。2022年7月30日,在2022全球数字经济大会上,佳华科技入选全国首批数据资产评估试点单位。经评估,佳华科技两个大气环境质量监测和服务项目的数据资产估值达到6 000多万元,促进了佳华科技数据资产"变现"。最终于2022年10月12日,佳华科技成功获得1 000万元数据资产质押融资贷款。在2023年7月5日举办的2023全球数字经济大会上,佳华科技获得北京国际大数据交易所正式发放的首批数据资产登记证书,并入选北京市数据资产入表试点企业。

(2) 微言科技

2023年3月,凭借在深圳数据交易所上架的数据交易标的,深圳微言科技有限责任公司(以下简称"微言科技")通过光大银行深圳分行授信审批,成功获得全国首笔无质押数据资产增信贷款额度1 000万元,并于2023年3月30日顺利放款。微言科技是一家人工智能基础设施提供商,主要基于AutoML自动建模平台及隐私计算技术,为政府、金融机构及企业提供PaaS+SaaS数字化变革服务。该项目中,广东广和律师事务所对微言科技提供的数据交易标的出具了法律风险评估意见书。深圳数据交易所对微言科技自身的资信情况以及律所出具的意见书进行了审核与评估,完成数据产品安全审核、平台公示、合规上市。

(3)贵州东方世纪科技股份有限公司

2023年6月,贵阳农商银行与贵州东方世纪科技股份有限公司完成一笔授信签约,这是贵阳农商银行与贵阳市大数据交易所合作落地的全省首笔基于数据资产价值应用的融资贷款。贵州东方世纪科技股份有限公司的大数据洪水预报模型评估价值超过3 000万元,成功获得贵阳农商银行首笔数据资产融资授信1 000万元。此次授信让贵阳农商银行在数据资产融资业务上实现了"从0到1"的跨越。

(4)德阳发展控股集团有限公司子公司德阳市民通数字科技有限公司

该公司获得兴业银行提供的500万元数据资产质押贷款。

(5)天津临港投资控股有限公司下属企业

该企业获得1 500万元人民银行授信。

(6)温州市大数据运营有限公司

在2023年5月份将"信贷数据宝"作为资产列入企业资产负债表无形资产栏,反映企业在数据要素方面的投入和收益。2024年3月份,"信贷数据宝"获得了378万元信贷支持,接近资产"入表"价值的4倍。

(7)南方财经全媒体集团

南财金融终端"资讯通"数据资产完成入表,并在此基础上更进一步,在广州数据交易所落地融资对接服务下,获得中国工商银行广东自由贸易试验区南沙分行授信500万元。这标志着南方财经已经具备数据资产"治理、合规、确权、定价、入表、金融化"的全流程闭环能力,并与工商银行、广州数据交易所合作探索出了数据资产融资的有效路径。

3.5.4.2 国外案例

(1)美国Uptake

Uptake是一个数据交易平台,它允许企业买卖和交换数据。Uptake通过其平台帮助各种规模的公司实现数据资产的货币化,从而为企业提供了新的收入来源。

（2）美国 Datacoup

Datacoup 是一个数据市场，它连接了那些希望出售自己数据的普通人与需要这些数据的研究人员和公司。Datacoup 提供了一个平台，让用户可以安全地分享他们的数据，并获得相应的报酬。

（3）美国 Snowflake

Snowflake 是一家云数据仓库公司，它帮助企业存储、管理和分析大量的数据。Snowflake 的平台使企业能够更好地利用他们的数据，从而为企业创造了巨大的价值。

综上所述，这些案例展示了数据资产在投融资领域的广泛应用和巨大潜力。随着技术的不断进步和市场的不断发展，数据资产投融资将会更加活跃和多样化。

3.6 我国促进数据价值实现的总体布局

发展数据产业，促进数据价值实现是深化数据要素市场化配置改革、构建以数据为关键要素的数字经济的重要举措，是推进国家大数据战略、加快建设数字中国的重要支撑。国家数据局在《关于促进数据产业高质量发展的指导意见（征求意见稿）》中，明确提出了总体布局。

3.6.1 总体要求

促进数据产业发展，要以习近平新时代中国特色社会主义思想为指导，全面贯彻落实党的二十大和二十届二中、三中全会精神，完整、准确、全面贯彻新发展理念。统筹发展和安全,面向数据采集汇聚、计算存储、流通交易、开发利用、安全治理和数据基础设施建设,制定激励政策、优化产业布局、培育竞争主体、促进技术创新、健全产业生态,充分发挥市场在资源配置中的决定性作用,更好发挥政府作用,促进数据企业成长,为培育全国一体化数据市场、发展新质生产力、塑造发展新动能新优势提供有力支撑。到2029年,数据产业规模年均复合增长率超过15%,数据产业结构明显优化,数据技术创新能力跻身世界先进行列,数据产品和服务供给能力大幅提升,催生一批数智应用新产品、新服务、新业态,涌现一批具有国际竞争力的数据企业,数据产业综合实力显著增强,区域聚集和协同发展格局基本形成。

3.6.2 加强数据产业规划布局

3.6.2.1 优化产业发展结构

面向国家重大战略需求,围绕数据领域核心技术突破、资源体系构建和数据基础设施建设等,组织实施一批补短板、强基础、利长远的重大工程,实现数据科技高水平自立自强。把握数据产业变革趋势,面向数据采集、存储、治理、分析、流通、应用等关键环节,加快培育新技术、新应用、新业态,推动各类业态协同发展,提高数据产业生态塑造能力。

3.6.2.2 促进产业链协同发展

鼓励有条件的行业龙头企业、互联网平台企业设立数据业务独立经营主体,支持数据企业做强、做优、做大,促进集约化、规模化发展。大力培育创新型中小数据企业,支持向专业化、精细化发展,引导龙头企业为中小企业提供数据、算法、算力等资源使用便利。加强产学研用协作,打造数据产业创新联合体,构建大中小企业融通发展,产业链上下游协同创新的生态体系。

● 3.6.2.3 推动数据产业区域聚集

发挥数据流动不受地理区位限制的优势,支持有条件的地方立足产业基础和资源禀赋,建设数据产业集聚区,为数据企业用数、用云、用电、用地等提供便利政策。加强分类指导,围绕资源汇聚、技术创新、应用牵引和算力支撑等方向,引导各地逐步形成协同互补、特色发展的格局。

3.6.3 培育多元经营主体

● 3.6.3.1 培育数据资源企业

支持企业依法依规对其合法获取的数据进行开发利用,培育一批贴近业务需求的行业性数据资源企业。鼓励企业间按照市场化方式授权使用数据,共同分享收益,推动企业跨行业发展。

● 3.6.3.2 做强数据技术企业

支持企业加大创新投入,培育一批面向数据采集汇聚、计算存储、流通交易、开发利用的技术创新型企业,重点支持原创性、引领性数据科技创新发展。

● 3.6.3.3 扶持数据服务企业

支持企业面向数据流通交易提供专业化服务,重点围绕业务咨询、交易撮合、合规评估和金融服务等方面,培育一批数据服务企业,发展数据流通交易新模式、新业态。

⇨ 3.6.3.4 做优数据应用企业

支持企业面向"智改数转"、新兴产业和全域数字化转型需要,创新应用模式,更好发挥数据要素价值,赋能产业发展,培育一批深刻理解行业特征、高度匹配产业需求的数据应用企业。

⇨ 3.6.3.5 发展数据安全企业

支持企业面向数据大范围、高速度、高通量流通的发展趋势,研发智能化数据安全产品,大力发展数据可信流通技术,培育一批满足高水平动态安全需求的新型数据安全企业。

⇨ 3.6.3.6 壮大数据基础设施企业

支持企业面向数据安全可信交换、高效流通利用,创新基础设施服务解决方案。聚焦一体化算力、公有云、数据空间和低代码平台等,重点培育一批具有国际竞争力的数据基础设施企业。

3.6.4 加快数据技术创新

⇨ 3.6.4.1 突破关键核心技术

大力推动云边端计算技术协同发展,形成适应数据规模汇聚、实时分析和智能应用的计算服务能力。加强可信存储技术研发,支撑规模化、实时性跨域数据存储和流动,提高智能存储使用占比。面向人工智能发展,提升数据采集、治理、应用的智能化水平。强化数据标注、数据合成等核心技术攻关。加快区块链、隐私计算等可信流通技术研发和应用推广。

3.6.4.2 增强创新支撑能力

支持建设数据领域科学实验室、技术创新中心、企业技术中心等,加大对数据领域基础研究和前沿技术、原创性技术创新的支持力度。充分发挥企业创新主体作用,支持数据产业领军企业联合上下游企业、科研机构和高校等建立创新联合体,优化产学研协作机制,加快科技成果转化和应用落地。完善开源治理生态,支持建设数据技术开源平台和社区,引导激励企业深度参与社区运营。

3.6.5 提高数据资源开发利用水平

3.6.5.1 扩大数据资源供给

推进"一数一源",加强公共数据治理,加大共享开放力度,鼓励开展公共数据授权运营。保护企业对其依法合规持有数据的合法权益,支持企业按照市场规则开发利用数据。鼓励行业龙头企业、互联网平台企业开放数据,支持企业、研究机构和行业组织开展合作,共同建设城市数据空间、行业数据空间,促进数据可信交互、高效协同和融合利用,推动跨行业跨领域数据互通共享。支持在保护个人信息权益的前提下,加强个人数据开发利用。

3.6.5.2 大力推动应用创新

推动政府部门、行业龙头企业、互联网平台企业开放场景,激发数据应用创新活力。支持企业围绕工业制造、现代农业、商贸流通、金融服务等行业领域，打造一批"数据要素×"典型场景，服务产业转型升级。落实"高效办成一件事"，鼓励企业参与政务数据应用创新，助力提升公共服务水平。推进城市全域数字化转型，促进数据资源、应用场景、数据企业、数据产业在城市集聚。支持企业面向人工智能应用创新，开发高质量数据集，大力发展"数据即服务""知识即服务""模型即服务"等新业态。

3.6.6　繁荣数据流通交易市场

3.6.6.1　促进数据合规流通交易

鼓励探索多元化数据流通交易方式，支持数据交易机构、数据流通交易平台互认互通。支持企业贴近市场需求，开发数据产品和服务，通过场内、场外合法合规流通交易数据。构建数据跨境便利化服务体系，推动数据跨境安全有序流动，支持企业利用数据空间等多种形式，开展国际合作。

3.6.6.2　大力发展第三方服务

培育数据经纪、数据咨询服务机构，提升产品发现、市场拓展等服务能力。加快发展合规认证、安全审计、质量评价、资产评估、争议仲裁、风险评估、教育培训等专业服务机构。健全数据资源价值评估服务体系，为高质量开展企业数据资源入表提供有力支撑。鼓励创新数据保险、数据信托等金融服务产品。建立健全第三方服务机构的行业标准和规范，提升专业服务水平。

3.6.7 强化基础设施支撑

3.6.7.1 推动数据基础设施互联互通

面向数据高效流通利用,统筹推进国家数据基础设施布局建设,构建泛在可及、智能敏捷、协同高效的基础设施服务能力。支持企业结合应用场景,推进安全可信的数据基础设施建设。开展数据基础设施相关标准研制,逐步形成可推广复用的技术方案和实施规范,推动基础设施互联互通。

3.6.7.2 打造全国一体化算力体系

发展通算、智算、超算等多元化算力资源,支持企业参与算力全产业链生态建设,构建高质量算力供给体系。加强大带宽、低时延、高可靠的数据传输技术应用,加快算网融合、并网调度、储能散热等关键技术创新。支持采用弹性带宽、任务式服务、数据快递等方式,降低网络使用成本。

3.6.8 提高数据领域动态安全保障能力

3.6.8.1 创新数据安全产品服务

推动基础设施安全、数据安全、应用安全协同发展,加强身份认证、数据加密、安全传输、合规检测等技术创新,培育壮大适应数据流通特征和人工智能应用的安全服务业态。支持企业创新数据分类分级、隐私保护、安全监测、应急处置等数据安全产品和服务。

3.6.8.2 加强动态数据安全保障

扩大数据空间、区块链、隐私计算等可信流通技术及模式应用范围,增强数据可信、可控、可计量开发利用能力。建立健全数据安全风险识别、监测预警、应急处置等相关规范,落实数据流通利用全过程相关主体的安全责任。健全数据分类分级标准,加强对涉及国家安全、商业秘密、个人隐私等数据的保护。

3.6.9 优化产业发展环境

3.6.9.1 加强制度标准建设

加快建立数据产权归属认定、市场交易、权益分配、利益保护制度,鼓励探索数据产品、软件和服务计价新模式。健全数据领域监管制度机制,营造公平竞争的市场环境。建立健全数据产业统计核算体系,加强数据产业运行监测。研究制定《国家数据标准体系建设指南》,加快推动数据资源、数据技术、数据流通利用、数据基础设施等标准规范研制。加强国际国内数据标准衔接,积极参与国际数据治理规则制定。

3.6.9.2 加大财政金融支持

利用中央预算内投资等相关资金,对符合条件的数据产业项目予以支持。鼓励"投早投小",支持有条件的地方设立数据产业投资引导基金,培育数据领域专业性投资机构。鼓励地方建立数据企业培育库,加强投融资合作对接。引导金融机构创新符合数据企业发展特征的金融产品。

3.6.9.3 完善人才培养体系

面向产教融合,加快数据领域学科体系和人才队伍建设,大力培养交叉学科人才。坚持需求导向,发挥高等学校教学指导委员会的指导和引领作用,推进政产学研合作协同育人,构建高等教育、职业教育和继续教育相互支撑的数据领域学科专业建设体系,支持高校、科研机构加强国际交流合作,大力培养领军科学家。立足产业发展,重点培养数据采集、治理、分析及合规建设等方面的专业人才,打造高水平数据人才队伍。突出创新引领,加大引智引才工作力度,积极引进海外高层次数据人才,支持数据领域人才出国(境)培训交流。

本章小结

本章深入探讨了数据价值实现的概念与具体路径。第一,回顾了数据的基本定义与特征,明确了从数据到数据资源再到应用价值实现的全过程。第二,以我国近期的一些经典案例阐述了数据资源应用价值发现的四级开发模式。第三,明确了数据产品规划到数据产品运营的数据市场价值实现全过程。第四,是系统阐述了在应用价值、市场价值之上如何实现数据资源的财务价值,尤其是数据资产入表的程序与挑战。第五,是在数据资产的资本价值如何实现上进行了一定探讨,提出了数据资产融资方式、数据资产投资策略及数据资产投融资现状与挑战。第六,是结合国家数据局最新政策文件,明确了我国当前对于数据产业的总体规划方向。

以上六部分全景式地展现了当前数据价值实现的各项理论与实践,体现出全流程、全重点、全实践的特点。对于有志于了解数据价值发现的读者具有较强的实践指导意义。

第4章 企业财税风险体检

税收是我国财政收入的支柱。税收险管理作为税收征管的重要工作，是国家维护市场经济秩序、管理与监督经济活动的不可或缺的手段。

对于企业来说，财税风险已经成为最重要且常见的经营风险之一。如何寻找、应对和避免企业相关的财税风险，减少企业经济损失，更加合理、合法、合规地进行经营活动，是所有企业都要面对的课题。

4.1 大数据背景下的税务与企业

如今信息化需求飞速膨胀,社会各个方面都被数据信息化包围,信息化发展已经改变了整个世界。

税收管理也被纳入信息化管理之下,在大数据的辅助下,税务稽查可以利用各种系统、设备以及渠道对企业税收进行全方面检查、管理。

对于企业来说,它们早已引入了电子商务、会计电算化、网络平台等各种现代化经营工具。其中,面对税务稽查和风险管理部门的税收监管,企业也需要充分利用现代信息化技术,配合监督部门进行自我检查、扫除风险。

4.1.1 税务体系与税收政策

财税风险与各种因素都息息相关,其中最重要的当然是我国的税务体系与税收政策。它们是进行所有财税业务所必须遵守的"规则"。企业想检测并解决自身可能存在的各种涉税风险,首当其冲,需要适应相关的法律法规、理解各种税收政策。

➲ 4.1.1.1 税务体系的构成

我国的税务体系经过不断的改革与发展,已经形成了较为完善的结构。现行税制体系由五大税类及多个税种组成,具体包括:

流转税类:主要由增值税、消费税、关税等税种构成。流转税是以商品和劳务的流转额为征税对象的税种,是我国税收收入的主要来源之一。

(1)所得税类

包括企业所得税、个人所得税等。所得税是以纳税人的所得额为征税对象的税种,是调节社会收入分配、实现税收公平的重要手段。

(2)财产税类

如房产税、契税、车船使用税、土地增值税等。财产税是以纳税人拥有的财产数量或财产价值为征税对象的税种,对于促进社会公平、增加财政收入具有重要作用。

(3)资源税类

包括资源税、城镇土地使用税、耕地占用税等。资源税是以各种自然资源为征税对象的税种,旨在促进资源的合理开发和利用。

(4)行为税类

如城市维护建设费、印花税等。行为税是以纳税人的某种特定行为为征税对象的税种,旨在通过税收手段对特定行为进行引导和调节。

4.1.1.2 税务体系的特点

(1)复合税制

我国采用复合税制结构,即同时征收多种税。这种税制结构能够集中较多的财政收入,贯彻普遍征收和公平税负的原则。

(2)双主体税制

在复合税制下,我国形成了以流转税和所得税并重的双主体税制模式。流转税和所得税在税收体系中占据主导地位,共同发挥着筹集财政收入和调节经济的作用。

(3)法律保障

税收以国家法律的形式规定,有利于发挥其在国家治理中的基础性、支柱性、保障性作用,为保障国家税收收入和维护经济秩序提供了有力保障。

4.1.1.3 税务体系的作用

(1)筹集财政收入

税收是国家取得财政收入的主要形式之一,为国家的正常运转和各项公共服务提供了重要的资金支持。

(2)调节经济

税收可以通过设置不同的税种、税目和税率等手段,对经济活动进行引导和调节,促进经济结构的优化和产业升级。

(3)维护社会公平

税收可以通过调节收入分配等手段,缩小贫富差距,维护社会公平和稳定。

4.1.1.4 税收政策概述

我国的税收政策是政府为了实现一定时期的社会或经济目标,以此作为手段,调整市场经济主体的物质利益,给予强制性刺激,从而在一定程度上干预市场机制运行的一种经济活动及其准则。税收政策的实施过程是一个完整的调控系统,包括政策主体、政策目标、政策手段、目标和手段之间的内在联系、政策效果评价和信息反馈等内容。

税收政策主要遵循以下原则。

(1)保证财政收入与促进经济发展相结合

税收政策的制定既要保证国家财政收入,又要有利于促进经济的持续健康发展。

(2)有利于建设社会主义市场的经济体制

坚持公平税负原则,促进多种经济成分和多种经营方式的公平竞争和发展,优化产业结构。

(3)支持企业发展

通过减税降费等措施,降低企业负担,激发市场活力,支持企业创新发展。

4.1.1.5 现行常见税收政策与优惠

(1)增值税

①小微企业和个体工商户。适用3%征收率的应税销售收入,减按1%税率征收增值税;月销售额10万元以下(含10万)的增值税小规模纳税人,免征增值税。

②先进制造业。自2023年1月1日至2027年12月31日,允许先进制造业企业按照当期可抵扣进项税额加计5%抵减应纳增值税税额。

③集成电路设计、生产等企业。加计抵减15%等优惠。

(2)企业所得税

①小型微利企业。减按25%计算应纳税所得额,按20%税率缴纳企业所得税,政策延续执行至2027年12月31日。

②研发费用加计扣除。符合条件行业企业的研发费用税前加计扣除比例由75%提高至100%,并允许企业提前享受。

(3)个人所得税

①专项附加扣除。提高3岁以下婴幼儿照护、子女教育和赡养老人3项专项附加扣除标准。

②个体工商户。年应纳税所得额不超过200万元的部分,减半征收个人所得税。

(4)其他税种

①资源税、城市维护建设费等"六税两费"。对增值税小规模纳税人、小型微利企业和个体工商户减半征收。

②车辆购置税。延续和优化新能源汽车车辆购置税减免政策。

4.1.2 税务检查方式与重点

随着大数据信息化蓬勃发展,我国的税收监管也已进入了信息化阶段。当前,税务机关正以发票全领域、全环节、全要素电子化改革为突破口,持续拓展税收大数据资源,深入推进内外部涉税数据汇聚联通、线上线下数据贯通。

4.1.2.1 税务稽查流程

税务稽查案件通常有严格的流程,主要分为四个阶段:选案、检查、审理、执行。在征管法中,因纳税人、扣缴义务人计算错误等失误,未缴或者少缴税款的,税务机关在三年内可以追征税款、滞纳金。特殊情况的,追征期可以延长到五年。对偷税、抗税、骗税的,税务机关追征其未缴或者少缴的税款、滞纳金或者所骗取的税款,不受前款规定期限的限制。

(1)选案阶段

选案阶段根据案件信息来源不同,主要分为九种案源:督办案源、交办案源、转办案源、检举案源、协查案源、安排案源、自选案源、推送案源和其他案源。

①督办案源。是指根据上级机关以督办函等形式下达的,有明确工作和时限要求的特定纳税人税收违法线索或者工作任务确认的案源。

②交办案源。是指根据上级机关以交办函等形式交办的特定纳税人税收违法线索或者工作任务确认的案源。

③转办案源。是指对公安、检察、审计、纪检监察等外部单位以及税务局督察内审、纪检监察等部门提供的税收违法线索进行识别判断确认的案源。

④检举案源。是指对检举线索进行识别判断确认的案源。

⑤协查案源。是指对协查线索进行识别判断确认的案源。

⑥安排案源。是指根据上级税务局安排的随机抽查计划和打击偷税(逃避缴

纳税款)、逃避追缴欠税、骗税、抗税、虚开发票等稽查任务,对案源信息进行分析选取的案源。

⑦自选案源。是指根据本级税务局制定的随机抽查和打击偷税(逃避缴纳税款)、逃避追缴欠税、骗税、抗税、虚开发票等稽查任务,对案源信息进行分析选取的案源。

⑧推送案源。是指根据风险管理等部门按照风险管理工作流程推送的高风险纳税人风险信息分析选取的案源。

⑨其他案源。是指对税务稽查部门自行收集或者税务局内、外部相关单位和部门提供的其他税收违法线索进行识别判断确认的案源。

⑩督办案源、交办案源、转办案源、检举案源和协查案源由于来源渠道特殊,统称为特殊案源。

选案部门对案源信息采取计算机分析、人工分析、人机结合分析等方法进行筛选,发现有税收违法嫌疑的,即确定为待查对象,经批准后立案检查,移交检查部门。

(2)检查阶段

检查部门接到《税务稽查任务通知书》后,即安排人员实施检查。

检查人员实施检查前,通常会查阅被查对象纳税档案,了解被查对象的生产经营情况、所属行业特点、财务会计制度、财务会计处理办法和会计核算软件,熟悉相关税收政策,确定相应的检查方法。

检查人员如果需要前往被查对象现场收集材料,通常会告知被查对象检查时间、需要准备的资料等,但预先通知有碍检查的除外。

检查前,会向被查对象出示税务检查证和《税务检查通知书》。

实施检查时,依照法定权限和程序,会采取实地检查、调取账簿资料、询问、查询存款账户或者储蓄存款、异地协查等方法。对采用电子信息系统进行管理和核算的被查对象,会要求其打开该电子信息系统,或者提供与原始电子数据、电子信息系统技术资料一致的复制件。

检查结束前,检查人员会将发现的税收违法事实和依据告知被查对象;必要时,会向被查对象发出《税务事项通知书》,要求其在限期内书面说明,并提供有关资料;被查对象口头说明的,检查人员会制作笔录,由当事人签章。

检查完毕,检查部门将《税务稽查报告》《税务稽查工作底稿》及相关证据材料,在5个工作日内移交审理部门审理。

(3)审理阶段

审理人员依据法律、行政法规、规章及其他规范性文件,对检查部门移交的《税务稽查报告》及相关材料进行逐项审核,无特殊情况,通常在15日内提出书面审理意见。

拟对被查对象或者其他涉税当事人作出税务行政处罚的,会向其送达《税务行政处罚事项告知书》,告知其依法享有陈述、申辩及要求听证的权利。

审理完毕,审理人员制作《税务稽查审理报告》。

审理部门区分下列情形分别做出处理。

①认为有税收违法行为,应当进行税务处理的,拟制《税务处理决定书》。

②认为有税收违法行为,应当进行税务行政处罚的,拟制《税务行政处罚决定书》。

③认为税收违法行为轻微,依法可以不予税务行政处罚的,拟制《不予税务行政处罚决定书》。

④认为没有税收违法行为的,拟制《税务稽查结论》。经批准后由执行部门送达执行。

⑤税收违法行为涉嫌犯罪的,填制《涉嫌犯罪案件移送书》,经批准后,依法移送公安机关。

(4)执行阶段

执行部门接到《税务处理决定书》《税务行政处罚决定书》《不予税务行政处罚决定书》《税务稽查结论》等税务文书后,将依法及时将税务文书送达被执行人。

被执行人未按照《税务处理决定书》确定的期限缴纳或者解缴税款的,稽查局经所属税务局局长批准,可以依法采取强制执行措施,或者依法申请人民法院强制执行。

被执行人对《税务行政处罚决定书》确定的行政处罚事项,逾期不申请行政复议也不向人民法院起诉、又不履行的,稽查局经所属税务局局长批准,可以依法采取强制执行措施,或者依法申请人民法院强制执行。

稽查局对被执行人采取强制执行措施时会向被执行人送达《税收强制执行决定书》,告知其采取强制执行措施的内容、理由及依据,并告知其依法申请行政复议或者提出行政诉讼的权利。

稽查局采取从被执行人开户银行或者其他金融机构的存款中扣缴税款、滞纳金、罚款措施时,会向被执行人开户银行或者其他金融机构送达《扣缴税收款项通知书》,依法扣缴税款、滞纳金、罚款,并及时将有关完税凭证送交被执行人。

被执行人在限期内缴清税款、滞纳金、罚款或者稽查局依法采取强制执行措施追缴税款、滞纳金、罚款后,执行部门会制作《税务稽查执行报告》,记明执行过程、结果、采取的执行措施以及使用的税务文书等内容,由执行人员签名并注明日期,连同执行环节的其他税务文书、资料一并移交审理部门整理归档。

执行过程中发现涉嫌犯罪的,执行部门会及时将执行情况通知审理部门,并提出向公安机关移送的建议。

4.1.2.2 税务检查重点

除特殊案源外,税务部门取得案件时,会对案源信息采取计算机分析、人工分析、人机结合分析等方法进行筛选。

对于企业潜在的涉税风险,税务内部有一套预警机制,通过对各企业的数据进行检查、运算、比对等,从中找出可能存在涉税问题的企业。

比如,对企业发票所记载的货物和服务交易对象、品名、价格、金额、流向等信息进行交叉比对、关联监控,及时发现涉税风险并快速应对,倍增税收征管效能,目前利用发票核查风险的准确率已超过90%。

风险预警机制所依据的各类数据信息繁多,最终以风险指标的形式呈现。而对于税务稽查,会重点监控部分类型的风险指标,以快速锁定检查对象。

(1)进销项不匹配

进销项不匹配是指企业在购进和销售货物时,所取得的发票与实际交易的货物不一致。这种情况在很多企业中都有出现,但是往往被忽视。进销项不匹配会导致以下税务风险。

①虚开发票风险。如果企业为了降低成本或增加抵扣额而故意取得虚假发票,就涉嫌接受虚开发票。虚开发票是一种严重的违法行为,一旦被税务机关查实,企业将面临罚款、补缴税款等处罚,严重者甚至会被追究刑事责任。

②少缴税款风险。进销项不匹配会导致企业少缴税款。例如,企业购进了一批原材料,但是发票上写的是其他货物或者金额不实,这样就无法按照实际购进价格计算增值税。长此以往,企业将会面临补缴税款和滞纳金的风险。

③影响企业声誉。进销项不匹配不仅会影响企业的税务信用,还会对企业的商业声誉造成负面影响。在信息高度透明的今天,企业的任何违法行为都可能被曝光,进而影响企业的商业合作和长远发展。

④涉及相关指标包括。进销品类不匹配、有进无销、进项单一/供应商预警、销项单一/客户预警、购销两头在外等。

(2)税负率异常

税负率一般指企业在某个时期内的税收负担的大小,一般用税收占收入的比重来进行衡量。而我们通常所说的税负率,一般指增值税和企业所得税的税负率。

不同行业,不同时期,不同地区的企业税负率标准都不尽相同,税务部门并不会因为税负率异常而认为企业异常,但税务部门会先找一个行业,然后从行业里对税负异常的企业展开排查。

排查过程中,出现下列情况的企业,则容易被税务部门重点稽查。

①企业税负率长期远低于同行业水平。

②企业没有进行正常的申报。没有及时报税,包括不按时报税,报税不完整等。

③纳税系统申报的销售额与税务数字账户中的开票销售额以及财务报表中的销售不一致。

④连续3个月或者6个月零负申报。

⑤企业进项税额变动率大大高于销项税额变动率。

⑥企业存在大量运费抵扣,收入却减少。

⑦企业的增值税发票增量、使用量情况与往期对比存在异常。

⑧新办企业短时间内大量领用增值税专用发票,且税负偏低。

⑨商品和服务税收分类编码开错等原因,需要冲红(数电发票作废)多张发票。

⑩企业的员工和经营场地跟收入不匹配。比如员工很多,工作场地很大,但收入很少;或人很少,收入却很大等。

⑪用电量、用水量以及设备数量等,跟收入不匹配。

⑫员工工资长期在5 000元以下。尤其是一些聘请了中高端人才的企业,员工平均工资却一直很低,有可能在规避个人所得税。

⑬印花税、房产税等税额长期是0。一般而言,在公司正常经营的情况下,印花税和房产税不可避免地会发生。

⑭成本和毛利率等指标明显不合理,或企业长期亏损却一直不倒闭等。

涉及相关指标包括:增值税税负、所得税贡献率、汇算清缴是否有纳税调增、人工费与收入弹性分析、个税-股息红利、房产税变动分析等。

(3)报表数据比对

报表数据比对,通常是从企业申报的资产负债表、利润表和现金流量表中,将相关联的数据进行计算、比对,从中了解企业的实际经营情况。

如果企业上报的是经过修饰的报表,或是本身存在经营异常行为,很容易就会从各种各样的比率中,被计算出异常信息,从而引起稽查部门的重点关注。

涉及相关指标包括:销售毛利率、营业利润率、财务/管理/销售费用率、期间费用与收入配比、研发费用率、大额咨询费等。

4.1.2.3 税务稽查信息化工具

随着网络信息化发展,税务部门也在不断引入信息化工具进行辅助工作。在税务稽查办案过程中的各个阶段,都手握"神兵利器"。

(1)数据采集工具

数据采集工具用于帮助税务检查部门获取企业的财务做账数据,包括总账、明细账、会计凭证、存货、工资、固定资产等存在于财务软件中的所有数据。目前已能够支持几百个接口,上千种版本的财务软件一键采集。同时支持上网记录,应用程序解析,计算 MD5 值。必要情况下,甚至可以绕过开机密码,进行数据采集(见图4—1)。

图4—1 采集工具

(2)查账分析软件

查账软件中的多种数据分析功能可以帮助稽查人员快速查找定位被查企业账务处理中的涉税疑点。常用的分析工具有:关联分析、账户流向分析、红字分析、综合分析、税种检查、分录比对和账户检测等(见图4—2)。

(3)资金分析系统

资金分析系统通过结合发票数据、资金数据、工商登记数据、公安关系数据和

图4—2 账户流向分析

话单数据,利用社会网络关系、中心算法体系,通过对各类数据进行特征挖掘,结合不同场景的应用分析,找出符合的嫌疑线索及证据链进行后续研判。为打击传销、虚开骗税等涉及资金流向分析的场景提供技术支撑(见图4—3)。

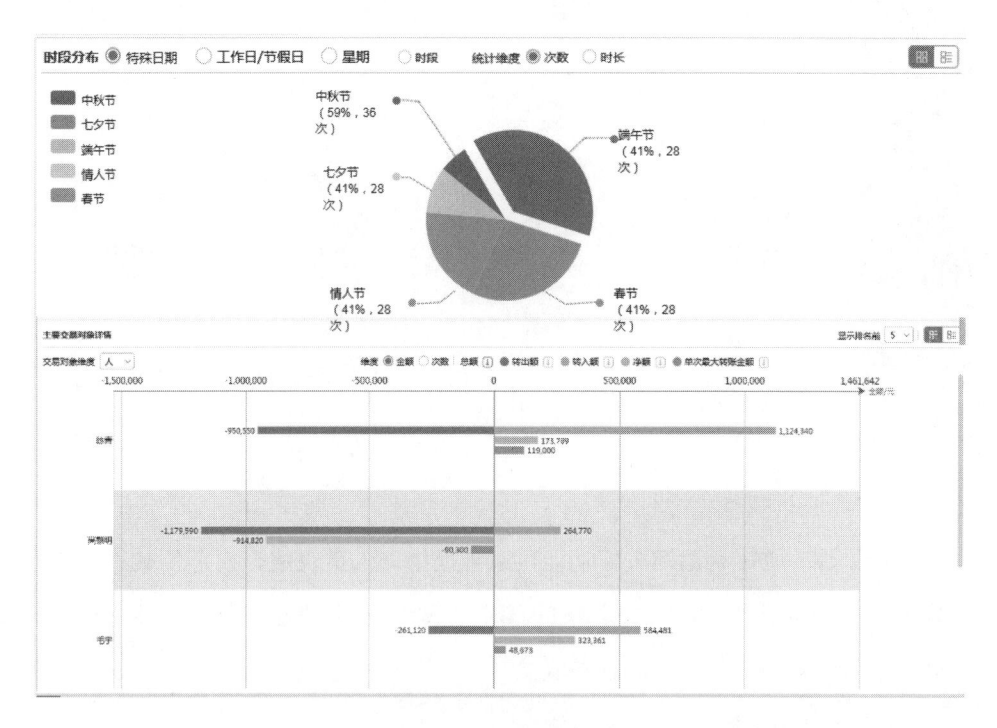

图4—3 资金分析系统

(4)取证分析设备

专业取证分析设备不仅可以完成对现场计算机、手机、视频的快速取证,还可以应用于实验室的取证固证、取证分析、系统仿真等取证分析工作(见图4—4)。

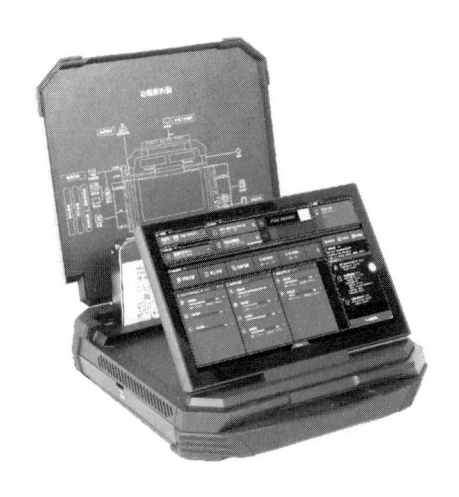

图4—4　取证魔方

(5)税警协作指挥平台

以大数据一体化为底座,实现从检测预警、协同分析、精准打击和智能分析为核心的作战体系,有效支撑了税务——公安联合办案指挥工作(见图4—5)。

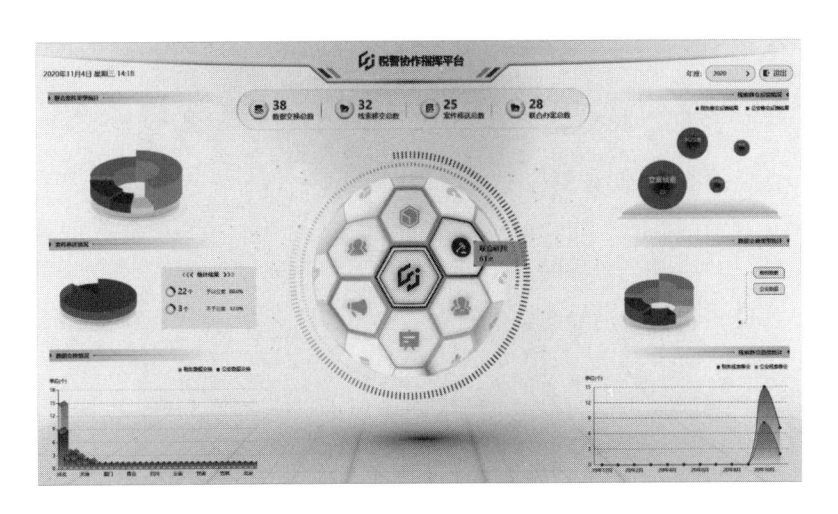

图4—5　税警协作指挥平台

(6)稽查视频指挥系统

稽查视频指挥平台是以总局为中心和各省级单位、特派办、市级单位及跨区局为节点,共同构建稽查指挥办案中心。该系统能实时、清晰、直观地了解、掌握并调度与稽查相关的税务稽查资源信息,是以"信息化主导、扁平化指挥、总控调度、智能化处置、绩效化监督"的新型指挥调度体系(见图4-6)。

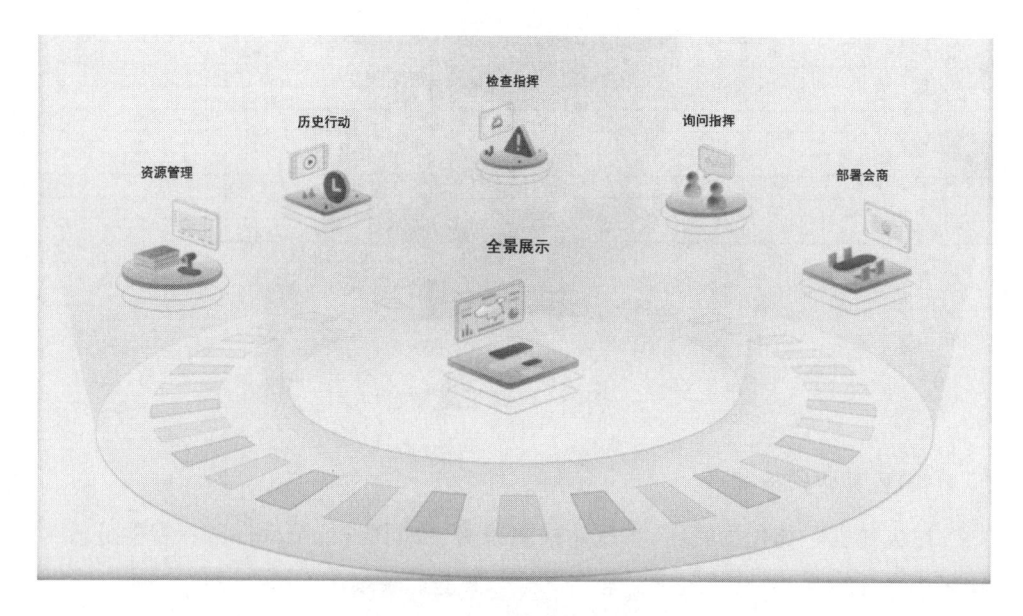

图4-6 稽查视频指挥系统

4.1.3 税务稽查典型案例

4.1.3.1 H市特大成品油发票虚开案

(1)案件来源

2021年4月,H市税务局稽查局在对H市兴×达建筑工程有限公司接受虚开发票的行为进行例行检查时,发现该公司大量接受了来自H市龙×盛石油物资有限公司开具的成品油发票,遂围绕 H 市龙×盛石油物资有限公司开具的成品油发票展开分析。

(2)查前分析

H 市税务局稽查局调取了龙×盛石油物资有限公司(以下简称龙×盛)的发票数据,对发票中的各类信息进行检索排查,发现如下情况。

①自 2018 年至 2021 年 4 月期间,龙×盛开具发票累计数量 64 794 份,累计金额 59.47 亿元。

②通过发票汇总分析,发现接受龙×盛开具发票的企业客户数量达到 2 480 户。其中存在大量来自省外且距离较远地区的企业,距离最远的来自 3 000 公里以外。龙×盛开具给这批企业的发票被暂时标记为疑似虚开。

③通过发票模型分析,发现龙×盛存在大量顶额开票、异常时间开票等行为。其中顶额开票 37 亿 4 826 万元,异常时间开票 2 亿 2 466 万元。这批发票也被暂时标记为疑似虚开。

④通过对接受疑似虚开发票的企业进行实体分析,统计出疑似虚开发票的累计开票金额为 14 亿 325 万元,累计开票次数为 13 728 次,累计开票金额占比为 23.6%。

H 市税务局稽查局随后又去银行调取了龙×盛的资金流水数据,对银行资金流水进行分析,发现如下情况。

①对应期间内,龙×盛的银行流水记录共计 500 余万条,金额约为 120 余亿元。

②通过资金模型分析发现,龙×盛存在大量公转私、重点对手频繁交易、大额交易等行为。

③通过资金快进快出交易分析,锁定了多个重点交易企业或个人。

④通过资金分析系统对资金流进行拓展分析,对资金及发票进行交叉比对,先后调取疑点企业资金流水 500 余万条,梳理出了关键资金池人员 100 多个,大多为团伙企业的员工及分销商。

H 市税务局稽查局根据发票与资金的分析结果,整理出相关疑点。

①轻资产。申报数据显示,存货12万元,固定资产7万元,资产与收入不匹配,有悖经营常规。

②资金账户交织。梳理整合出由2个MAC码、18个IP地址、31个手机号相互交织到一起的资金账户集合,100多个人的银行账户。

③资金回流。发现企业及个人资金存在快进快出,较大金额转账,流入受票企业五类人员(法人、财务负责人、办税人员、股东、领票人)现象,资金回流时间与发票开具时间高度一致。

综合所有信息以后,H市税务局稽查局已初步摸清案件特征。情况如下。

①进项发票方面。核心开票企业汉东市龙气盛石油物资有限公司从市内中石油、中石化等实体企业购买大额加油卡,取得进项发票。

②销项发票方面。将加油卡销售给不需要发票的个人或者车辆,开票货物品名集中在汽柴油,销项分布涉及全国。

③其他特征。通过对IP、MAC、银行预留手机号对比分析,发现存在公司控制员工个人银行卡情况,公司控制员工个人银行卡中汇集大量账外收入。

至此,H市税务局稽查局决定对龙×盛及其他相关企业进行重点稽查。

(3)下户取证

由于前期分析阶段确定的嫌疑企业较多,计划第一批次下户检查取证的企业就有20户,包括核心虚开企业4户和重点受票企业16户,同一时间需要对这么多重点户进行统一下户检查取证,H市税务局稽查局根据情况,分批组建了多个检查小组,并设立了总指挥小组。

各检查小组调用了多种专业取证工具对相关企业数据进行采集固定,总指挥小组通过稽查视频指挥系统进行统一指挥协调行动(见图4-7)。

下户后首先利用数据采集工具对所有计算机账套数据、业务数据、文档等资料的获取,并生成报告让企业相关人员签字确认。没有密码或无人认领的电脑以及其他重要电脑则利用专业取证设备做镜像带走恢复还原。

检查当晚,嫌疑企业人员凌晨去电信托管机房删除销售数据,局方技术人员紧急赶往机房进行删除数据的恢复(见图4-8)。

图 4—7　案件指挥现场

图 4—8　数据恢复现场

同时,询问小组当晚就对相关企业人员进行询问,为了防止互相串供,询问小组利用稽查询问室的询问系统,同时对多个重点嫌疑企业法人、股东、财务人员进行约谈并做询问笔录,全程录音录像。指挥小组在会商室远程指挥并指导询问人员询问重点。共历时一天一夜。

最后综合各小组检查结果:采集取证涉案计算机 52 台、硬盘取证 5 个、服务器数据取证恢复 3 台、累计获取数据 345G。

(4)数据分析

取得重要数据以后,检查人员开始对数据进行分析。

第 4 章　企业财税风险体检　185

首先利用账外数据分析工具，对其中的业务数据进行研判，从中发现了重大和案情有关的数据，如回款记录、关键人员信息、通讯录、内部培训非法虚开业务的PPT等，并对备份数据库利用恢复工具进行数据恢复，恢复出售卡记录、会员卡信息等（见图4—9）。

日期	开票人	开票单位	金额	品类
1月6日	汪▇	嘉▇▇有限公司	686000	柴油
1月7日	李▇	张▇▇有限公司	70000	35#
1月7日	李▇	合▇▇有限公司	60000	35#
1月7日	李▇	线▇▇制造有限公司	46500	35#
1月7日	李▇	盛▇▇方工程有限公司	1000000	35#
1月7日	张▇	马▇▇务有限公司	227000	35#
1月7日	张▇	马▇▇服务有限公司	3000	纯汽油
1月7日	张▇	腾▇▇限公司	40000	35#
1月7日	张▇	宋▇▇公司城北分公司	1050000	35#
1月7日	张▇	我▇▇限责任公司	20000	35#
1月7日	王▇	藤▇▇有限公司	55000	35#
1月7日	王▇	福▇▇▇公司	400000	35#

图4—9 记录开票等信息的电子文件

其次，检查人员使用资金分析系统对大量的银行流水与发票数据进行比对匹配，通过不断摸索，终于找出并还原了嫌疑企业的资金流转方式（见图4—10）。

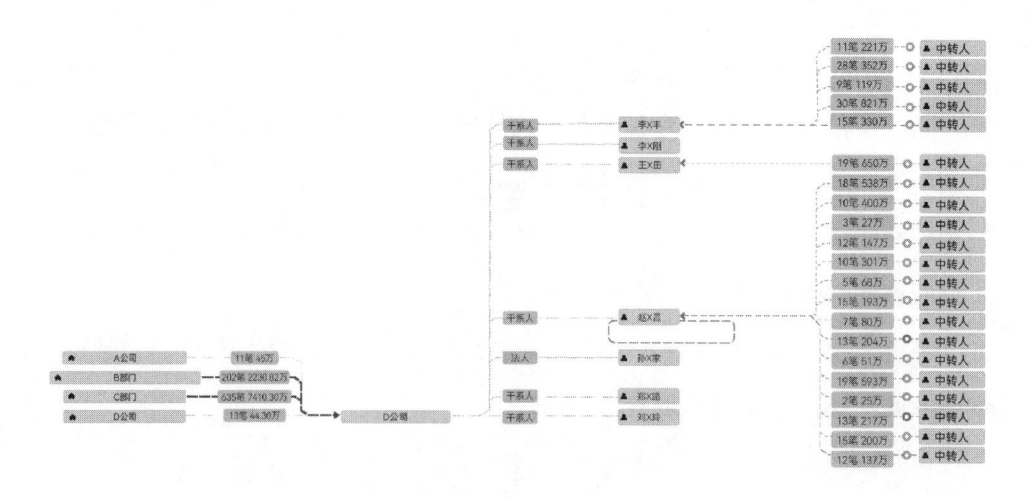

图4—10 资金发票流向展示图

最后结合单户分析的方式,在大量银行数据中,锁定了以龙×盛、兴×旺等企业为主体的虚开发票团伙,并厘清了资金回流方式(见图4—11和图4—12)。

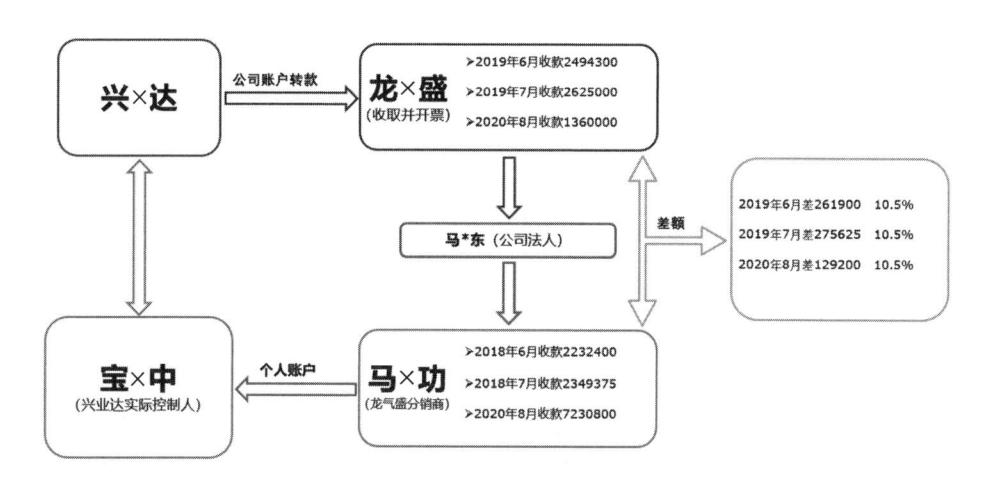

图4—11 龙×盛资金回流图

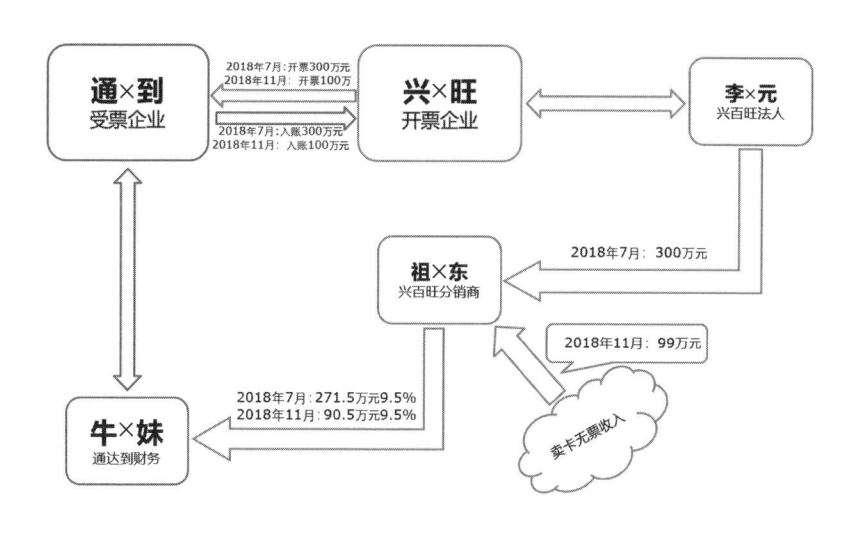

图4—12 兴×旺资金回流图

自2021年4月1日起,利用税务资金分析系统累计分析发票数据100余万条、资金数据1 000余万条,累计发现下游受票企业7 000余家。

此外,一共发现了八种资金回流方式。

①开票企业公账→开票企业相关人员→受票企业五类人员。

②开票企业法人账户→受票企业五类人员。

③卖卡收入→开票企业核心人物→受票企业五类人员。

④开票企业核心人物→中间人→受票方五类人员。

⑤开票企业核心人物→介绍人→受票方五类人员。

⑥开票企业核心人物→五类人员之外的干系人员(如父母、兄弟姐妹等)。

⑦开票企业先将部分款项给受票企业五类人员→受票企业补足手续费后将开票金额打回开票企业。

⑧全额回流,另行支付手续费。

(5)案件结果

在各检查小组通力合作,指挥领导小组协调和税务信息化工具辅助配合下,H市税务局稽查局成功发现多个特大虚开团伙。经统计,涉案企业共涉嫌虚开137亿元发票,H市税务局稽查局将所有证据进行固定后将该案件移交给司法机关。

4.1.3.2 A市T药店连锁有限公司隐匿收入案

(1)案件来源

2023年5月,A市税务局稽查局收到上级机关推送医药批发行业疑点信息,对A市T药店连锁有限公司2020~2022年度的税收申报情况进行核查。

A市T药店连锁有限公司(以下简称T药店),企业主营各类药品销售、医疗器械销售与租赁、提供经过许可的医疗服务与养生保健服务等。企业经营规模较大,在A市区内设有多个门店。

A市税务局稽查局收到上级推送信息后,迅速从金税系统中将T药店2020~2022年度的申报信息调出,进行初步分析。

(2)查前分析

检查人员在调取并查看T药店的增值税申报数据(见图4—13)时,发现了以下疑点。

①2020～2022年度应纳税额逐年增加。

②应税销售额呈波动变化,2021年金额最多。

③应税销售额中的不开票销售额逐年减少且下降幅度较大

增值税申报情况			
申报内容	2020年度	2021年度	2022年度	2023年度
应税销售额	13 242 976.96	14 912 776.65	13 544 537.21	
其中:①增值税专用发票销售额	154 622.87	182 085.9	274 020.15	
②其他发票销售额	10 086 481.8	12 101 836.07	12 286 055.03	
③不开票销售额	3 001 872.29	2 628 854.68	984 462.03	
其他销售额	0	0	0	
销项税额	1 721 586.87	1 938 660.83	1 760 789.85	
其中:①17%/16%税率	0	0	0	
②13%税率	1 721 586.87	1 938 660.83	1 760 789.85	
③11%/10%税率	0	0	0	
④6%税率/征收率	0	0	0	
⑤3%税率	0	0	0	
进项税额	1 371 110.55	1 420 189.26	930 698.37	
其中:①专用发票	1 371 110.55	1 420 189.26	930 698.37	
②海关缴款书	0	0	0	
③农产品购销	0	0	0	
④废旧物资	0	0	0	
⑤运输费用	0	0	0	
一般固定资产抵扣	0	0	0	
进项税额转出	24 298.38	51 391.41	22 842.3	
非应税项目、集体福利、个人消费用	0	0	0	
非正常损失	0	0	0	
期初留抵	0	0	0	
应纳税额	374 774.7	569 862.98	852 933.78	
期末留抵	0	0	0	
应纳税额合计(含简易征收)	374 774.7	569 862.98	852 933.78	
本期已缴增值税	305 681.22	103 517.23	1 150 905.09	

图 4-13 T药店增值税申报汇总

结合其他数据信息,检查人员又发现以下情况。

①对比 T 药业的进项发票与销项发票,发现大量有进无销类发票。

②A 市在 2020～2022 年度内,经历过多次因疫情封控导致相关药品需求量上升。

③T 药店在 2020～2022 年度内,扩大了经营规模,增加了线下门店数量。

综合以上信息,检查人员认为,T 药店有很大可能存在隐匿收入的嫌疑。经领导批准后,决定派出检查小组对 T 药店进行重点稽查。

(3)下户取证

检查小组到达 T 药店位于 A 市的总部现场,随后分成了三个小队分别行动。

第一小队前往企业总部的财务部门,检查企业账册凭证,同时调取对应年度的电子财务数据和纸质账册。目的是通过账务信息了解企业的主要经营情况。

第二小队前往企业总部的仓储部门,核查存货情况,并收集企业在对应年度内库存的实际收发存的情况。目的是通过仓库进出数据了解企业真实的业务规模。

第三小队则负责与企业主要管理人员沟通,并针对相关情况进行询问,以确认问题,了解线索。

各检查小队经过一天行动,将行动结果进行了汇总。

①第一小队(调账)

第一小队前往企业财务室,锁定了财务软件所在的服务器,随队的技术人员在服务器上使用数据采集工具顺利读取了财务软件的采集接口,但只发现并采集出了企业2021年度7~12月的财务账套。

对此财务人员解释说,企业在2021年度更换了新的财务软件,所以2020年度及2021年度上半年的账套缺失。

检查人员又对财务室中的所有电脑进行查看,但没有发现其他年度的财务数据。

随后第一小队又尝试收集了T药店的纸质账册,最终发现纸质账册和凭证也不齐全,2022年度6月份之前的账册缺失。

财务人员解释称企业2022年5月份进行大楼装修,6月份之前的账册凭证在搬迁时不慎丢失。

检查人员在查看已有凭证时发现,很多涉及商品销售与入库的业务,后面并没有附相关的出入库单据。

②第二小队(仓储)

第二小队前往企业仓储部门,现场查阅过后,发现同样只有2022年度5月份以后的货物进出记录,仓管人员的解释与财务人员一致;5月份搬迁时,资料丢失了。

③第三小队(询问)

第三小队找到了T药店的财务负责人李小白,并对其进行了例行询问,得到的主要信息如下:

T药店的法定代表人兼大股东王小明,同时也是企业的实际负责人,目前正在外地出差。

针对企业未开票收入整体不断下降的情况,李小白解释称虽然2020~2022年度的市场药品需求增加,但同时竞争对手也增加了,使普通消费者的选择变多,造成这部分的市场份额下降,收入减少属于正常现象。

当检查人员询问企业其他运营情况时,李小白称自己入职时间也不长,需要向企业负责人王小明了解。

综上情况,检查小组基本已经可以确定T药店确实存在涉税问题,并且很可能还有故意藏匿账册资料、不配合检查等行为。

(4)数据分析

检查小组第一次下户调查,主要取得了不完整的账套数据,但数据依然有分析价值。检查人员通过查账分析软件,将T药店的财务数据还原并进行了分析。

首先检查人员查看了"主营业务收入"科目,发现该科目下设了两个下级科目:"开票收入"与"未开票收入"。

又调取了企业的增值税申报表,对应的2021年度7~12月份增值税申报表数据为7 796 416.05元。该数据与账面一致,未发现问题(见图4—14)。

科目代码	科目名称	借方期初余额	贷方期初余额	借方累计发生额	贷方累计发生额	借方期末余额
2202	应付账款		959 598.50	1 400 611.00	2 221 138.43	
2211	应付职工薪酬		0.00	429 677.00	429 677.00	
2221	应交税费		5,802.54	22 411.13	1 026 138.08	
2241	其他应付款		1,002,301.04	3 430 937.15	2 860 348.76	
2401	递延收益		0.00	596.14	596.14	
3103	本年利润		-136,390.60	468 446.25	4 924 283.14	
3104	利润分配		-99,906.60		468 446.25	
5001	主营业务收入		0.00	7 796 416.05	7 796 416.05	
500101	开票收入		0.00	6 414 238.05	6 414 238.05	
500102	未开票收入		0.00	1 382 178.00	1 382 178.00	
5301	营业外收入			5 500.00	6 096.14	
5401	主营业务成本	0.00		2 084 764.66	2 084 764.66	0.00
5403	税金及附加			2 624.00	2 624.00	
5601	销售费用	0.00		22 947.74	22 947.74	0.00

图4—14 查账分析软件还原的数据

接着,检查人员对这些科目进行了流向分析,从"未开票收入"中的借方流向中,发现大部分金额来自"其他应付款—法人—王小明"科目(见图4-15)。

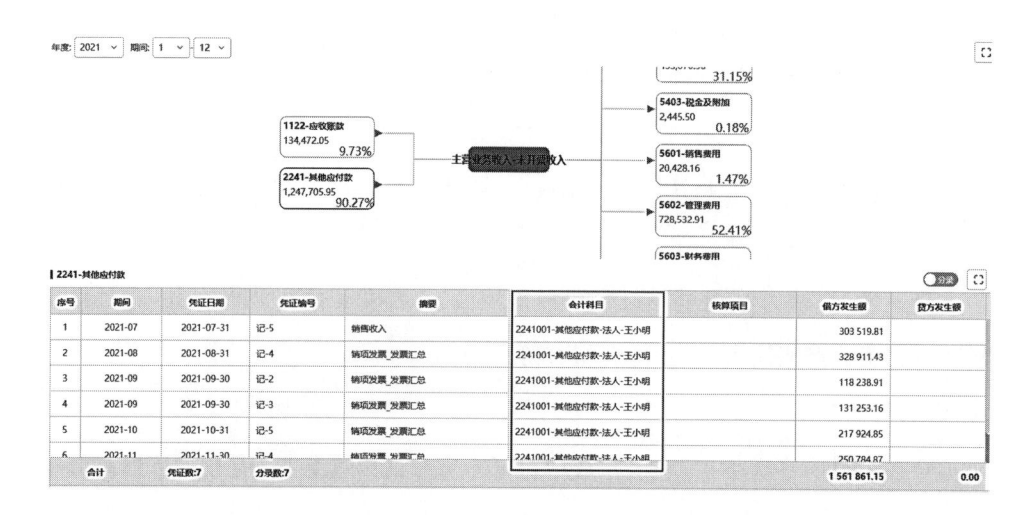

图4-15 科目流向分析

最后,检查人员对"其他应付款—法人—王小明"科目进行重点关注,发现该科目每月都有摘要为"借款"的贷方大额发生,金额不定。并且,每月确认收入时,都是直接冲减该科目的余额(见图4-16)。

图4-16 "其他应付款—法人—王小明"科目明细账

根据账面数据呈现的内容,检查人员判断:法定代表人王小明每月以借款方式打款到公司,企业在确认收入时会直接冲减借款,最后每月的纳税申报表则根据账内的收入数据填列。

即企业每月申报多少收入,取决于老板上个月给公司账上打多少钱。

更进一步推测,检查人员还模拟出了T药店可能的经营模式:企业法定代表人王小明可能控制着门店大部分收入情况。消费者在门店购买药品时,会直接付款到王小明的个人账户。王小明每个月再通过"借款"方式将收到的货款分批打到企业公账上(见图4-17)。

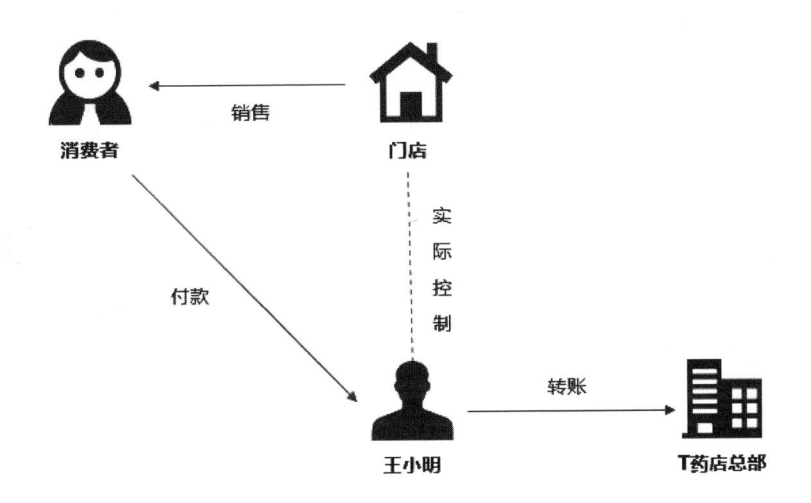

图4-17 推测的T药店经营模式

为了找到更多的证据,也为了验证推测信息,检查小组决定改变方向,将重点放在T药店遍布A市的各门店和企业的法定代表人王小明身上。

(5)线索挖掘

检查小组迅速组织了第二次下户取证,但改变了取证目标。还是分成了三个小队,分别展开行动。

第一队对T药店总部进行了突击回访,再次找到了财务负责人李小白,并对他的工作电脑进行了现场取证并封存。

通过对被查电脑进行数据检索、恢复,检查小组取得了重要文件:2021年度T

药店在 A 市的各个门店的业绩考核数据。

第二队前往银行调取了 T 药店法定代表人王小明的银行流水数据，取得了王小明多个个人账号的大量资金流数据。

第三队前往 T 药店在 A 市的几所较大门店，进行重点核查，找到了门店销售系统中的业务流水。并成功使用数据库工具对所有信息进行了备份。

(6) 数据研判

检查小组取得了重要进展，接下来开始对第二次下户拿到的数据进行分析。

首先通过资金分析系统将王小明个人卡的资金流向进行整理后，发现其中一个卡号内 2021 年度 4~12 月的流水数据与 T 药店有所往来，且数据与财务账面一致。摘要为"门店转入"。

同时该卡号内资金来源均为微信或支付宝转入，检查组初步判断可能是门店 4~12 月销售收入的流水（见图 4-18 和图 4-19）。

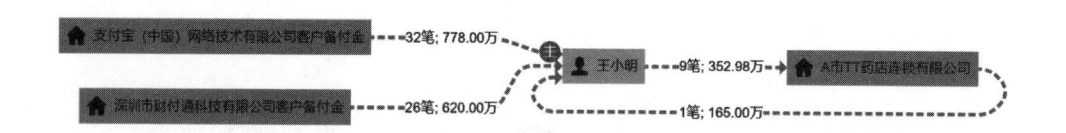

图 4-18　王小明个人账户资金流向

序号	交易日期	交易时间	付款方名称	付款方账号	付款方卡号	收款方名称	收款方账号	收款方卡号	人民币金额（元）	摘要	操作
1	2021-04-20	00:00:00	支付宝（中国）网络技术有限公司客户备付金		支付宝（中国）网络技术有限公司客户备付金	王小明	6217000000000027	6217000000000027	200,000.00	门店转入	设置疑点
2	2021-04-21	00:00:00	支付宝（中国）网络技术有限公司客户备付金		支付宝（中国）网络技术有限公司客户备付金	王小明	6217000000000027	6217000000000027	300,000.00	门店转入	设置疑点
3	2021-04-24	00:00:00	支付宝（中国）网络技术有限公司客户备付金		支付宝（中国）网络技术有限公司客户备付金	王小明	6217000000000027	6217000000000027	250,000.00	门店转入	设置疑点
4	2021-04-28	00:00:00	支付宝（中国）网络技术有限公司客户备付金		支付宝（中国）网络技术有限公司客户备付金	王小明	6217000000000027	6217000000000027	300,000.00	门店转入	设置疑点
5	2021-04-29	00:00:00	支付宝（中国）网络技术有限公司客户备付金		支付宝（中国）网络技术有限公司客户备付金	王小明	6217000000000027	6217000000000027	200,000.00	门店转入	设置疑点
6	2021-04-30	00:00:00	支付宝（中国）网络技术有限公司客户备付金		支付宝（中国）网络技术有限公司客户备付金	王小明	6217000000000027	6217000000000027	200,000.00	门店转入	设置疑点

图 4-19　王小明个人账户资金明细

又对几家门店的销售系统备份数据库进行还原处理,读取了2021年度,其中一家青龙路门店的销售明细数据(见图4—20)。

图4—20 2021年青龙路门店销售明细数据

所有数据准备完毕,检查小组开始将各方数据集中进行比对。

①业绩考核表与门店数据比对

比对2021年度青龙路门店年度合计数据、业绩表数据和门店销售数据均为223.91万元。金额一致(见图4—21和图4—22)。

A市TT药店连锁有限公司2021年门店业绩统计考核表

单位:元

门店	一季度销售额	二季度销售额	三季度销售额	四季度销售额	年度合计	上年销售额	增长率	考评
青龙路店	527 105.00	518 605.00	574 655.00	618 775.00	2 239 140.00	1 672 550.00	33.88%	A-
白虎路店	608 970.00	541 180.00	595 310.00	639 535.00	2 384 995.00	1 648 890.00	44.64%	A
朱雀路店	337 615.00	431 905.00	388 690.00	478 080.00	1 636 290.00	1 422 735.00	15.01%	B
玄武路店	500 755.00	461 595.00	524 660.00	551 885.00	2 038 895.00	1 580 055.00	29.04%	B+
……	……	……	……	……	……	……	……	……
合计	4 289 800.00	4 711 850.00	3 992 455.00	5 322 795.00	18 316 700.00	14 488 295.00	26.43%	-

图4—21 2021年业绩考核表

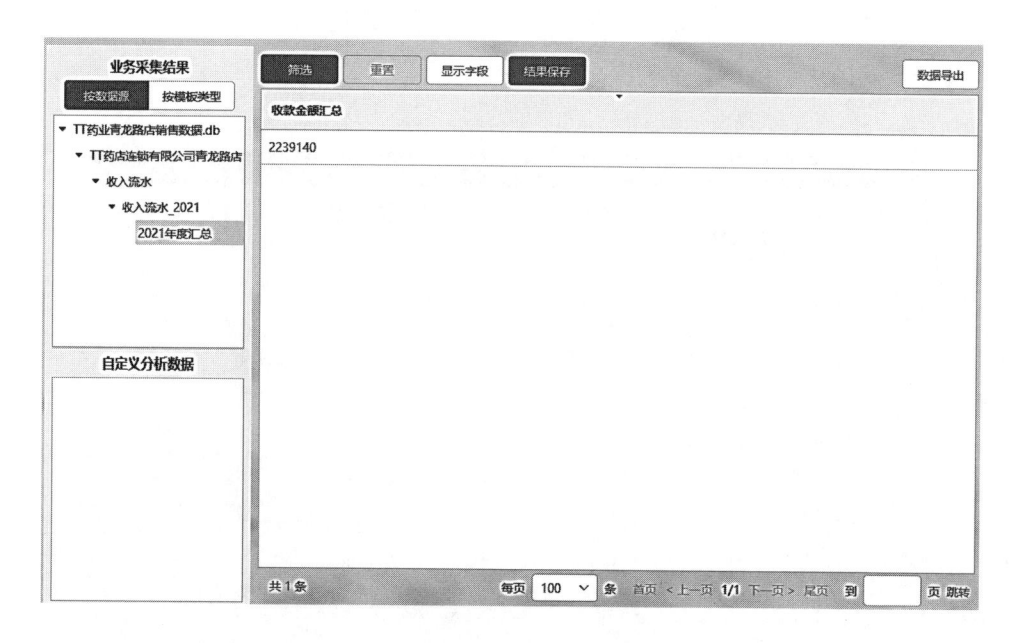

图4—22 2021年青龙路门店销售金额汇总

②业绩考核表与王小明个人资金流水数据比对

比对王小明某个人账户2021年度4~12月数据,业绩表中销售额合计为1 402.71万元;账户资金流入合计为1 398万元。金额接近(见图4—23和图4—24)。

A市TT药店连锁有限公司2021年门店业绩统计考核表

单位:元

门店	一季度销售额	二季度销售额	三季度销售额	四季度销售额	年度合计	上年销售额	增长率	考评
青龙路店	527 105.00	518 605.00	574 655.00	618 775.00	2 239 140.00	1 672 550.00	33.88%	A-
白虎路店	608 970.00	541 180.00	595 310.00	639 535.00	2 384 995.00	1 648 890.00	44.64%	A
朱雀路店	337 615.00	431 905.00	388 690.00	478 080.00	1 636 290.00	1 422 735.00	15.01%	B
玄武路店	500 755.00	461 595.00	524 660.00	551 885.00	2 038 895.00	1 580 055.00	29.04%	B+
……	……	……	……	……	……	……	……	……
合计	4 289 800.00	4 711 850.00	3 992 455.00	5 322 795.00	18 316 900.00	14 488 295.00	26.43%	-

图4—23 2021年业绩考核表

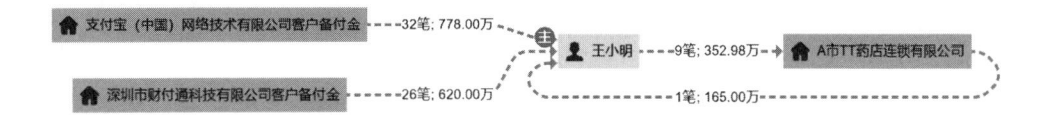

```
支付宝（中国）网络技术有限公司客户备付金  ──32笔；778.00万──┐
                                                              ├─ 王小明 ─9笔；352.98万─→ A市TT药店连锁有限公司
深圳市财付通科技有限公司客户备付金      ──26笔；620.00万──┘
                                                          └──────────1笔；165.00万──────────→
```

图 4－24　王小明个人账户资金流向

③业绩考核表与增值税申报数据汇总表比对

比对 2021 年度全年销售数据，业绩表数据为 1 831.69 万元；申报表数据全年不含税销售额为 1 491.28 万元。金额差异巨大（见图 4－25 和图 4－26）。

A市TT药店连锁有限公司2021年门店业绩统计考核表

单位：元

门店	一季度销售额	二季度销售额	三季度销售额	四季度销售额	年度合计	上年销售额	增长率	考评
青龙路店	527 105.00	518 605.00	574 655.00	618 775.00	2 239 140.00	1 672 550.00	33.88%	A-
白虎路店	608 970.00	541 180.00	595 310.00	639 535.00	2 384 995.00	1 648 890.00	44.64%	A
朱雀路店	337 615.00	431 905.00	388 690.00	478 080.00	1 636 290.00	1 422 735.00	15.01%	B
玄武路店	500 755.00	461 595.00	524 660.00	551 885.00	2 038 895.00	1 580 055.00	29.04%	B+
……	……	……	……	……	……	……	……	……
合计	4 289 800.00	4 711 850.00	3 992 455.00	5 322 795.00	18 316 900.00	14 488 295.00	26.43%	-

图 4－25　2021 年业绩考核

增值税申报情况

申报内容	2020年度	2021年度	2022年度
应税销售额	13 242 976.96	14 912 776.65	13 544 537.21
其中：①增值税专用发票销售额	154 622.87	182 085.9	274 020.15
②其他发票销售额	10 086 481.8	12 101 836.07	12 286 055.03
③不开票销售额	3 001 872.29	2 628 854.68	984 462.03
其他销售额	0	0	0
销项税额	1 721 586.87	1 938 660.83	1 760 789.85
其中：①17%/16%税率	0	0	0
②13%税率	1 721 586.87	1 938 660.83	1 760 789.85
③11%/10%税率	0	0	0
④6%税率/征收率	0	0	0
⑤3%税率	0	0	0

图 4－26　增值税申报数据汇总

第 4 章　企业财税风险体检

根据数据比对结果,检查小组终于确认T药店确实存在大量隐匿销售收入的行为,并掌握了确实的证据。

检查小组还原了T药店的经营模式:法定代表人王小明实际控制门店经营,消费者购买药品并付款时,金额进入王小明个人支付宝或微信,王小明再分批将货款打入自己个人卡,每个月又将一定金额打到企业账户,企业再根据收到的金额确认未开票收入,并据此进行申报,最终达到隐匿收入的目的(见图4—27)。

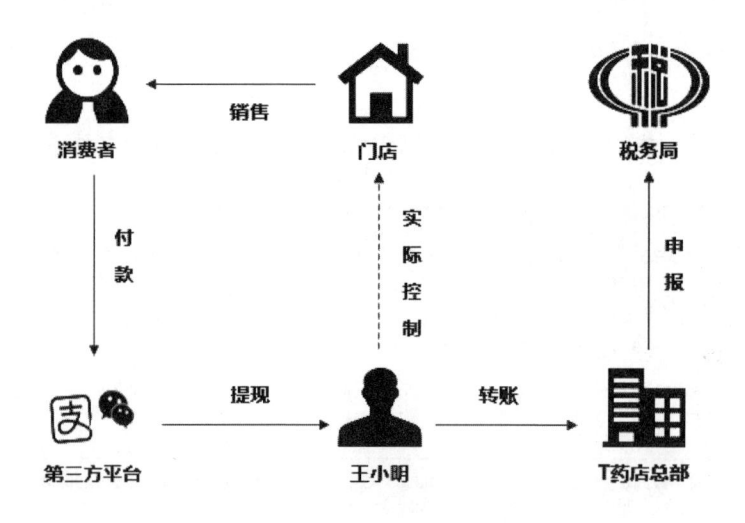

图4—27 T药店实际经营模型

(7)案件结果

A市税务局稽查局随后约谈了企业法定代表人王小明与财务负责人李小白,出示了相关数据并表示如果逃避纳税数额巨大,并且抗拒税务机关执法检查,情节严重的,将会受到法律严惩。

最终企业负责人王小明承认,因疫情防控期间收入大量增加,为了逃避税款,就通过隐藏账册资料、修改财务数据、用个人卡收货款等方式隐匿收入并虚假申报。

最终企业向检查人员提供了全部账册凭证和仓库单据。

经查实,T药店三年间共计隐匿收入1 572万元,税务机关责令其补足税款,并缴纳滞纳金与罚款,并将相关责任人移交司法部门。

4.1.4 企业的涉税风险与防控

近年来,我国税收征管呈现"宽严相济"的发展形势。一方面,各项减税降费政策、便民办税举措的出台为企业提供了更加优渥、便捷的税收营商环境;另一方面,税收监管数字化、税收违法行为打击常态化等监管措施的升级使得企业的涉税风险日益突出,对企业的纳税遵从提出了更高的要求。

税务部门接连曝光一系列税收违法行为,对各类税收违法行为保持"零容忍"的高压态势,对"三假"特别是团伙式、暴力虚开发票等严重违法犯罪行为坚决依法打击,绝不手软。同时,隐瞒收入、虚列成本、转移利润以及利用"税收洼地""阴阳合同"和关联交易等逃避税行为也成为税务机关依法防控和检查监督的重点对象。

从企业自身来讲,主要是税务合规工作有所欠缺引发税务风险,其中包括对于税收政策理解偏差、税务处理存在纰漏、为了降低税负做了不符合规定的操作或业务安排等。

在"宽严相济"的税收征管形式下,企业应当转换以往应对税收管理的被动思维,积极甄别经营过程中潜在的涉税风险,主动进行税务风险自查与管理。对可以享受的税收优惠政策进行深入挖掘、保持高度的敏感,在正确适用的前提下为企业节约经营成本。同时,提高企业税务管理人员专业素养,建立企业税务合规体系,这样才能在新的征管背景下,科学合理地开展企业税务管理工作,提升企业的税务风险防御能力,促进企业长远发展。

⊙ 4.1.4.1 企业常见税务风险点

在企业的日常经营活动中,主要接触的税种有增值税、企业所得税、个人所得税、印花税、契税和土地增值税等,其中增值税、企业所得税和个人所得税是税务机关进行税务检查时最常关注的三个税种。

(1)增值税风险

企业在日常经营活动中面临的增值税的风险点主要体现在对进项税和销项税的处理之中,进项抵扣凭证是否真实合法、销售收入是否完整及时入账等都是增值税稽查的关注重点。

①发票不真实合法。开票单位与收款单位不一致;票面记载货物与实际入库货物不一致。

②规定不能抵扣的项目进行了抵扣。将用于集体福利和个人消费的进项税额进行了抵扣;将非正常损失的购进货物加工修配、运输服务的进项税额进行了抵扣;将购进的贷款服务、餐饮服务、居民日常服务和娱乐服务的进项税额进行了抵扣;购进国内旅客运输服务相关的进项税额抵扣不符合规定。

③退货或取得销售折让未做进项税额转出。

④平销返利未做进项税额冲红。

⑤销售收入未完整及时入账。现金收入不按规定入账;不给客户开具发票,相应的收入不按规定入账;销售收入长期挂账不转收入。

⑥购货方收取的如手续费、返还利润、补贴、奖励费、运输装卸费、集资费及违约金等价外费用未按规定纳税。

⑦视同销售行为、未按规定计提销项税额。

⑧存在混合销售行为、存在兼营情形的纳税人,税务处理不正确。

⑨不按文件规定的时间确认收入,递延纳税义务。

(2)企业所得税风险

作为以应税所得为征税依据的企业所得税,收入和成本费用成为计算应纳税所得额的核心要点,因此企业在日常经营中面临的企业所得税风险点主要集中在收入和成本费用两个方面。除此之外,对于存在较多关联方的企业,其在关联交易方面的企业所得税处理也值得关注。

企业取得的各种收入未按权责发生制原则确认计税。

利用往来账户、中间科目如"其他应付款"等延迟实现应税收入或调整企业利润。

各种减免流转税及各项补贴、收到政府奖励,未按规定计入应纳税所得额。

视同销售行为未作纳税调整。

利用虚开发票等虚增成本费用。

使用不合规发票及凭证列支成本费用。

各项有扣除标准的支出不在标准之内扣除。

关联企业之间的业务往来,不按照独立企业之间的业务往来收取或者支付价款、费用,而减少应纳税所得额和应纳企业所得税。

总分支机构计算企业所得税额分配比例时不按照文件规定进行计算,利用地区间优惠税率少交税款。

(3) 个人所得税风险

企业作为个人所得税的扣缴义务人,在向员工支付工资薪金或向其他人支付报酬时应当履行相关代扣代缴义务,这是企业在日常经营活动中不得不面对的税务问题。不主动履行代扣代缴义务、不清楚特定情况下是否需要履行代扣代缴义务、错误代扣代缴都会给企业带来较大的经营风险。

为职工购买的各种商业保险未扣缴个人所得税。

超标准为职工支付的养老、失业和医疗保险、超标准缴存的公积金未扣缴个人所得税。

以报销发票形式向职工支付的各种个人收入未扣缴个人所得税。

以非货币形式发放的个人收入未扣缴个人所得税。

实行员工股票期权计划的,员工在行权时获得的差价收益,未按工薪所得缴纳个人所得税。

个人投资者从企业借款,长期未还且未用于企业生产经营,未归还的借款应视为企业对个人投资者的红利分配,计征个人所得税。

赠送给其他单位个人的礼品、礼金等未按规定代扣代缴个人所得税。

4.1.4.2 涉税风险管理问题

企业税务风险主要来自两方面:一是因不符合国家税收法律法规规定,少纳税或未纳税;二是因没有用好、用对、用足有关税收政策,多缴纳了税款。

大多数企业在税务风险管理方面存在五大问题。

(1)对税务风险管理重要性认识不够,风险防范意识薄弱

企业的治理层和管理层往往把主要精力用在生产经营和科研上,税务风险防范意识不强,对税务风险管理重要性认识不足,有些管理人员认为对税务风险的管理会增加企业成本,于是就将税务风险管理交给了财务部门,没有将税务风险管理纳入企业战略层面等。正是因为上述这些片面或错误的观点和认识,造成了目前很多企业对税务风险的存在性、危害性及防范的重要性认识不足,不制定必要的管理和防范措施,不舍得为防范税务风险投入成本,不知道如何全面梳理、排查税务风险,给企业带来了很大损失。

(2)对税务风险管理的力量、技术及制度薄弱

一些企业没有税务风险管理意识,没有设置税务风险管理部门或设置了税务风险管理部门但没有安排专门的税务风险管理岗位。有的做到了岗位和人员的设置要求,但是相关人员却专业水平不足,不能适应税务风险管理的需要,不能有效处理复杂税务事项可能带来的风险。这些将税务风险管理与财务部门合二为一的企业,仅是由会计人员兼职处理日常涉税事务,根本不是税务专业和专职人员。还有很多企业没有建立健全税务风险管理制度,没有形成对税务风险防范的有效机制,对税务风险管理无据可依、无人管理,从而放任了税务风险的发生。

尽管大中型企业基本上都有规范的内部控制体系,也有信息和财务管理系统,但这些体系及系统往往缺乏对税务风险进行全面评估、识别及有效管理的功能和资源,不能对可能涉及税务风险的信息在税务层面进行必要的整合和分析,不能及时和有效评价、预警企业生产经营各业务流程中可能存在的税务风险。往往都是等到相关税务风险已明确摆在面前时,才如梦方醒,但为时已晚。

(3)税务风险管理模式简单、方法落后、手段滞后

一些企业虽然设立了税务部门并安排了相关岗位,但往往既不从事对税务风险的分析、研究和防范,也不参与企业日常各项重要经营活动,更不跟踪和监控税务风险,其主要职责仍然是处理纳税申报、税款缴纳,办理与税务机关的相关事务,或仅是从事一些简单的分析、研究、防范、跟踪和监控等工作。对税务风险仍然是被动应付、临时应急式地"打补丁",从而使得税务风险层出不穷。一些建立税务风险管理系统的企业,在管理模式、管理方法上也比较简单、落后,对税务风险管理根本谈不上系统化、制度化、规范化。

(4)以拉关系、请客送礼作为防范税务风险的方法

一些企业平时对税务风险视若无睹,当税务风险真正出现后,第一反应总是赶快找人拉关系、请客送礼,以求化解税务风险。但实际上,在以往税收法制不健全,税务部门自由裁量权较大的情况下,这种方法可能得逞于一时,但往往仅是将问题一时掩盖,不仅不能从根源上排除税务风险,随着时间的推移,问题可能还会越来越严重。一旦问题再爆发,企业将会遭受更大的风险和损失,还很可能影响到相关税务人员。从以往实际情况来看,靠拉关系作为防范税务风险的手段,不仅成本很高,而且往往都是些中小企业,企业规范程度都很低,此类企业都很难做大做强。

4.1.4.3 涉税风险应对

企业税务风险管理可以从事前防范、事中应对和事后救济三个环节来考虑。

(1)事前防范——合规管理与风险防控

①树立税务风险意识

对于税务风险,不少企业存在一些认知上的错误,认为只要不被税务检查补税,不涉及税收刑事犯罪就不存在税务风险。因此,这些企业常常只关注是否存在少缴税的情况,而不重视多交税给企业带来的实质性经营损失,也未曾关注企业日常经营中潜在的税务风险。然而,企业应深刻理解税收风险管理的关键在于防控,而非补救。税收风险对企业而言不仅仅是补税罚款,更影响企业的实际收益、信用

指标、资质评定和上市融资等方方面面,关乎企业能否健康持续发展。

树立税务风险意识,企业首先应当加强税法培训,提高专业素质。税收政策数目繁多,更新速度快,对企业税务管理人员提出更高的水平要求。企业可以定期组织专业培训,聘请税务专业人士进行纳税辅导。其次,企业应当将税务风险意识融入企业发展、商业模式设计的战略性布局之中,在投融资和经营活动决策之前,准确识别和评估税负高低与税务风险,将税务风险作为重要的考量因素,实现税负最小化,价值最大化,从而做出最佳的商业模式和交易结构安排。

②建立税务合规管理体系

税务风险潜藏于企业开展经营的过程中,为了有效防控企业税务风险,必须建立一个完善的税务合规管理体系,健全各项税务管理制度、业务标准和业务规范。首先,应当明确企业内部税务管理组织架构,划分各业务部门涉税职责。其次,针对企业的日常经营活动,制定切实可行的税务风险内部控制规定,将防范和控制税务风险作为企业经营的一项重要内容;同时,针对企业重大对外投资、重大并购和重组、经营模式的改变及重要合同或协议的签订等制定针对性的税务管理措施。再者,针对税务会计、税务申报和税款缴纳、税务档案等税务行政事项进行必要的流程细化、职责划分等。

除此之外,企业还可建立定期自查制度,针对企业税务登记、纳税申报、税款缴纳、发票使用情况以及其他税务检查与稽查中常见的税务问题进行自我检查,对企业内部的税务合规、税负成本进行审核,及时发现和解决税务漏洞,避免补税、滞纳金与罚款。

(2)事中应对——有效应对与突出重点

税务风险形成对企业产生不利影响的最常见和最主要的方式是税务管理,而其中又以税务检查最为典型,面临税务检查时的有效应对也是化解税务风险、避免损失扩大的重要工作。

税务检查是税收征收征管的一个重要环节,是税务机关以国家税收法律、行政法规为依据,对纳税人、扣缴义务人履行纳税义务和扣缴义务的情况进行的检查监督,其中包括税务稽查。税务检查的常见原因有发票管理不规范、被检举、取得异常扣除凭证、财务指标异常、税务协查及税收政策适用错误等。

在发生税务检查时,首先,企业应当及时提供材料、积极配合询问,主动了解检查程序,以最大限度保障自身利益。不要妄图隐匿、毁损账簿资料、业务材料等涉税材料,更不可拒绝检查人员对涉税材料的调查取证。其次,企业应当加强与税务检查部门的沟通,对上一阶段已经查明的问题反馈意见,对本阶段新发现的问题进行解释说明,了解税务检查部门下一步检查计划,有的放矢地做好准备和配合工作,在仍有协商机会时避免税务部门做出不利的书面结论。另外,企业应当在检查过程中及时备份文书资料,保存证据资料,方便自身或第三方日后完整还原检查过程,并对检查结论的合法性、合理性作出判断。

(3)事后救济——比较选择与合理预估

正确、有效地行使救济权利,可以在税务执法存在一定问题时,最大限度保障企业合法权益,将税务风险的影响降至最低,救济途径通常为行政复议、行政诉讼。

行政复议适用于做出决定性文书的案件及检查过程中的具体行政行为,纳税人认为税务局的具体行政行为侵犯其合法权益,即可提起行政复议。行政复议是以法律形式设立产在行政机关内部的监督和纠错机制,且在与征税行为有关的案件是行政诉讼的前提,应该成为群众解决行政争议的首选途径。而行政诉讼适用于已经过复议程序的"复议前置"案件及能够直接提起诉讼的行政处罚、采取强制执行措施或者税收保全措施等案件,是解决涉税争议、保护纳税人合法权益的"终极武器"。

4.2 企业财税风险体检概述

4.2.1 财税风险体检的含义

企业财税管理不仅关乎企业的经济效益,更是企业合规运营、规避法律风险的重要基石。企业财税风险体检作为一种系统性的管理手段,旨在通过全面的数据分析与评估,及时发现并预防潜在的财税风险,确保企业财务健康与税务合规。

4.2.1.1 数据风险检测

数据风险检测是企业财税风险检测的基础环节,它侧重于对企业内部财务数据、交易记录、会计凭证等关键信息的完整性、准确性和时效性进行审查,通过先进的数据分析工具和技术,识别数据录入错误、遗漏或异常交易模式,从而避免因数据不准确导致的财务报告失真和税务申报错误,降低因此产生的税务争议和法律风险。

4.2.1.2 税务风险审查

税务风险审查专注于评估企业税收政策的应用、税款计算的准确性以及税务申报的合规性。这包括检查是否适用正确的税种、税率,是否享受合法的税收优惠,以及是否存在逃避缴纳税款的行为。通过此环节,企业可以及时发现并纠正税务处理中的不当之处,避免税务处罚和声誉损失。

4.2.1.3 合规风险评估

合规风险评估首在全面审视企业运营活动是否符合国家法律法规、行业标准及国际惯例的要求。这包括但不限于税收政策、劳动法、环境保护法等领域的合规性检查,通过此评估,企业能够识别出潜在的合规漏洞,制定相应措施对其进行纠正,维护良好的企业形象和运营环境。

4.2.1.4 财务风险检测

财务风险检测关注企业的偿债能力、运营效率、盈利能力等关键财务指标,以及可能引发财务危机的内外部因素。通过构建财务风险预警系统,及时发现现金流短缺、资产负债率过高、成本控制不力等风险信号,为管理层提供决策支持,确保企业财务稳健。

4.2.1.5 财务报表分析

财务报表分析是对企业资产负债表、利润表、现金流量表等核心报表进行深入解读和比较,以评估企业的财务状况、经营成果和现金流状况。通过横向(同行业比较)和纵向(历史数据对比)分析,发现财务表现中的亮点与不足,为优化资源配置、提高经济效益提供依据。

4.2.1.6 税务合规性审核

税务合规性审核是确保企业税务管理活动遵循税法规定的关键步骤,它涵盖了对企业税务筹划、税务申报、税款缴纳和税务档案管理等全过程的审查,确保所有税务行为均符合法律要求,避免税务不合规带来的法律风险和经济损失。

⊕ 4.2.1.7 税务风险防范检测

税务风险防范检测侧重于识别和评估企业面临的各类税务风险,如税收政策风险、国际税收协定应用风险、反避税调查风险等,通过建立健全的税务风险防控机制,制定应急预案,提高企业应对税务风险的能力,保障企业合法权益。

⊕ 4.2.1.8 财务管理流程检测

财务管理流程检测关注企业财务管理制度、流程设计和执行的有效性。通过审查预算管理、成本控制、资金运作、内部审计等关键环节,发现流程中的瓶颈和漏洞,提出优化建议,提升财务管理效率和效果,确保企业财务活动规范化、标准化。

企业财税风险体检是一个综合性的管理体系,可以通过数据风险检测、税务风险审查、合规风险评估、财务风险检测、财务报表分析、税务合规性审核、税务风险防范检测以及财务管理流程检测等多个维度,全方位保障企业的财务安全和税务合规,为企业的可持续发展奠定坚实的基础。

4.2.2 财税风险体检重要性

企业财税风险体检作为一种全面、系统的风险防控手段,对于企业的持续健康发展和税务合规性具有不可估量的价值。它不仅能够帮助企业规避潜在的税务风险,还能优化税务筹划,确保合规经营,提升财务管理水平,进而在激烈的市场竞争中保持竞争优势。

4.2.2.1 规避税务风险

税务风险是企业经营中不可忽视的重要因素之一。通过财税风险体检,企业能够及时发现并纠正税务处理中的不当之处,避免因为税法理解错误、操作失误或疏忽大意而导致的税务争议和处罚。这不仅能够维护企业的税务信誉,还能避免因税务问题引发的法律风险,保障企业的正常运营。

4.2.2.2 优化税务筹划

财税风险体检不仅能够帮助企业识别税务风险,还能在此基础上优化税务筹划。通过对企业税务状况的全面分析,企业可以更加清晰地了解自身的税务负担和税务筹划空间,从而制定更加合理、有效的税务筹划策略,降低税务成本,提升盈利能力。

4.2.2.3 确保合规经营

合规经营是企业持续发展的基石。财税风险体检能够全面审视企业运营活动是否符合国家法律法规和税务政策的要求,确保企业各项经营活动在法律框架内进行。这不仅能够提升企业的法律意识和合规水平,还能避免因合规问题引发的监管风险和声誉损失。

4.2.2.4 提升财务管理

财税风险体检不仅关注税务问题,还涉及企业财务管理、内部控制等方面的内容。通过体检,企业可以更加深入地了解自身的财务状况和财务管理水平,发现财务管理中的问题和不足,从而制定改进措施,提升财务管理效率和效果。

4.2.2.5 及时发现风险点

财税风险体检是一种主动的风险防控手段,通过全面、系统的检查和分析,能够及时发现企业潜在的财税风险点。这包括税务处理不当、财务数据异常、内部控制漏洞等方面的问题。通过及时发现和纠正这些问题,企业能够避免风险进一步扩散和恶化,保障企业的财务安全和税务合规性。

4.2.2.6 增强合规意识

财税风险体检的过程不仅是对企业财税状况的审查和评估,更是对企业员工合规意识的培养和提升。通过体检,企业能够加深对税法、财务法规等法律法规的理解,提高员工的合规意识和法律意识,形成全员参与、共同维护企业合规的良好氛围。

4.2.2.7 避免经济损失

财税风险体检能够帮助企业及时发现并纠正潜在的财税问题,避免因税务争议、罚款、滞纳金等经济损失。同时,通过优化税务筹划和财务管理,企业还能够降低税务成本和运营成本,提升经济效益和盈利能力。

4.2.2.8 助力政策适应调整

随着国家税收政策的不断调整和完善,企业需要不断适应新的税收政策环境。财税风险体检能够帮助企业及时了解最新的税收政策和法规变化,评估政策变化对企业的影响,从而制定相应的应对策略和调整方案,确保企业在新政策环境下保持税务合规和竞争优势。

企业财税风险体检在规避税务风险、优化税务筹划、确保合规经营、提升财务管理、及时发现风险点、增强合规意识、避免经济损失以及助力政策适应调整等方面发挥着重要作用。企业应重视财税风险体检工作，将其纳入日常经营管理的重要议程，以全面、系统的风险防控手段保障企业的持续健康发展和税务合规性。

4.2.3 财税风险预测与识别

财税风险预测与识别是一个涉及企业财务和税务管理的重要领域，它包括对企业潜在风险的识别、评估和控制。

⊙ 4.2.3.1 财务风险类型

财税风险预测需要考虑多种风险类型，包括市场风险（利率、汇率和价格波动）、信用风险（交易对手未能履约带来的损失）、流动性风险（资产无法短期内转换为现金的风险）和操作风险（内部流程、人员或系统的失败）。

⊙ 4.2.3.2 财务系统在风险预测中的应用

现代财务系统通过数据集成、历史数据分析、预测模型和风险评估等手段，帮助企业预测和预防财务风险。这些系统能够集成会计、销售、采购和库存等多个模块的数据，为风险预测提供全面的数据基础。

⊙ 4.2.3.3 财税风险检测平台

风险检测平台可以对企业的财务数据和税务数据进行分析，帮助管理者发现潜在的财税风险。它们通过算法和模型对企业的财税风险进行评估和预测，并提供详细的财税风险报告和分析结果。此外,风险检测平台还能为企业提供相应的应对措施和建议。

4.2.3.4 风险评估和应对措施

财税风险检测平台能够根据不同的风险因子计算风险值,帮助企业评估潜在风险的影响,并提供应对措施。这对于企业有效应对财税风险至关重要。

4.2.3.5 统一管理

财税风险检测平台可以实现财务和税务数据的统一管理,提高数据处理的效率和准确性。

4.2.3.6 市场应用

财税风险检测平台已在金融、制造业、服务业、零售和电商等多个行业得到广泛应用,帮助企业进行成本控制、资金管理和销售风险的实时监测和分析。

4.2.3.7 财税风险检测报告

风险报告中可以包含企业基本的工商数据、司法数据、信用数据及基础的财税数据,并根据相关的业务、行业经营标准,通过大数据边缘隐私计算,在企业主授权后快速生成。这些报告有助于企业主快速了解财税代理工作的完成情况及合格率。

4.2.3.8 风险评分系统

通过检测结果来评估企业财税风险大小,评估内容涉及内部管理、纳税管理和顶层设计等方面。根据分值,企业可以被划分为低风险、中风险或高风险类别。

4.2.4 企业增值税发票管理

税务总局依托增值税发票风险监控平台,建立并持续完善全国增值税发票风险特征库。针对风险特征,分批次、逐环节开展增值税发票风险监控指标体系建设,信息共享,互为补充。以虚开增值税发票虚假抵扣增值税进项税额、骗取出口退税等税收违法行为以及行业性、地区普遍性风险为重点,持续开展分析识别工作。

在"以票控税"的制度下,发票是税务稽查的重点。企业取得不符合规定的专票,可能导致增值税不得抵扣进项,企业所得税不能扣除成本费用。若企业抵扣进项和税前扣除,一旦税务稽查,将面临补税、罚款、交滞纳金等风险。

虚开发票是税务风险中另一个重要问题,包括为他人或自己开具与实际经营业务情况不符的发票,让他人给自己开具与实际业务情况不相符的发票,以及介绍他人开具且与实际经营业务情况不相符的发票。一旦被认定为虚开发票,企业可能面临刑事责任。

还存在进项发票丢失,销货方扣押发票,以及纳税人进项发票不进行认证后,购货和销货也不进行入账,以此逃税偷税等情况。

4.2.5 财税风险管理环境

建立财税风险管理环境是一个复杂而系统的过程,涉及多个方面。

企业应建立完善的商品采购、库存管理、产品销售等内控管理制度,并通过信息化系统对资金流、发票流、货物流及业务流进行实时跟踪管理,确保各项交易凭证的真实、准确与完整,并与实际经营业务情况相符。

开展针对高级管理人员、从事财税工作或具体购销业务的人员的培训,提高其税务合规意识,不能因规避税收等目的而尝试虚开增值税发票、隐匿收入等行为。

与税务机关及相关机构保持良好沟通,确保税务处理的合规性。

建立"税务风险管理体系",利用企业自身全量涉税数据执行常规自检,通过可视化平台工具掌握风险评估的实时状态,将涉税风险管控前置,帮助企业建立有效的税务风险快速反应机制和环环相扣的税务管理体系,并运用数字化手段和管理工具实现税务风险管理的落地执行。

对于"走出去"的企业,应充分考虑境外税务风险的防控,包括税制调研、税收协定、投资架构、合同估税、外账凭证、税收优惠、总部垫资、境外个税、完工清税外部合作、税务检查和税收争议等。

企业还可以利用税务风险预警和监控工具,通过预设的税务风险场景和风险指标,协助企业及时发现潜在税务风险,实现税务风险监控日常化的目标。

建立一个完善的税务合规管理体系,健全各项税务管理制度、业务标准和业务规范明确企业内部税务管理组织架构,划分各业务部门涉税职责,并制定切实可行的税务风险内部控制规定。

建立定期自查制度,针对企业税务登记、纳税申报、税款缴纳、发票使用情况以及其他税务检查与稽查中常见的税务问题进行自我检查,及时发现和解决税务漏洞,避免补税、滞纳金与罚款。

通过上述措施,企业可以有效地建立财税风险管理环境,降低财税风险,保障企业的合规性和财务健康。

4.2.6 财税风险预警机制

财税风险预警机制是一个用于识别、评估和控制财税风险的系统,它可以帮助企业及时发现潜在的财税问题,从而采取相应的预防或应对措施。

企业首先可以建立一个健全的税务管理制度、业务标准和业务规范。这涉及明确内部税务管理组织架构,划分各业务部门的涉税职责,制定税务风险内部控制规定,以及针对重大对外投资、并购重组等制定税务管理措施。

企业应建立定期自查制度,对税务登记、纳税申报、税款缴纳等进行自我检查,及时发现和解决税务漏洞。遇上税务检查时,企业就能够进行有效应对,这是化解税务风险、避免损失扩大的重要工作。

引进常见的税收风险指标,包括分税种指标、跨税种指标、财务指标和生产经营指标等。通过数据信息对比分析的方法,对纳税申报的真实性和准确性作出判断,并采取进一步措施,提高纳税遵从,降低税收风险。

建立闭环的税务管理体系,构建合理的税务风险管理框架,通过标准化、结构化的风险管理流程和常态化运营,展现全方位的税务分析洞察,持续优化改进企业税务管理方式。

借助税务风险管理模块及相关数字化应用,将税务风险管理的各个要点前置到各个流程环节中,实现涉税风险管控税务数字化落地。通过配置税务风险分析指标和税务风险报警阈值,实时获取涉税数据和运算,评估企业潜在税务风险,实时监控和预警。

企业还可以引入专门的财税风险检测系统,通过内置的财税风险检测指标和风控模型,综合分析企业的财务指标、税务指标、关联交易、发票进销项风险等信息,并生成涉税风险评估报告。

4.3 企业财税风险体检原理

随着智慧税务、金税四期上线数电发票系统、财税数据指标系统、税警联合的上线,通过信息化系统手段,自动扫描企业日常税务风险,相比较传统的财税风险解决模式,企业财税部门疲于应付税务部门的检查,已经严重影响到企业财税部门的日常工作。

为了解决智慧税务强监管形式来临的当下,企业意识到需要一定的改变方式,让一些风险防范于未然。同时这些风险的危害,得一步一步解决。于是企业财税风险体检理念,随科技时代发展孕育而生。

企业财税风险体检理念,目的将财税风险扼杀在摇篮中,这种方式也是国家目前积极推导的方式,在日常工作当中,加入企业财税风险体检,将未来可能成为企业财税风险的要素,提前了解,提前解决,制定出一套高效的防范措施,不仅提高企业纳税人遵从度,也提高企业全面应对风险,解决风险能力。

财税风险检测体系是一种全面而先进的财税风险管理工具,旨在预防和减少企业在财务和税务方面的潜在风险。这一体系以高度信息化的计算机技术为基础,结合财务、税务、比对、税负和行业等多方面的专业知识,预设了一系列的财税风险指标。

4.3.1 企业涉税数据

⊙ 4.3.1.1 企业涉税数据

税务部门在信息化行动中,拓展企业涉税数据开放维度,建立涉税信息共享机制。在当地税务部门网站上,会不定期公布欠税信息、非正常户信息和骗取退税、虚开发票等高风险纳税人名单信息,以及行政处罚类信息等。

企业涉税数据分为两类:税务开放性数据和企业非公开数据。

税务开放性数据种类繁多,针对企业财税风险可分为登记类信息和申报类信息。

登记类信息包括房产登记信息、土地登记信息、纳税信用等级信息和完税信息等。

申报类信息包括各类企业申报表数据、发票数据等。

这类数据都是企业自行填报给税务端,企业可以自行下载收集,通常也可用于审计、税收风险提醒函应对等。

企业非公开数据在企业实际运营中,收集到各类信息包括财务数据中的原始凭证、电子财务账套、电子成本台账,以及备查账簿等,这些信息都是企业在运营过程中,通过每个事件收集形成的信息,无法通过外部取得。

通常非公开数据会在税务部门的工作人员下户稽查时,需主动交予税务部门检查。这部分数据主要用于对比企业税务开放数据,查看数据的合理性。因此检查一些特定行业,需要对比一些固定数据,能形成一些指向性指标。比如,企业所得税申报表的营业收入与财务账上营业收入的比对。

第 4 章　企业财税风险体检　217

4.3.1.2 企业财务数据

企业财务数据,通常是指企业单位的经营和经济活动产生的财务账簿,其中大部分为企业非公开数据,剩余部分需要汇总统计等,数据需要上报各个政府部门,数据属于税务公开数据。企业财务系统基本已经脱离了纸质记账而普遍采用了电子化记账方式(财务软件),在技术推动下云财务的应用也在逐渐普及。财务数据具体包含以下内容。

(1)基础财务数据表

财务总账及报表数据是根据企业财务信息统计核算得出的汇总账户的数据,以及由总账数据填制的财务报表数据,财务报表主要包括:"资产负债表""损益表""现金流量表"等。

①资产负债表

资产负债表主要包含企业经营在每个会计期初和期末期间的总资产现金(企业还有多少现金,至少还能换取多少现金)、总体负债情况(企业目前欠了多少债务)以及股东等企业所有者的权益(股东投资金额以及累计盈亏情况),通常用于反映企业资产结构、偿债能力、管理水平、利益归属等情况。

②利润表

利润表主要包含企业经营在一段时期内的效益能力,如企业营业收入、营业成本、净利润等信息,通常用于反映企业的盈利能力和产品竞争力。

③现金流量表

现金流量表主要包含企业经营在一段时间内生产经营、投资以及筹资活动中产生的现金流情况,通常用于反映企业的利润水平和企业健康情况。

(2)成本数据

成本数据是企业的重要财务数据之一,它包括生产成本、销售成本、管理成本等。通过成本数据可以帮助企业管理者了解企业生产和经营活动的成本构成和变动情况,属于企业非公开数据,对于企业的成本控制和经营决策具有重要的参考价值。

（3）经营指标

经营指标是企业财务数据中的关键指标，包括利润率、资产周转率、偿债能力等。通过经营指标可以帮助企业管理者了解企业的盈利能力、运营效率和风险承受能力，对于企业的经营分析和绩效评估有着重要的作用。

4.3.1.3 企业申报数据

企业申报数据包含了企业或个人的财务信息和税务情况，是税务部门对企业进行税收征管的重要依据。属于公开数据一种，详细解释如下。

（1）企业申报数据的基本含义

企业申报数据是税务申报的核心内容，它详细记录了企业在一定时期内的收入、成本、利润、税款等信息。这些数据是通过财务报表、税务申报表等形式，按照税务部门的要求进行汇总和提交的。

（2）企业申报数据的重要性

企业申报数据的准确性对于企业和个体而言至关重要。它不仅影响了税收计算的准确性，还关乎企业的信誉和税务部门的决策。如果数据不实或延迟提交，可能导致税务违规，给企业带来不必要的损失和风险。

（3）企业申报数据的具体内容

企业申报数据通常包括以下几部分。

①营业收入。即企业的销售收入或业务收入总额。

②营业成本。企业在经营活动中产生的直接成本。

③利润。营业收入减去营业成本及其他费用后的余额。

④税务数据。如增值税、所得税等各项税种的申报数据。

⑤其他相关财务数据。如资产负债表、现金流量表等。

企业需要按照税务部门的要求，定期提交这些数据的详细报表，确保数据的真实性和准确性。

4.3.1.4 企业发票数据

发票数据主要来源于发票,发票是一种商业凭证,用于证明商品或服务的交易。发票数据包含了销售方和购买方的信息、商品或服务的详情,以及交易的金额、税率、税额等关键内容。发票的开具和管理主要由销售方负责,销售方在发生商品或服务交易时,需依法开具发票,并妥善保管发票数据。

(1)企业发票数据的基本作用

发票数据在企业记账、报税以及消费者维权等方面具有重要作用。同时,税务部门也对发票的开具和使用进行监管,确保发票数据的真实性和合法性。

(2)企业发票数据的种类

自2024年12月1日起,在全国正式推广应用数电发票。数电发票是将发票的票面要素全面数字化、号码全国统一赋予、开票额度智能授予、信息通过税务数字账户等方式在征纳主体之间自动流转的新型发票。数电发票与纸质发票具有同等法律效力。

数电发票为单一联次,以数字化形态存在,类别包括:电子发票(普用发票)、电子发票(增值税专用发票)、电子发票(航空运输电子客票行程单)、电子发票(铁路电子客票)、电子发票(机动车销售统一发票)等。数电发票可以根据特定业务标签生成建筑服务、成品油、货物运输服务等特定业务发票。

①电子发票(普通发票)

一种为增值税普通电子发票(一般适用于小规模纳税人开具非用于抵扣税款的发票,或者一般纳税人发生应税销售行为的购买方为消费者个人,以及发生应税销售行为适用免税规定)(见图4—28)。

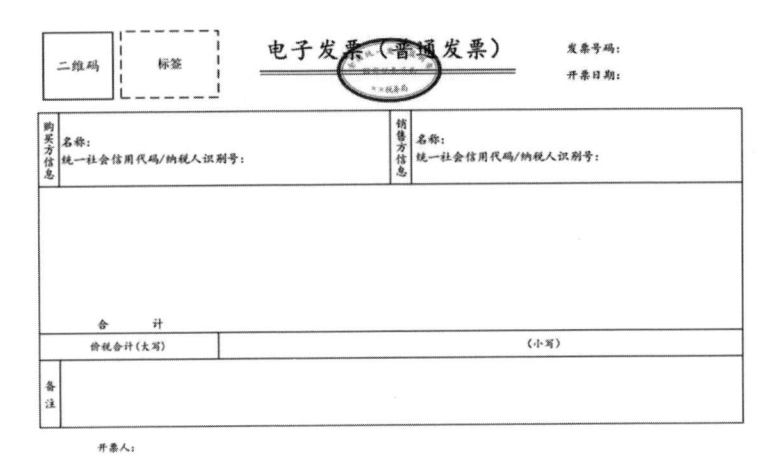

图 4—28 增值税普通电子发票

②电子发票（增值税专用发票）

增值税专用发票是我国实施新税制的产物，是国家税务部门根据增值税征收管理需要而设定的，专用于纳税人销售或者提供增值税应税项目的一种发票。专用发票既具有普通发票所具有的内涵，同时还具有比普通发票更特殊的作用。它不仅是记载商品销售额和增值税税额的财务收支凭证，而且是兼记销货方纳税义务和购货方进项税额的合法证明，是购货方据以抵扣税款的法定凭证，对增值税的计算起着关键性作用（见图 4—29）。

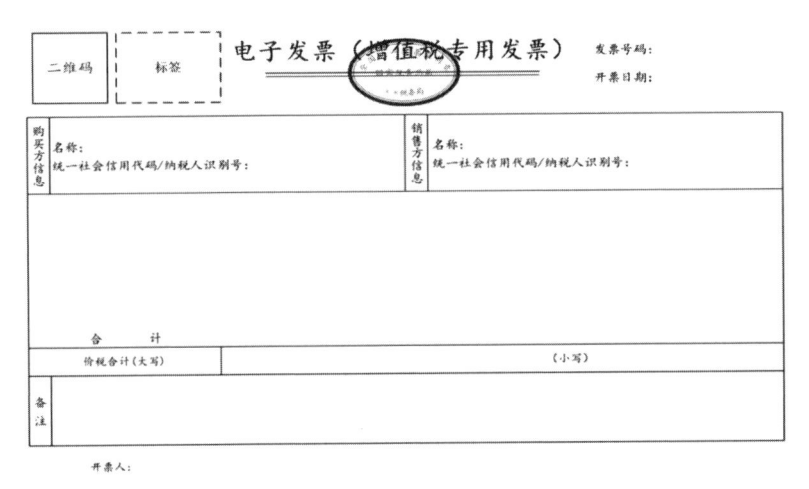

图 4—29 增值税专用电子发票

③电子发票(航空运输电子客票行程单)

《航空运输电子客票行程单》由国家税务总局监制并按照纳入税务机关发票管理,是旅客购买国内航空运输电子客票的付款及报销的凭证(见图4-30)。

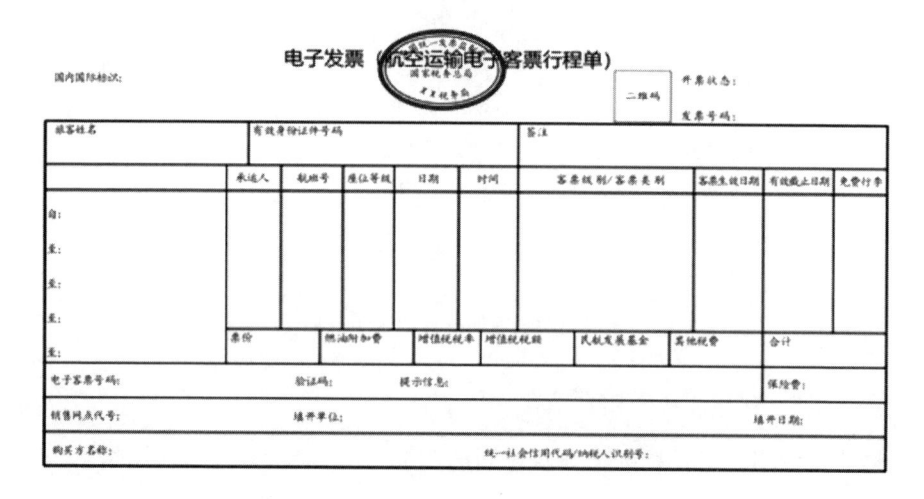

图4-30 航空运输电子客票行程单

④电子发票(铁路电子客票)(见图4-31)

图4-31 铁路电子客票

⑤电子发票(机动车销售统一发票)(见图4-32)

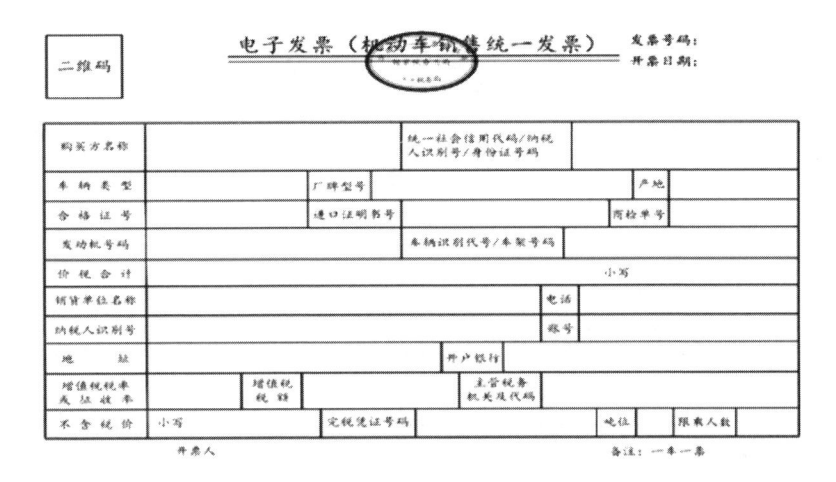

图4-32 机动车销售统一发票

⑥特定业务发票

特定业务发票是在数电发票的基础上,针对从事特定行业、经营特殊商品服务及特定应用场景业务的纳税人开具发票的个性化需求而设计的。这些发票在票面上会展示相应的特定内容,并在左上角展示该业务类型的字样,以便更好地规范发票票面内容,方便纳税人使用。

电子发票(建筑服务发票)(见图4-33)

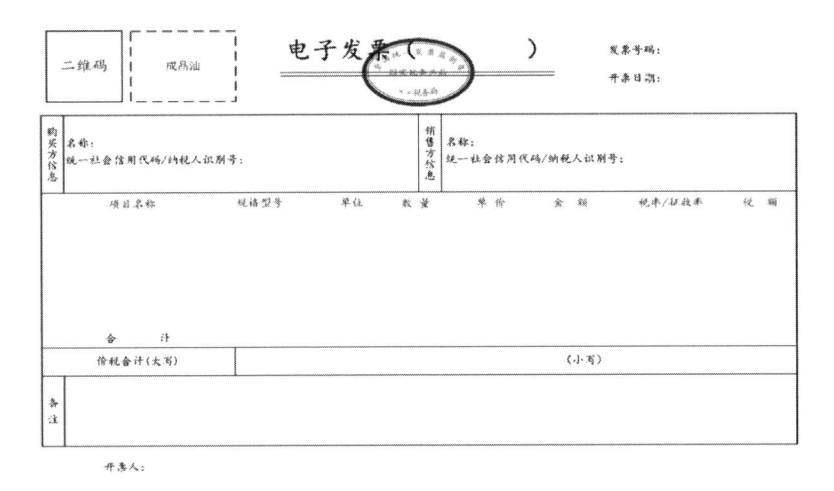

图4-33 建筑服务发票

电子发票(成品油发票)(见图4-34)

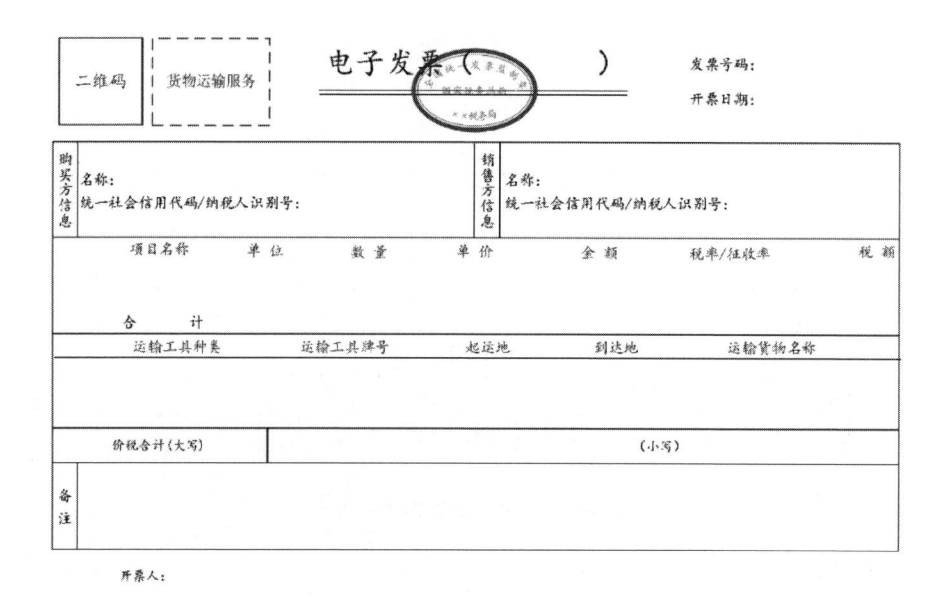

图4-34 成品油发票

电子发票(货物运输服务发票)(见图4-35)

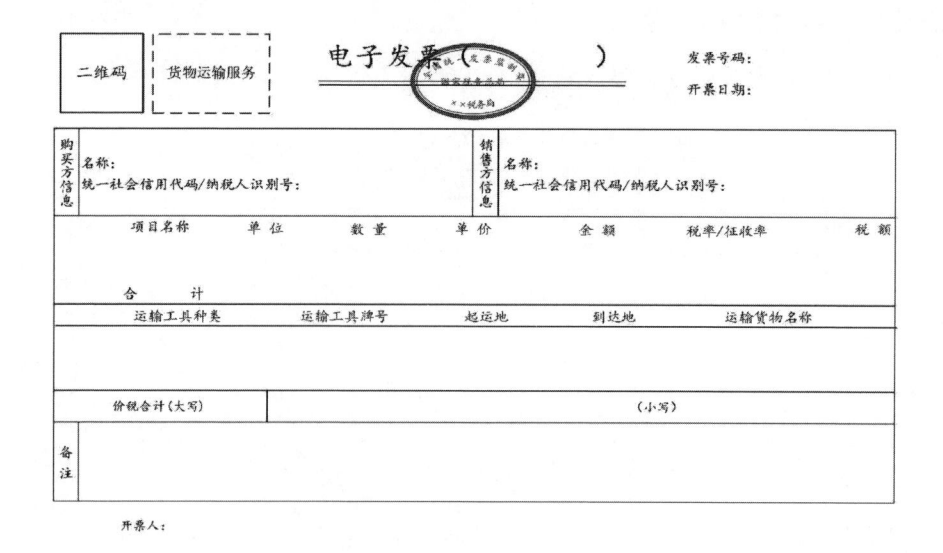

图4-35 货物运输服务发票

(3)企业发票的重要性

企业发票不仅是经济活动的见证者,更是企业合规运营的重要基石,随着智慧税务、金税四期、税警联合的上线,发票合规重要性也是不言而喻的,主要体现在以下几个方面。

①税务方面。发票是证明商家是否交过税的凭证,单位需要发票来做账,确保不违反税法规定,避免税务风险。

②资金方面。发票是企业资金实力的体现,也是企业资金管理的依据,确保资金使用的合理性和规范性。

③财务方面。发票是记录和证明企业已履行义务或有能力支付合同规定的价款、给付的书面证据,对于企业的财务管理至关重要。

4.3.2 财税风险指标

4.3.2.1 财税风险指标作用

财税风险监控体系是以企业财务报表、税负率、发票以及各种比对数据为基石,构建的全方位、多层次的风险识别和防控系统。通过这一系统,企业能够更加精确地把握自身在财务和税务方面的潜在风险。

通过税务开放数据与企业非公开数据两个维度进行融合,进行数据比对,可以形成一系列鲜明的风险指标,为企业的财税风险管理提供有力的支持。目前有效财税风险指标可以分为财务报表指标、税负率指标、发票指标和比对指标四个大类。

在运用这些风险指标时,需要注意的是,单个指标的风险指向相对单一。因此,在进行风险判断时,需要结合其他信息或指标进行共同验证。只有这样,才能更加准确地判断出企业是否存在涉税风险,为企业的财税管理提供更加有力的支持。

总之,财税风险是企业不可忽视的重要问题。通过建立完善的财税风险监控体系,企业可以更加有效地识别和管理财税风险,确保企业的稳健运营和持续发展。

4.3.2.2 财务报表指标

财务报表指标是指利用会计三大报表之间、会计账户之间存在一定的逻辑关系设置的指标,它可以反映企业的经营成果是否合理,企业财务状况是否属实,并且也是可以用税务开放数据与企业非公开数据,同时进行计算,相互印证数据准确性的通用类型指标。

例4—1:

【指标名称】

其他应付款期末余额占营业收入比例过高

【指标公式】

其他应付款期末余额/营业收入＞行业均值,且其他应付款期末余额500万元,且短期借款＋长期借款＞500万元

【指标描述】

针对企业税务开放性数据和企业非公开数据中纳税人信息、财务申报表信息、主营业务收入、其他应收款期末余额、短期借款、长期借款等数据,经过财务指标公式判断,指标值超过行业均值且期末余额较大的情况下,企业可能存在其他应收款不实及隐匿销售收入的风险。

例4—2:

【指标名称】

营业期间费用率－所得税年报

【指标公式】

营业期间费用率－所得税年报＝期间费用/营业收入

【指标描述】

针对企业税务开放性数据和企业非公开数据中营业收入、管理费用、财务费用和营业费用等数据,经过财务指标公式判断,指标值超过行业均值,并且涉及金额较大的情况下,企业可能存在隐匿销售收入或费用不实的风险。

4.3.2.3 申报数据相关指标

申报数据指标是税务部门现有的一套完整的评估指标,根据企业申报表上反映的情况,对税收负担率、成本费用率等和其他不合理的情况等问题在税务征管系统自动出现预警一类指标。

例4—3:

【指标名称】

增值税实际税负—内销偏低

【指标公式】

增值税实际税负—内销=应纳增值税税额——般/适用税率货物及劳务销售额——般<行业均值

【指标描述】

针对企业税务公开数据中纳税人信息、增值税申报表数据,经过税负指标公式判断,指标值超过行业均值的情况下,企业可能存在不计或少计应税收入、虚抵进项或应作进项转出而未转出风险。

例4—4:

【指标名称】

增值税不动产租赁税目申报金额与房产税比对异常指标

【指标公式】

"不动产租赁"增值税计税依据—从租计征房产税计税依据>5 000元

【指标描述】

针对企业税务公开数据中纳税人信息、房产税申报表、发票数据,经过税负指标公式判断,指标值超过预警值的情况下,说明企业不动产租赁增值税计税依据与同期从租计征房产税计税依据比对,差异较大则存在少缴房产税风险。

4.3.2.4 发票指标

发票指标是税务部门现有的一套完整的评估指标,通过对企业发票的开具、接收、管理等情况进行监控,发现潜在的财务风险和税务风险。

例4—5:

【指标名称】

接受小规模自、代开专用发票金额占销售收入比例过大

【指标公式】

(1)累计接收代开的专用发票金额/销售收入金额＞80％

(2)年接收代开的专用发票金额超80万元,或季接收代开的专用发票金额超10万元

【指标描述】

针对企业税务公开数据中纳税人信息、发票数据,经过发票指标公式判断,代开金额发票占比销售收入超过80％且金额过大,企业可能存在多计、虚列、违规列支成本费用风险。

例4—6:

【指标名称】

代开发票金额大于申报营业收入

【指标公式】

代开发票不含税金额－所得税年报营业收入＞1万元

【指标描述】

针对企业税务公开数据中纳税人信息、发票数据,经过发票指标公式判断,代开发票不含税金额超过销售收入金额过大,企业可能存在少申报收入,少缴税款的风险。

4.3.2.5 票表比对指标

票表比对指标是指利用比对分析法形成的财务指标、税务指标等,这种指标不仅是企业和组织的管理中评估经济效益的重要工具,也是进行企业体检的一种重要手段,如销售额与纳税额的不匹配等。

通过税种申报数据、发票数据等逻辑关系,进行项类解析,同时匹配账载数据科目对应金额,从而自检申报与发票的一致性。

例4-7:

【指标名称】

运费与增值税销售比率变动率偏高

【指标公式】

运费与增值税销售比率=运费金额合计/增值税销售合计,变动率>2

【指标描述】

针对企业税务公开数据中纳税人信息、增值税申报表、运费发票数据,经过税负指标公式判断,指标值超过预警值的情况下,存在不计或少计收入风险、接受违规开具运费抵扣增值税税款风险、所得税前虚列成本费用风险。

4.3.3 指标数据关联

4.3.3.1 财务指标与税务指标概念

财务指标是指企业总结和评价财务状况和经营成果的相对指标。税务指标是用于衡量和评价企业税务状况和成效的关键指标。它是税务管理和决策的基础,帮助税务部门了解企业税收收入情况、企业的纳税行为以及税收政策实施效果等。两者都是管理企业,识别企业风险,进行企业风险体检的重要工具。对于指标结构来说,关键在于它的数据源有哪些,财务指标与税务指标的数据源都来自企业申报表,它可以是税务开放性数据和企业非公开数据,但这些数据都是企业在经营过程中,通过原始凭证积累而来,可以说指标数据源属于同根同源。所以需要财务指标也能作为税务指标来使用,是研判企业税收情况的重要工具。

4.3.3.2 多个指标共同验证、群组指标指向

指标群是一个综合性的概念,它涉及多个具体的数据指标,这些指标通常是为了共同衡量某个特定系统、项目或业务领域的表现而设定的。这些指标可以是定量的,也可以是定性的,但都应当具有明确性和可衡量性。

指标群中的各个指标并不是孤立的,而是相互关联、相互影响的。它们共同构成了一个完整的评价体系,用以全面反映目标系统的状态、进程和成效。

指标群的设计和应用总是围绕着特定的目标进行的。这些目标可能是企业战略、项目管理、过程控制等方面的目标。通过指标群,管理者可以实时监控和评估目标系统的状态,从而采取相应的措施来确保目标的实现。

在实际工作过程中,指标群是一种非常重要的管理和决策工具。通过监控和分析指标群的数据,管理者可以了解系统的运行状态,发现潜在的问题和风险,并采取相应的措施进行改进和优化。同时,指标群还可以用于指导未来的战略规划和发展方向。

总之,指标群是一系列相互关联、用于衡量特定目标或系统的数据指标。它在各个领域都有广泛的应用,是管理和决策的重要依据。同样这个方法也能运用在财税体检上,以下是举例说明。

【指标名称】

连续三年亏损,营业收入3年增幅大于10%,营业成本3年增幅大于20%

【指标公式】

连续三年纳税调整后所得<0,营业收入3年增幅大于10%,营业成本3年增幅大于20%

【指标描述】

针对企业税务公开数据中纳税人信息、财务申报表，经过税负指标公式判断，指标值超过预警值的情况下，存在多转成本、多列费用或少计收入的风险。

4.4 企业财税风险体检方法

企业财税风险体检以现行的税收法律、法规和财务制度为依据，利用计算机将企业的财务数据、申报数据、发票数据作为基础，将分析经验、风险模型与软件的税务健康算法相结合，辅助企业对公司的财务数据、纳税申报数据、发票数据进行多场景、多维度、全方位的风险管控，是企业进行全面财税风险体检的一种检查方法。

4.4.1 财税风险数据

⊙ 4.4.1.1 财税风险数据

企业财税风险数据涵盖企业财务数据、企业发票数据和企业申报数据。

企业财税数据基本已经脱离了纸质记账普遍采用了电子化记账方式，在技术推动下云财务的应用也在逐渐普及。但是目前市面上的财务软件开发商众多，产品也是五花八门，数据结构也没有统一的行业标准。许多大型集团企业的财务软件并不统一，要想利用好信息化手段对企事业单位的财务数据进行风险分析，首要解决的就是统一数据结构，只有统一了各种财务软件的数据结构才能快速完成对目标企业单位财务数据的财税风险检查工作。

企业发票数据在金税工程的不断升级过程中，从增值税发票综合服务平台到电子发票服务平台,至现在融合到电子税务局,发票的种类、样式、查询方式都经过了一系列调整。现从电子税务局下载表格数据可作为标准格式,为企业涉税检查提供数据支撑。

企业申报数据以各地电子税务局下载企业申报数据,可作为标准格式,为企业涉税检查提供数据支撑。

4.4.1.2 财税数据获取方式

财务数据获取是通过采集电子账套,获取财务数据进行标准化数据采集的方式。通过数据采集软件可以将财务软件中包含的财务数据、存货数据、固定资产数据、工资数据等采集转换为统一标准格式的数据,从而为后续检查工作提供统一标准的财务数据。

发票数据和申报数据获取是利用电子税务局下载发票数据和抵扣数据采集,并进行数据清洗转换等。

4.4.2 财税风险检测

4.4.2.1 财税风险检测目的

财税风险检测是一套以风险"定义、识别、分析、评价"闭环管控为目标,通过建立风险防控清单、梳理内外部风险检测规则,实现风险"快速识别、分级预警、科学应对、可防可控"的管理目标,一套严谨的科学风险检测体系。针对企业日常涉税风险管理中的风险检测及风险结果的应对建立指标体系,意在就涉税方面存在的"四个不清楚"的问题解决,如图4-36所示。

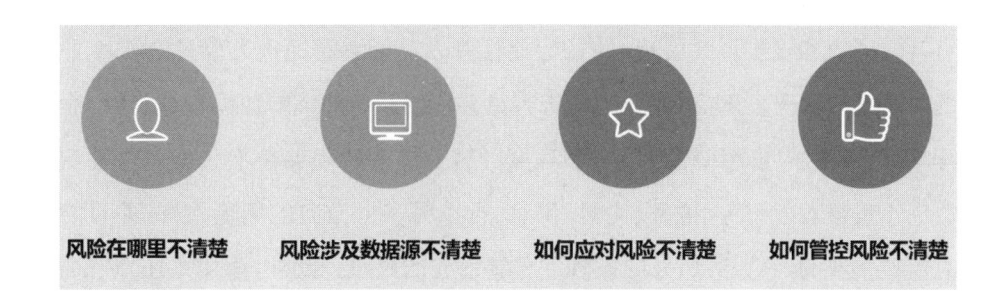

图 4—36 企业财税风险痛点

为进一步提升数据应用的能力，提高风险应对的质效，引导企业财税人员更轻松、更直接、更高效地防控涉税风险。

4.4.2.2 财税风险检测方式

财税风险检测实现方式为在计算机内预设一套有效的风险检测指标，设置方式可以是针对某个税种风险方向，也可以是针对某个行业风险方向，甚至可是某个涉税问题风险方向。旨在预防和减少企业在财务和税务方面的潜在风险。这一体系以高度信息化的计算机技术为基础，结合财务、税务、比对、税负、行业等多方面的专业知识，预设了一系列的财税风险指标。检查人员只需选择相对应的方向范围，建立风险检测任务，根据企业导入的风险数据，进行全面扫描即可。

4.4.2.3 财税风险检测扫描

财税风险检测扫描是指在计算机内预设财税风险指标，在财税风险检测体系中，这些指标如同智能的"守卫者"，时刻监控着企业的财务和税务活动。当企业的经营活动与这些预设的指标相接近或触发预定的"预警值"时，系统会自动判断为存在潜在风险。这一过程无需人工干预，大大提高了风险检测的效率和准确性。

一旦触发预警值,系统会立即将异常的风险数据呈现在计算机屏幕上。这些数据以直观的图表和报告形式展现,使得专业检查人员能够迅速而准确地理解企业当前的财税风险状况。随后,专业的检查人员会依据系统的风险数据报告,结合企业实际情况,进一步判定风险的性质和程度。这一体系的优点在于其全面性和实时性。它不仅覆盖了财务、税务、比对、税负、行业等多个方向的风险指标,而且能够实时监控企业的经营活动,及时发现并预警潜在的风险。此外,该体系还具有高度的灵活性和可定制性,可以根据不同行业、不同规模、不同经营模式的企业需求进行定制,使其更加贴合企业的实际需求。

总的来说,财税风险检测体系是现代企业税务管理的重要工具,它不仅提高了税务管理的效率和准确性,还为企业提供了全面的风险防范措施,帮助企业更好地规避潜在风险,保障企业的稳健运营。以下是指标扫描范围几种设定。

(1)一键扫描

全方位对企业涉税风险进行扫描,触发预警值显示指标异常,将风险数据显示在计算机中,并可以穿透查看原始数据,此时可初步验证企业是否存在涉税风险。

(2)注销清税扫描

注销清税扫描是指即将注销企业进行注销清税风险扫描,查看扫描结果,触发预警值的显示指标异常,将注销清税风险数据显示在计算机中,并可以穿透查看原始数据,此时可初步验证企业是否存在涉税风险。

(3)自定义扫描

自定义扫描是指对企业进行定向涉税风险扫描,例如,定向扫描发票风险、定向扫描行业风险、定向扫描注销、高新技术等事项风险,查看扫描结果,触发预警值显示指标异常,将定向扫描风险数据显示在计算机中,并可以穿透查看原始数据,此时可初步验证企业是否存在涉税风险(见图4—37)。

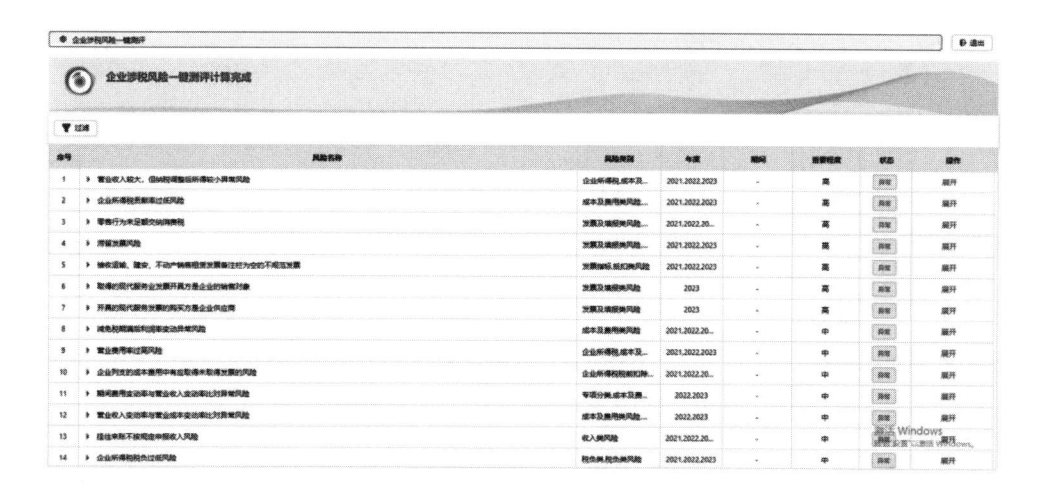

图 4—37　财税风险体检扫描

资料来源:税问风险管控系统 T9。

4.4.2.4　财税风险检测报告

财税风险检测报告是指通过财税风险检测体系经过指标全面扫描后,由异常指标组成的风险报告,以下是财税风险检测报告主要内容。

(1)企业基本信息

主要显示内容为:公司名称、会计制度、行业、所属地区等。

(2)企业经营指标

企业经营指标主要显示内容为:经营情况、税费情况、账表比对、发票流向、商品品名、品目统计等。具体如图 4—38~图 4—40 所示。

第 4 章　企业财税风险体检　235

以下数据来源于企业申报的资产负债表和利润表

序号	分析项	2021年金额	2022年金额	2023年金额	2024年金额
1	营业收入	7 822 742.39	19 612 786.63	45 973 557.72	5 222 634.43
2	营业成本	5 057 601.62	6 078 074.04	16 568 614.25	2 302 276.99
3	期间费用	2 592 156.18	17 024 178.59	28 698 819.24	5 651 006.41
4	利润总额	140 388.22	-3 564 797.00	491 967.80	-2 745 166.81
5	货币资金	22 506.83	56 262.81	93 216.71	1 554 045.03
6	存货	0.00	2 052 929.07	0.00	0.00
7	应收账款	1 065 098.42	3 221 174.12	15 927 961.47	17 599 278.02
8	固定资产	0.00	0.00	22 380.53	21 245.57

图 4—38 经营情况统计

资料来源:税问风险管控系统 T9。

2021 年度比对分析

项目	年度账面累计金额	年度所得税申报金额	账面与申报差异	年度财务报表金额
营业收入	7 822 742.39	7 822 742.39	0.00	7 822 742.39
营业成本	5 057 601.62	5 057 601.62	0.00	5 057 601.62
税金及附加	21 197.87	21 197.87	0.00	21 197.87
销售费用	1 056 158.52	1 056 158.52	0.00	1 056 158.52
管理费用	1 531 834.18	1 531 834.18	0.00	1 531 834.18
财务费用	4 163.48	4 163.48	0.00	4 163.48
营业外收入	0.00	0.00	0.00	0.00
营业外支出	11 398.50	11 398.50	0.00	11 398.50
利润总额	140 388.22	140 388.22	0.00	140 388.22

图 4—39 账表比对统计

资料来源:税问风险管控系统 T9。

2024 年度进项发票前 20 名商品统计

商品名称	份数	份数占比	金额	金额占比
*信息技术服务*软件服务费	42.00	5.44%	7 146 723.41	37.99%
*照明装置*吸顶灯	351.00	45.46%	2 884 685.00	15.33%
*照明装置*吊灯	236.00	30.56%	2 709 710.00	14.40%
*信息技术服务*信息技术服务费	18.00	2.33%	1 200 646.95	6.38%
*人力资源服务*服务外包代收代付	12.00	1.55%	1 023 317.86	5.44%
*人力资源服务*劳务派遣代收代付	12.00	1.55%	620 875.93	3.30%
*广告服务*广告发布费	13.00	1.68%	569 828.81	3.02%
*建筑服务*安装费	5.00	0.64%	478 396.05	2.54%
*设计服务*设计费	6.00	0.77%	368 500.00	1.95%
*信息技术服务*技术服务费	3.00	0.38%	325 785.66	1.73%
*信息技术服务*违约金	6.00	0.77%	260 640.86	1.38%
*现代服务*咨询服务费	3.00	0.38%	185 300.00	0.98%
*现代服务*运营支持服务费	6.00	0.77%	158 414.98	0.84%
*照明装置*融蜡台灯	28.00	3.62%	157 322.00	0.83%
*物流辅助服务*快递费	3.00	0.38%	136 985.00	0.72%

图 4-40　发票商品统计

资料来源:税问风险管控系统 T9。

(3)企业风险概览

主要显示内容是依据企业各类数据,通过财税风险检测分析模型进行综合检测分析的统计结果,以 9 个风险分类显示,分别为资金及往来类风险、货物类风险、收入类风险、成本及费用类风险、税负类风险、抵扣类风险、发票及填报类风险、账户类风险、分录类风险。

异常指标风险明细则以单个异常指标来进行详细解读,首先显示异常年度及指标异常值,其次显示指标风险详情、风险指引,最后以图文并茂的方式显示异常指标数据(见图4—41)。

◆ 预收账款占营业收入比重过高风险

2022年存在风险,【预收账款与销售收入比对】为32.14%

风险详情:当预收账款余额占本期营业收入比重超过20%,可能存在未及时确认销售收入风险。

风险指引:当预收账款余额占本期营业收入比重超过20%,核实预收账款中有无应确认而未确认销售收入相关业务;

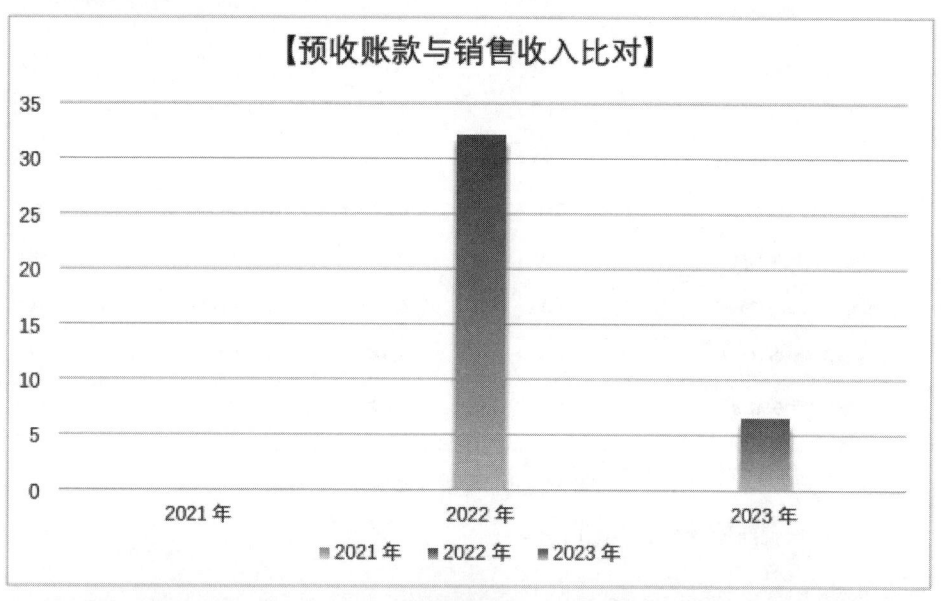

【预收账款与销售收入比对】

年度	预收账款余额	分析期全部销售收入	预收账款与销售收入比对
2021年	0.00	7,822,742.39	0.00%
2022年	6,303,452.70	19,612,786.63	32.14%
2023年	2,990,117.38	45,973,557.72	6.50%

图4—41 异常指标明细

资料来源:税问风险管控系统T9。

4.4.3 财税风险应对

财税风险应对是在财税风险检测体系当中解决风险的重要模块,通常把企业财税风险分为外部财税风险和内部扫描得到财税风险。

⊙ 4.4.3.1 风险引入和匹配

外部财税风险通常是指强监管下税务部门发出的风险提醒函,通常这些都是书面格式,企业也需要出具相应的风险提醒函应对报告。传统的应对方式没有固定格式、固定流程,也没有固定的应对方式,都是根据风险提醒函翻阅资料,了解风险后进行编写,提交给税务部门,经税务部门审核后,完成外部财税风险应对。在这个过程中应对函,需要按税务部门要求反复修改,直至税务部门通过,整个应对时间周期长,企业工作量也大大增加。

风险引入功能,在财税管理中起着至关重要的作用。随着财税管理的日益复杂化,面对海量数据和信息,税务部门需要及时、准确地发现和应对潜在的风险。而风险引入功能正是为了解决这一问题而诞生的。

首先,风险引入功能将税务部门发出的风险提醒函引入计算机系统中。这一过程不仅提高了信息处理的效率,还确保了数据的准确性和及时性。计算机系统通过自动化处理,快速地接收、存储和整理这些风险提醒函,为后续的风险分析提供了基础数据。

接下来,计算机系统开始对接收到的风险提醒函进行识别。这一识别过程基于先进的算法,能够准确地识别出财税风险,匹配出相应的风险模型。通过对风险提醒函的内容、性质、严重程度等方面进行分析,系统能够快速地判断出存在的风险种类和级别。

根据识别出的风险种类,风险引入功能会匹配相应的风险应对模板。这些模板是根据历史经验和专业知识制定的,针对不同类型的风险提供了相应的应对策略和方法。通过选择合适的模板,计算机系统能够为风险应对工作提供有力的支持,减少人工操作的工作量。

此外,风险引入和匹配功能还能够为风险应对后续工作提供帮助。通过将风险信息与企业的财务、税务等数据相结合,系统能够提供更全面的风险分析报告,帮助决策者更好地了解风险的性质和影响。同时,系统还能够根据企业的实际情况,提供个性化的风险应对建议和方案,为企业提供更好的风险管理和防控服务。

风险引入和匹配功能在财税管理中发挥着重要的作用。它通过自动化、智能化的方式,提高了财税管理的效率和准确性。同时,它还能够为企业提供更好的风险管理和防控服务,帮助企业更好地应对潜在的风险和挑战(见图 4—42)。

图 4—42　风险引入和匹配

资料来源:税问风险管控系统 T9。

4.4.3.2 智能应对

智能应对是一种全面的风险管理方法,它涉及对风险进行全面的剖析和深入的数据溯源,以便准确找出风险出现的原因并制定有效的应对策略。以下是智能应对的详细步骤。

(1)分析原因

根据数据溯源的结果,分析风险出现的原因,包括内部因素和外部因素。

(2)应对说明

根据风险的各个方向原因,编写相应的应对说明,说明风险由什么原因引起、是否存在涉税问题,还是由内控制度不完善引起等其他原因。

(3)制定策略

根据风险的各个方向原因,制定相应的应对策略,包括预防措施、减轻影响措施、应急响应措施等。

通过智能应对的方法,企业可以更好地理解和管理风险,从而制定出更加有效的风险管理策略。这不仅有助于企业避免潜在的风险和损失,还可以提高企业的竞争力和持续发展能力。

财税风险智能应对共包括389个分析主题。每个分析主题包括分析项、分析模型、涉及数据项、风险提示、应对指引、结果分析等部分。以下是智能应对的详细内容。

(1)分析项

分析指标组成各个环节,这389个分析主题囊括了企业财税管理的方方面面,从基础的财务报表分析到复杂的内部控制与合规性审查等。每个主题都针对企业可能面临的特定风险进行深入剖析;

(2)分析模型

针对这些分析项,我们建立了相应的分析模型,如财务风险分析模型、税法风险分析模型等,通过定量与定性相结合的方式,对企业财税风险进行全面分析;

(3)涉及数据项、申报表单

为了更准确地分析财税风险,我们整合了多个数据项。这些数据项包括企业的财务报表数据、税务申报数据、发票数据等。通过数据分析技术,我们可以更快速地获取数据,更准确地识别风险;

(4)应对指引

针对每个风险,我们都提供了详细的应对指引。这些指引包括风险缓解措施、应对策略、实施步骤等,旨在帮助企业快速响应风险,优化财税人员工作效率;

(5)结果分析

在实施应对操作后,我们会对结果进行分析。这包括对风险的消除程度、应对措施的有效性以及可能带来的其他影响等进行分析。通过持续的结果分析,我们可以不断优化应对策略,提高企业应对财税风险的能力(见图4—43)。

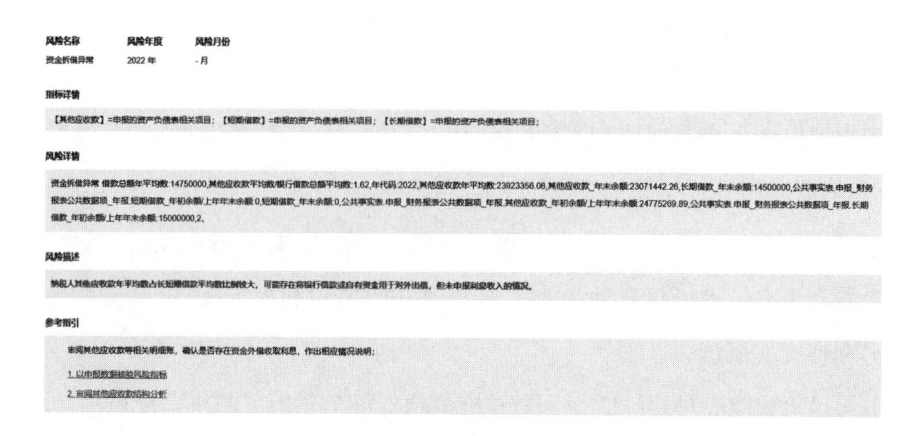

图 4—43 风险应对

资料来源:税问风险管控系统 T9。

4.4.3.3 风险应对报告

涉税风险应对结果的文档记录是企业管理和合规的重要一环。这些风险问题合理文档需由企业团队共同编制并仔细审阅,再交由相关部门进行全面审查。每一个细节和证据都应该详细记载,用以描述涉税风险的特性,展现应对的合理性。该文档需要遵循的规则与指导性原则需基于我国相关的税法与会计标准,同时也需要企业自身的策略目标以及现实情境综合考虑。

而企业风险应对分析结果则可以通过计算机系统进行高效处理。在计算机系统中,通过智能应对环节中分析的结果,可以自动生成风险应对报告。这些报告能够快速、准确地反映出企业所面临的风险及其应对措施,大大提高了工作效率。同时,计算机系统还能根据相关部门的要求进行报告的修改和调整,确保最终形成的文档既符合规范又具有实用性。这种基于计算机系统的操作也更加易于存储和备份，方便了后续的查阅和审计工作。

总的来说，涉税风险应对结果的文档化以及企业风险应对分析结果的计算机系统生成，都是现代企业管理的重要手段。它们不仅提高了工作效率，还增强了企业风险管理的准确性和有效性。同时，这也为企业提供了更加科学、规范的决策依据，助力企业在复杂的税务环境中稳健前行。

4.4.4 企业账务检查

4.4.4.1 企业账务检查原理

企业账务检查是专门针对企业财务利用财务软件生成企业账务数据进行专项检查。通过查看财务总账、明细账、记账凭证中呈现出企业账务数据，利用检查模型，分析工具对企业账务进行全面检查。利用检查模型分析可以实现自动、智能、高效、直观的数据检测及对数据进行核对、分析、研判，从而为确定账务检查重点项目，提供直观、量化的涉税风险数据。

4.4.4.2 企业账务检查模型分析

目前有效企业账务检查模型可以分为指标模型分析和自主阅账分析。

（1）指标模型分析

它是在企业账务检查中设置若干涉税指标，形成指标分析模型，将取得的企业财税数据，截取到对应涉税指标中，按照模型中的有关公式分析计算，根据指标之间的数据变动情况，分析有关经济事项的变动规律和经济事项之间的内在联系，判断被查企业的生产经营和财务核算情况是否正常，从而发现有关检查涉税疑点的一种分析检查方法。对企业的投入、产出、收益、税收等各方面的数据进行关联性分析，再以图表形式反映分析结果，具有直观、指导的效果，初步锁定涉税疑点，帮助企业进一步分析涉税疑点的合理性。

（2）自主阅账分析

它是对企业账务数据进行浏览、审阅。以审计视角，结合税务风险点，对做账数据进行全方位、多角度浏览。按照各种业务之间的关联关系，结合审计检查经验，再根据企业特殊情况，自行对账内数据进行穿透、分析、建模，使得检查针对性更强。

具体如图4－44和图4－45所示。

图4－44　账务检查—模型检测

资料来源：税问风险管控系统T9。

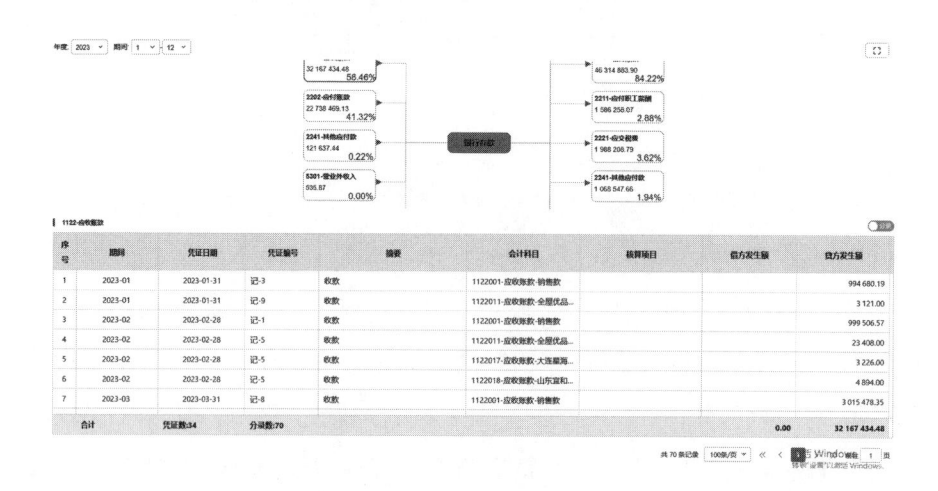

图4－45　账务检查—自主阅账

资料来源：税问风险管控系统T9。

4.5 企业财税风险体检案例

4.5.1 案例特征

S市××网络科技有限公司,成立于2019年。主要在各电商平台销售家居生活用品,年销售额5亿元。

该企业自成立之日起,业务规模快速发展,但内部各项管理制度未及时跟进完善,存在诸多不规范现象。

自2021年起,企业多次收到税务预警信息。包括多次发票异常预警、申报异常预警、税务行为预警等。企业为此向税务机关提供了大量相关材料进行说明,并对相关发票和申报表进行了进项转出、纳税调整、更正申报处理。

最终企业依据税务处理结果,补缴了大量税款、滞纳金和罚款。企业纳税信用等级长期处于C级。

这些情况已经开始影响企业日常经营,并产生了大量不必要的成本费用。

针对企业现状,高层管理者高度重视。引入财税风险体检工具扫描并分析了企业在2021~2024上半年的全量发票、各税种申报表和财务做账数据。

企业希望能通过财税风险体检,来排查企业相关的涉税风险异常项,并逐个分析应对,制定实施方案,重新梳理近几年财务账,最终完成财务管理规范。

4.5.2 体检过程

企业使用税问风险管控系统 T9,根据 2021~2024 年度的涉税数据检测,S 市××网络科技有限公司共计产生 8 个大类、48 个可能存在涉税问题记录(见图 4-46)。

◆ **风险说明**

扫描维度	扫描说明	命中数量
资金及往来类风险	其中重点指标主要是应收账款、应付账款及预收账款和预付账款,一般指标主要是其他应收款和其他应付款	3
收入类风险	主要是通过收入波动、收入与开票对比、各类弹性系数等关系进行模型定义	12
成本及费用类风险	主要是通过理论成本的构成、成本与收入关系、毛利率与税收关系等关系进行模型定义	7
税负类风险	主要是通过理论税款额、税负实现值、各类贡献率等关系进行模型定义	3
抵扣类风险	主要是通过增值税各类进项税额抵扣、进项税额控制额、农产品抵扣及海关专用缴款书抵扣等关系进行模型定义	6
发票及填报类风险	主要是通过发票的用量变化、增值税日常申报异常情况、简易征收、免税销售等等关系进行模型定义	11
账户类风险	主要是通过企业设置的各类账户科目的自身特性、税收监管对相关科目的重点检查方向及账户异常引发的预警等关系进行模型定义	2
分录类风险	主要是通过企业日常会计凭证的底层数据进行全方位的筛选检测,依据税务监管日常重点检查内容,将之形成自检模型	4
合计		48

图 4-46 风险体检扫描概览

资料来源:税问风险管控系统 T9。

企业根据系统扫描出的风险情况,进行查看分析,发现以下指标,可能真实存在涉税风险(见图4-47)。

风险详情

接收运输、建安、不动产销售租赁发票备注栏为空的不规范发票

年度	【接受运输、建安、不动产销售\租赁的发票备注为空的发票份数】	状态
2021年	7	异常
2022年	14	异常
2023年	8	异常

依据财税(2016)第36号文件规定,纳税人取得的增值税扣税凭证不符合法律、行政法规或者国家税务总局有关规定的,其进项税额不得从销项税额中抵扣;经检测企业可能接受了上述没有填写备注信息的货物运输服务、建筑服务、销售不动产、租赁不动产发票;

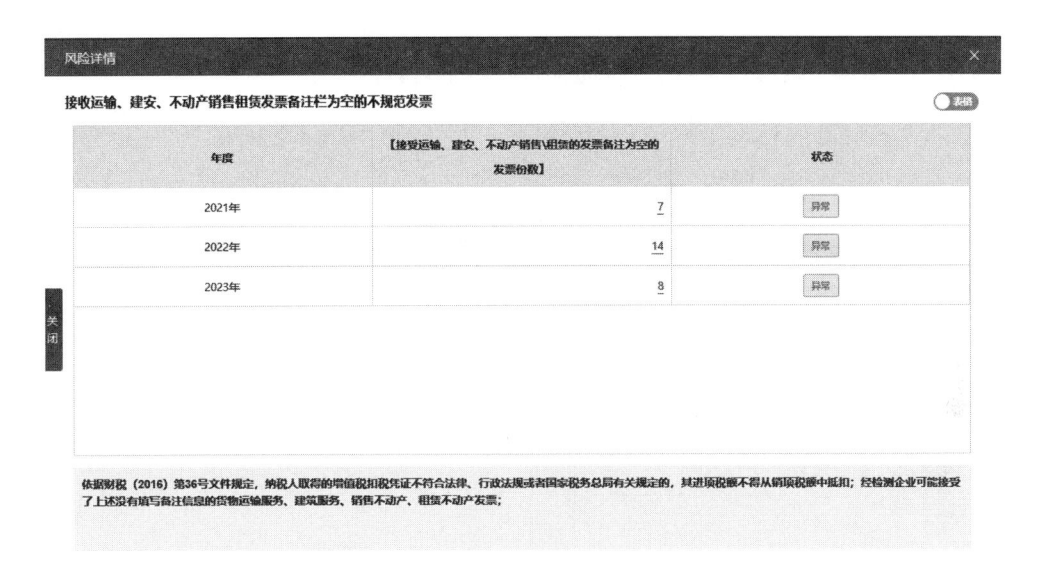

图4-47 风险详情1

资料来源:税问风险管控系统T9。

4.5.2.1 接收运输、建安、不动产销售租赁发票备注栏为空的不规范发票

依据财税(2016)第36号文件规定,纳税人取得的增值税扣税凭证不符合法律、行政法规或者国家税务总局有关规定的,其进项税额不得从销项税额中抵扣。

企业可能接受了上述没有填写备注信息的货物运输服务、建筑服务、销售不动产、租赁不动产发票。

2021~2023年度共发生29份疑似不合规发票。共计金额140余万元,累计税额4万元。

第4章 企业财税风险体检 247

4.5.2.2 营业费用率过高风险

当【营业费用率】大于20%,可能存在隐匿销售收入或费用不实。

企业2021年度营业费用率为13.5%,2022年度暴涨至72.6%,2023年度为50.44。具体如图4—48所示。

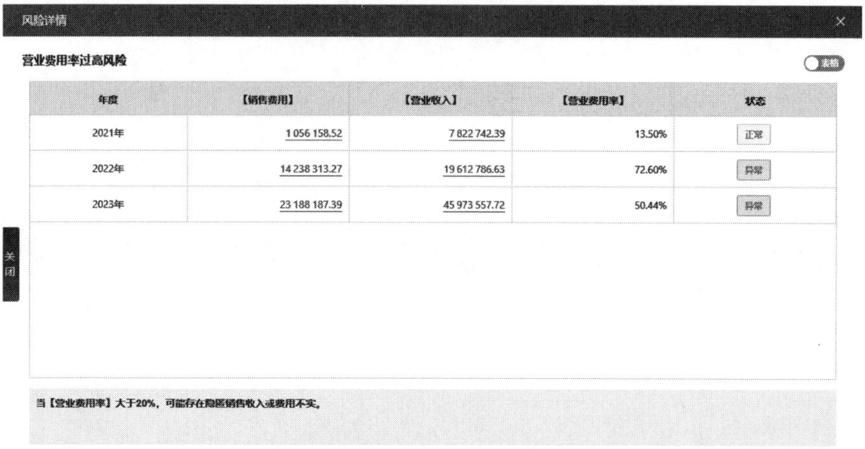

年度	【销售费用】	【营业收入】	【营业费用率】	状态
2021年	1 056 158.52	7 822 742.39	13.50%	正常
2022年	14 238 313.27	19 612 786.63	72.60%	异常
2023年	23 188 187.39	45 973 557.72	50.44%	异常

当【营业费用率】大于20%,可能存在隐匿销售收入或费用不实。

图4—48 风险详情2

资料来源:税问风险管控系统T9。

4.5.2.3 营业收入变动率与营业成本变动率比对异常风险

当营业收入变动率与营业成本变动率占比大于1.5,且两者变动率都为负时,可能存在企业少报或瞒报收入问题或多列成本问题;当营业收入变动率与营业成本变动率占比小于1,且两者变动率都为正时,可能存在企业少报或瞒报收入问题或多列成本问题;当营业收入变动率与营业成本变动率占比为负数,且营业收入变动率都为负时,营业成本变动率为正时,可能存在企业少报或瞒报收入问题或多列成本问题(见图4—49)。

风险详情 ×

营业收入变动率与营业成本变动率比对异常风险 表格

年度	【本年营业收入】	【上年营业收入】	【本年营业成本】	【上年营业成本】	【营业收入变动率】	【营业成本变动率】	【营业收入变动率与营业成本变动率比对】	状态
2022年	19 612 786.63	7 822 742.39	6 078 074.04	5 057 601.62	150.72%	20.18%	746.96%	异常
2023年	45 973 557.72	19 612 786.63	16 568 614.25	6 078 074.04	134.41%	172.60%	77.87%	正常

关闭

当营业收入变动率与营业成本变动率占比大于1.5，且两者变动率都为负时，可能存在企业少报或瞒报收入问题或多列成本问题；当营业收入变动率与营业成本变动率占比小于1，且两者变动率都为正时，可能存在企业少报或瞒报收入问题或多列成本问题；当营业收入变动率与营业成本变动率占比为负数，且营业收入变动率都为负时，营业成本变动率为正时，可能存在企业少报或瞒报收入问题或多列成本问题；

图 4—49 风险详情 3

资料来源:税问风险管控系统 T9。

企业 2022 年较上年,营业收入变动率为 150.72%,营业成本变动率为 20.18%。二者比对数据为 746.96%。表示企业的收入上涨幅度与成本上涨幅度不一致且相差过大。

4.5.2.4 开具红字增值税普通发票冲抵销项税额

当【红字增值税普通发票金额】大于 100 万元 且【红字增值税普通发票金额】较【全年开具的销售发票金额之和】之比大于 10%时,可能存在开具红字增值税发票冲抵销项税额的风险。

企业 2023 年,全年共开具发票金额 12 385 548.38 元,已红冲发票金额为 1 544 725.53 元,占全年发票比例为 12.47%。其中十二月份已红冲票占全部发票比例为 34.76%(见图 4—50)。

风险详情

开具红字增值税普通发票冲抵销项税额

月份	【红字增值税普通发票金额】	【全年开的销售发票金额之和】	【红冲票金额占总销售发票金额比】	状态
六月	0.00	606 896.60	0.00%	--
七月	4 184.10	538 889.15	0.78%	--
八月	2 584.33	2 444 147.56	0.11%	--
九月	2 180.25	441 814.56	0.49%	--
十月	149.23	1 119 009.53	0.01%	--
十一月	574.16	1 057 398.23	0.05%	--
十二月	1 391 128.92	4 002 194.51	34.76%	--
总计	1 544 725.53	12 385 548.38	12.47%	

当【红字增值税普通发票金额】大于100万元且【红字增值税普通发票金额】较【全年开的销售发票金额之和】之比大于10%时，可能存在开具红字增值税发票冲抵销项税额的风险；

图 4—50 风险详情 4

资料来源：税问风险管控系统 T9。

4.5.2.5 接收佣金、手续费等服务类发票金额占进项发票金额比重过高

当佣金、服务费等进项税发票金额占总进项发票金额比例大于 20%时，可能存在接收虚开的服务类发票、虚列成本费用的风险。

企业 2023 年度相关服务费发票占比为 62.18%；2024 年度相关服务费发票占比为 49.9%，如图 4—51 所示。

风险详情

接收佣金、手续费等服务类发票金额占进项发票金额比重过高

年度	【收到的佣金、手续费、代理、服务费等发票金额合计】	【全年收到的发票金额合计】	【收到的佣金等发票金额合计占全年收到的发票金额合计】	状态
2021年	1 425 996.06	7 896 375.79	18.06%	正常
2022年	1 708 843.70	12 243 956.03	13.96%	正常
2023年	30 581 816.13	49 182 820.75	62.18%	异常
2024年	9 497 415.87	19 031 952.77	49.90%	异常

当佣金、服务费等进项税发票金额占总进项发票金额比例大于20%时，可能存在接收虚开的服务类发票、虚列成本费用的风险；

图 4—51 风险详情 5

资料来源：税问风险管控系统 T9。

4.5.2.6 其他应付款余额过大且长期变化较小异常风险

【主营业务收入】>500万元,且【其他应付款占主营业务收入比例】>20%,且【其他应付款变动率】<20%企业所得税查账征收纳税人财务报表中其他应付款余额较大且变动较小,则有可能存在收入挂往来或有不需要支付的款项,进而影响纳税申报的真实性。

企业2024年度产生其他应付款年末余额4 392 875.59元,全年营业收入累计5 222 634.43元,如图4-52所示。

年度	【营业收入累计发生额】	【其他应付款期初余额】	【其他应付款期末余额】	【其他应付款变动率】	【其他应付款占营业收入比例】	状态
2021年	7 822 742.39	0.00	0.00	0.00%	0.00%	正常
2022年	19 612 786.63	0.00	0.00	0.00%	0.00%	正常
2023年	45 973 557.72	0.00	0.00	0.00%	0.00%	正常
2024年	5 222 634.43	0.00	4 392 975.59	0.00%	84.11%	异常

图4-52 风险详情6

资料来源:税问风险管控系统T9。

4.5.2.7 增值税税负变动率异常风险

增值税税负变动率绝对值大于30%时,可能存在账外经营、已实现纳税义务而未结转收入、取得进项税额不符合规定、享受税收优惠政策期间购进货物不取得可抵扣进项税额发票或虚开发票等风险。

企业 2022 年度增值税税负变动率为 135.08%；2023 年度为 -36.39%；2024 年度为 -49.46%，具体如图 4-53 所示。

年度	【应纳税额】	【应税销售收入】	【增值税本年税负】	【上年增值税应纳税额】	【上年应税销售收入】	【增值税上年税负】	【增值税税负变动率绝对值】	状态
2021年	207 076.63	7 822 742.39	2.65%	0.00	0.00	0.00%	0.00%	正常
2022年	1 220 459.96	19 612 786.63	6.22%	207 076.63	7 822 742.39	2.65%	135.08%	异常
2023年	1 819 752.30	45 973 557.72	3.96%	1 220 459.96	19 612 786.63	6.22%	36.39%	异常
2024年	314 531.07	15 721 925.36	2.00%	1 819 752.30	45 973 557.72	3.96%	49.46%	异常

增值税税负变动率绝对值大于30%时，可能存在帐外经营、已实现纳税义务而未结转收入、取得进项税额不符合规定、享受税收优惠政策期间购进货物不取得可抵扣进项税额发票或虚开发票等风险。

图 4-53　风险详情 7

资料来源：税问风险管控系统 T9。

4.5.3　解决问题

针对财务风险体检工具给出的风险提示，企业继续利用其中的应对模块，对关注的风险点进行确认和追溯。

4.5.3.1 接收运输、建安、不动产销售租赁发票备注栏为空的不规范发票

通过风险应对模块,企业追溯、锁定了相关发票,并查看了发票详情,如图4—54和图4—55所示。

风险名称		风险年度	风险月份
接收运输、建安、不动产销售租赁发票备注栏为空的不规范发票		2022 年	-月

指标详情

【接受四个行业的发票备注为空的发票份数】=商品编码前9位为301010202或商品编码前3位为305或商品编码前1位为5或商品编码前9位为30405020201 的发票,且发票备注栏未空的发票份数合计;且含本地、异地,含专票、普票;

风险描述

依据财税 (2016) 第36号文件规定,纳税人取得的增值税扣税凭证不符合法律、行政法规或者国家税务总局有关规定的,其进项税额不得从销项税额中抵扣;经检测企业可能接受了上述没有填写备注信息的货物运输服务、建筑服务、销售不动产、租赁不动产发票。

参考指引

审阅所取得的备注信息为空的运输、建安、不动产销售租赁发票,确认相应发票是否伪造、或接受虚开,并对相应发票作出情况说明;

1 以申报数据核验风险指标

图4—54 风险应对1

资料来源:税问风险管控系统 T9。

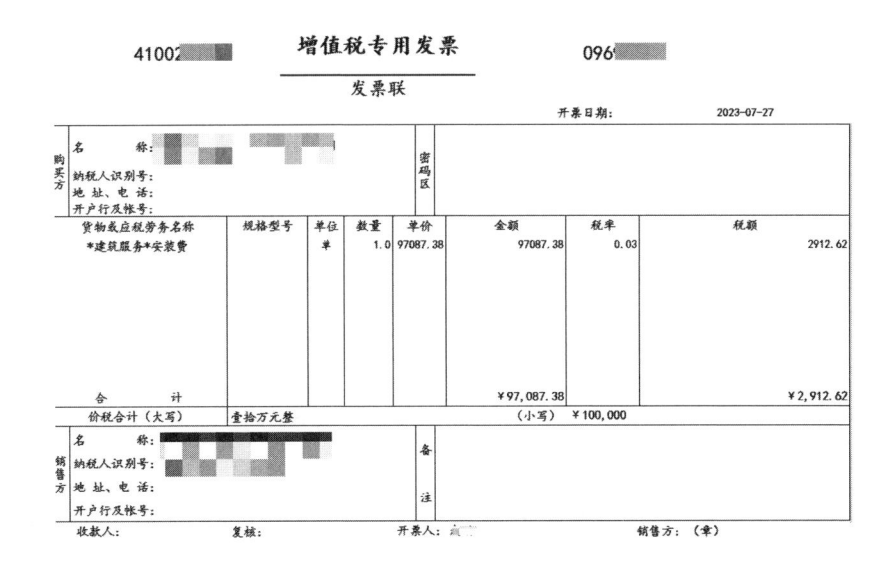

图4—55 风险发票详情

资料来源:税问风险管控系统 T9。

第4章 企业财税风险体检 253

企业发现所有系统标记出来的发票都来自同一家上游公司,主要涉及业务为对客户购买的家居商品进行售后安装、维修等。

在咨询了税务专业人员后,企业和该上游公司沟通,对涉及的部分发票进行红冲、重开处理,并提前对该涉税事项准备了情况说明,以应对税务问询。

4.5.3.2 营业费用率过高风险

营业费用率过高,如图 4—56 所示。

风险名称	风险年度	风险月份
营业费用率过高风险	2022 年	-月

指标详情
【销售费用】=中华人民共和国企业所得税年度纳税申报表（A类）A100000表第4行；【营业收入】=中华人民共和国企业所得税年度纳税申报表（A类）A100000表第1行；

风险描述
当【营业费用率】大于20%,可能存在隐匿销售收入或费用不实。

参考指引
1、审阅"应付账款"、"预收账款"和"其他应付账款"等明细账,是否存在隐匿收入；2、审阅营业费用是否有不实支出,并作出相应情况说明；
1. 以申报数据核验风险指标
2. 以账务数据核验风险指标
3. 审阅账面销售费用10大支出业务
4. 审阅账面主营业务收入科目各期信息
5. 审阅账面其他业务收入科目各期信息

图 4—56　风险应对 2

资料来源:税问风险管控系统 T9。

企业首先确认账面数据与申报数据是否一致。

确认申报数据无误后,企业再将账务数据调出,查看销售费用发生额最多的业务,如图 4—57 和图 4—58 所示。

经过查看,再比对纸质凭证后的附件,企业确认产生风险的原因是,将大量应归属于成本的业务记入了销售费用,造成了销售费用虚高。

针对这一风险情况,企业对后续尚未申报年度的账面数据进行修正。并根据

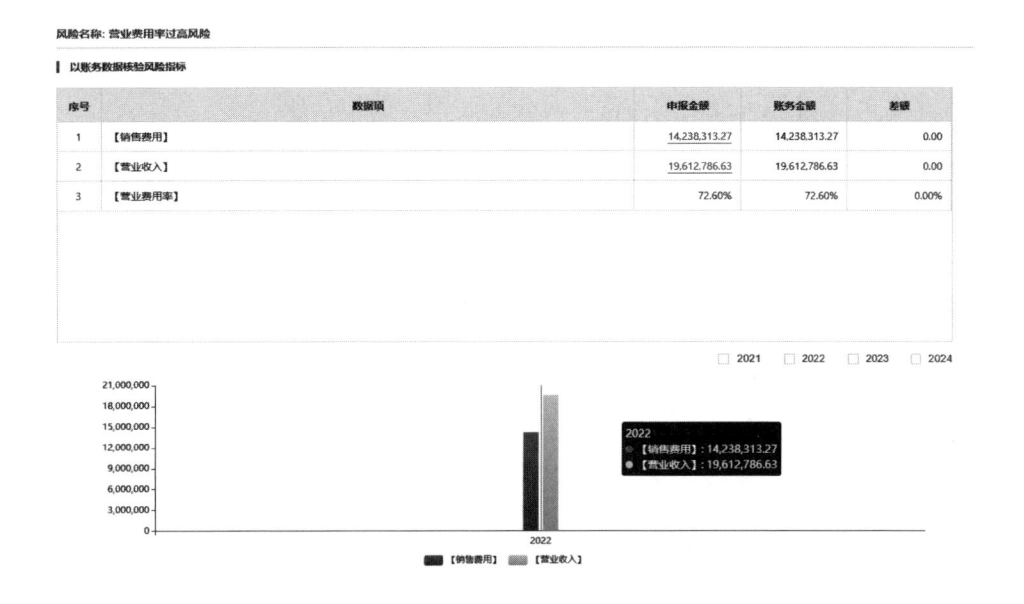

图 4－57　账表比对情况

资料来源:税问风险管控系统 T9。

图 4－58　销售费用 10 大支出业务

资料来源:税问风险管控系统 T9。

第 4 章　企业财税风险体检　255

以前年度的数据准备情况说明,以应对未来税务部门的问询。

4.5.3.3 营业收入变动率与营业成本变动率比对异常风险

营业收入变动率与营业成本变动率比对异常如图4-59所示。

风险名称:营业收入变动率与营业成本变动率比对异常风险
以申报数据核验风险指标

序号	数据项	金额
1	【本年营业收入】	19 612 786.63
2	【上年营业收入】	7 822 742.39
3	【本年营业成本】	6 078 074.04
4	【上年营业成本】	5 057 601.62
5	【营业收入变动率】	150.72%
6	【营业成本变动率】	20.18%
7	【营业收入变动率与营业成本变动率比对】	746.96%

图4-59 风险应对3

资料来源:税问风险管控系统T9。

结合营业费用率过高的风险,企业判断两个风险形成的原因一致,都是因为财务做账时,将大量应归属于成本的业务记入了销售费用,造成了销售费用虚高、营业成本不足。

4.5.3.4 开具红字增值税普通发票冲抵销项税额

企业通过检测系统中调取了对应发票,对相应业务评估分析。如图4-60和图4-61所示。

风险名称	风险年度	风险月份
开具红字增值税普通发票冲抵销项税额	2023年	-月

指标详情

【红字增值税发票金额】=发票状态为红字的 销售普通发票不含税金额;

风险描述

当【红字增值税普通发票金额】大于100万元且【红字增值税普通发票金额】较【全年开的销售发票金额之和】之比大于10%时,可能存在开具红字增值税发票冲抵销项税额的风险;

参考指引

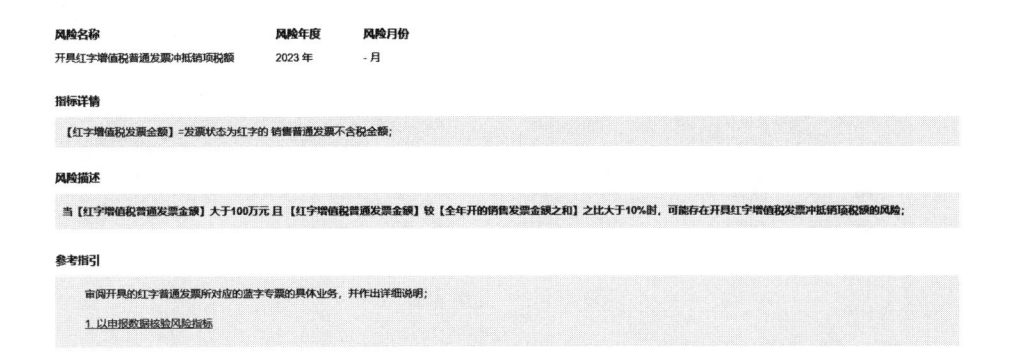

审阅开具的红字普通发票所对应的蓝字专票的具体业务,并作出详细说明;

1 以申报数据核验风险指标

图 4-60　风险应对 4

资料来源:税问风险管控系统 T9。

增值税普通发票

发票联　　发票号码:2331200000
　　　　　开票日期:2023-12-28

项目名称	规格型号	单位	数量	单价	金额	税率	税额
*现代服务*服务费			-1.0	546259.53	-546259.53	0.06	-32775.57
合　　计					¥-546,259.53		¥-32,775.57

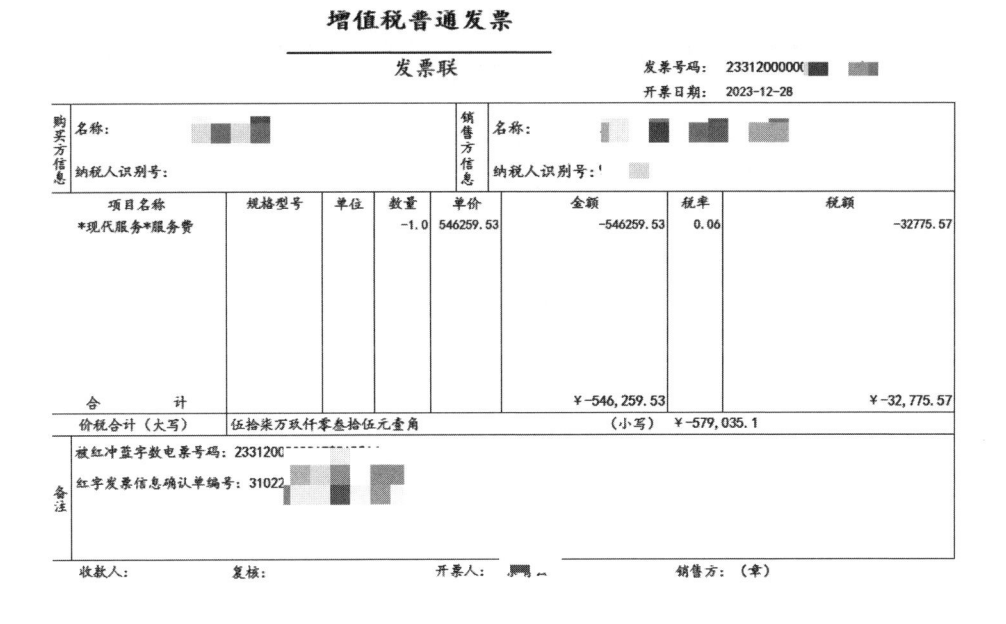

价税合计(大写) 伍拾柒万玖仟零叁拾伍元壹角　(小写)¥-579,035.1

备注:被红冲蓝字数电票号码:2331200……
红字发票信息确认单编号:31022……

收款人:　　复核:　　开票人:　　销售方:(章)

图 4-61　风险发票详情

资料来源:税问风险管控系统 T9。

　　经核查,涉及风险发票购方企业为本企业的主要服务客户,为企业带来服务费收入。通常情况下,在年底结算并开票。

　　此风险涉及的发票是因为当月部分业务开票金额有误,当时与客户协商过后,

第 4 章　企业财税风险体检　257

已按客户需求进行红冲并重开。如图 4－62 所示。

购方纳税人识别号	销方名称	销方纳税人识别号	开票金额（元）
91		9	-546 259.53
91		9	328 216.91
91		9	546 259.53

图 4－62　发票列表

资料来源：税问风险管控系统 T9。

企业随后找出涉及风险发票的业务合同等材料，准备情况说明，以应对未来税务机关的问询。

4.5.3.5　接收佣金、手续费等服务类发票金额占进项发票金额比重过高

查看风险涉及发票，如图 4－63 和图 4－64 所示。

风险名称：接收佣金、手续费等服务类发票金额占进项发票金额比重过高

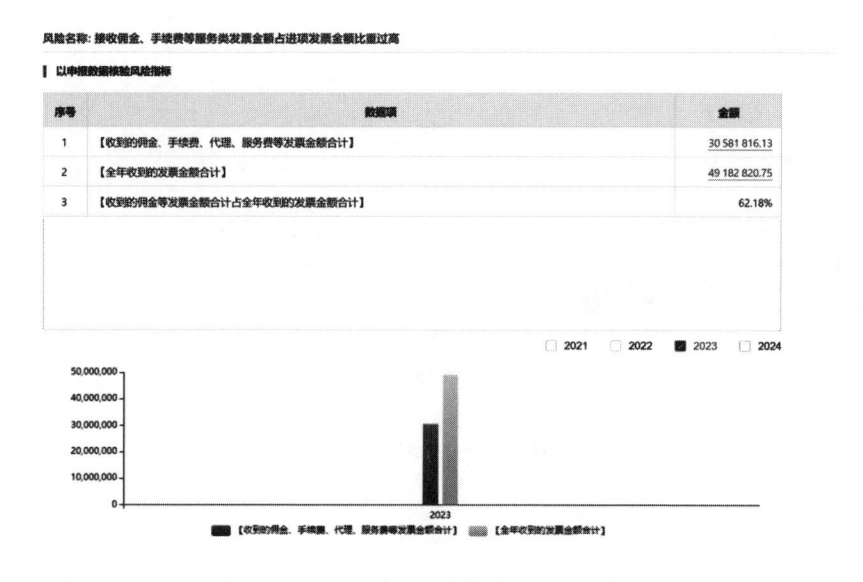

以申报数据核验风险指标

序号	数据项	金额
1	【收到的佣金、手续费、代理、服务费等发票金额合计】	30 581 816.13
2	【全年收到的发票金额合计】	49 182 820.75
3	【收到的佣金等发票金额合计占全年收到的发票金额合计】	62.18%

图 4－63　风险应对 5

资料来源：税问风险管控系统 T9。

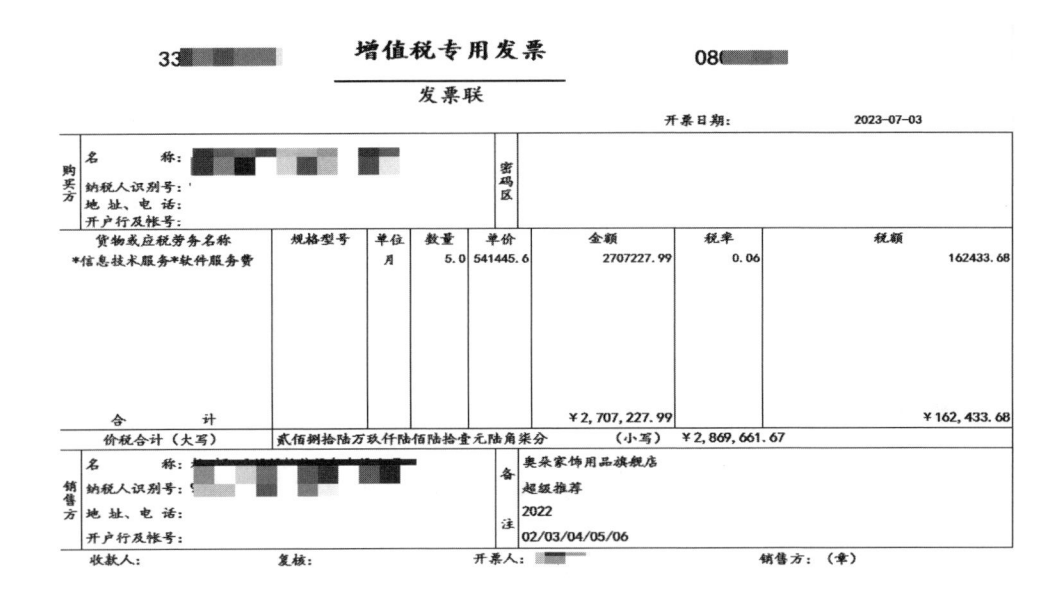

图 4-64 风险发票详情

资料来源:税问风险管控系统 T9。

经核对,该风险是由于企业的业务情况特殊引起的,系统扫描出的大部分发票都属于电商平台开具的技术服务类发票,属于企业与平台进行业务结算。本质上是正常的成本费用。

虽然属于正常业务,但鉴于以前年度经常被税务机关要求解释类似风险。最终企业认为应当主动与税务机关进行沟通,将此类特殊情况进行报备。

4.5.3.6 其他应付款余额过大且长期变化较小异常风险

其他应付款余额过大且长期变化较小异常风险如图 4-65 所示。

风险名称	风险年度	风险月份
其他应付款余额过大且长期变化较小异常风险	2024年	-月

指标详细

【主营业务收入】、【其他应付款】=申报的资产负债表、利润表相关项目累计发生额、期末余额；

风险描述

【主营业务收入】>500万，且【其他应付款占主营业务收入比例】>20%，且【其他应付款变动率】<20%企业所得税查账征收纳税人财务报表中其他应付款余额较大且变动较小，账有可能存在收入挂往来或有不需要支付的款项，进而影响纳税申报的真实性。

参考指引

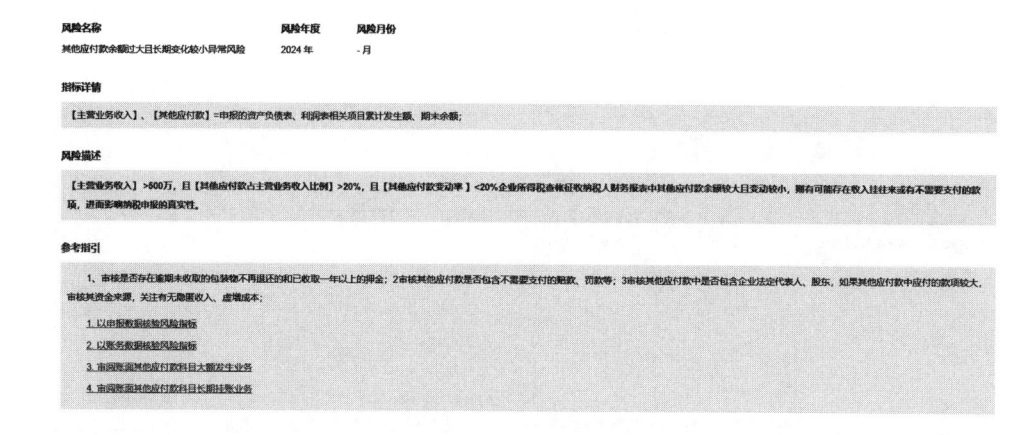

1. 审核是否存在逾期未收取的包装物不再退还的和已收取一年以上的押金；2审核其他应付款是否包含不需要支付的赔款、罚款等；3审核其他应付款中是否包含企业法定代表人、股东，如果其他应付款中应付的款项较大，审核其资金来源，关注有无隐匿收入、虚增成本；
1. 以申报数据核验风险指标
2. 以账务数据核验风险指标
3. 审阅整理其他应付款科目大额发生业务
4. 审阅整理其他应付款科目长期挂账业务

图4-65 风险应对6

资料来源：税问风险管控系统T9。

企业发现自2022年度起，账面其他应付款科目余额与财务报表中其他应付款余额存在差异，属于账实不符的情况。具体如图4-66和4-67所示。

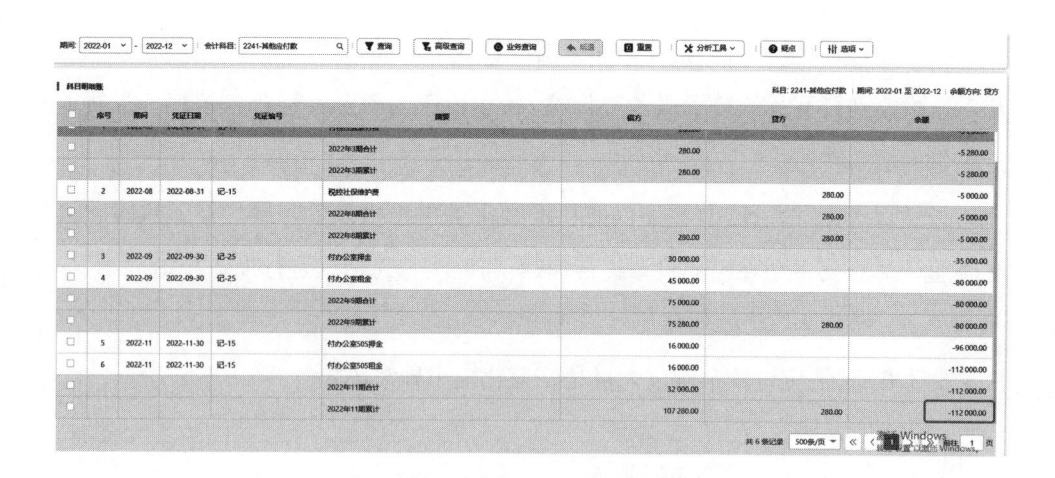

图4-66 2022年度账面累计余额

资料来源：税问风险管控系统T9。

资产负债表

会小企01表
纳税人识别号：
编制单位：
税款所属期起止：2022-01-01至2022-12-31
报送日期：2023-08-03
单位：元

资产	行次	期末余额	年初余额	负债和所有者权益	行次	期末余额	年初余额
流动资产：				流动负债：			
货币资金	1	56 262.81	22 506.83	短期借款	31	0.00	0.00
短期投资	2	0.00	0.00	应付票据	32	0.00	0.00
应收票据	3	0.00	0.00	应付账款	33	2 942 659.12	1 466 565.54
应收账款	4	3 221 174.12	1 065 098.42	预收账款	34	6 303 452.70	0.00
预付账款	5	1 508 338.17	659 843.10	应付职工薪酬	35	41 108.03	73 400.84
应收股利	6	0.00	0.00	应交税费	36	1 090 902.81	75 103.46
应收利息	7	0.00	0.00	应付利息	37	0.00	0.00
其他应收款	8	112 000.00	5 000.00	应付利润	38	0.00	0.00
存货	9	2 052 929.07	0.00	其他应付款	39	0.00	0.00
其中：原材料	10	0.00	0.00	其他流动负债	40	0.00	0.00
在产品	11	0.00	0.00	流动负债合计	41	10 378 122.66	1 615 069.84
库存商品	12	2 052 929.07	0.00	非流动负债：			
周转材料	13	0.00	0.00	长期借款	42	0.00	0.00
其他流动资产	14	0.00	0.00	长期应付款	43	0.00	0.00
流动资产合计	15	6 950 704.17	1 752 448.35	递延收益	44	0.00	0.00

图 4—67　2022 年度财务报表余额

账面上的其他应付款各类下级科目被企业用于费用过渡，在与上游企业进行结算时一并结转。随着企业业务逐年扩大，该科目余额倒挂现象日趋严重。

在意识到其中存在涉税风险以后，企业将尚未申报的财务数据进行更正，并主动向税务机关进行咨询，以消除风险。

4.5.3.7　增值税税负变动率异常风险

增值税税负变动率异常如图 4—68 所示。

企业发现，造成这一风险提示的原因，主要是 2022 年度税负率达到了 6.22%。而 2021 年度税负率为 2.65%，2023 年度为 3.96%，属于比较正常的水平。

企业收入主要由两部分组成，6% 服务收入、13% 销售收入。其中 2022 年度 13% 开票税额为 365 069.74 元，占全部发票比重为 95%；6% 开票税额为 20 913.82 元，占全部发票比重为 5%（见图 4—69）。

风险名称：增值税税负变动率异常风险

以申报数据核验风险指标

序号	数据项	金额
1	【应纳税额】	1 819 752.30
2	【应税销售收入】	45 973 557.72
3	【增值税本年税负】	3.96%
4	【上年增值税应纳税额】	1 220 459.96
5	【上年应税销售收入】	19 612 786.63
6	【增值税上年税负】	6.22%
7	【增值税税负变动率绝对值】	36.39%

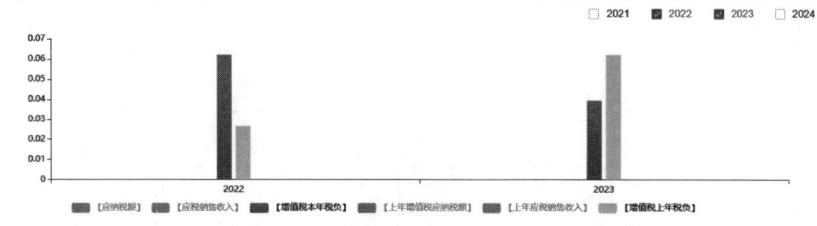

图 4—68　风险应对 7

资料来源：税问风险管控系统 T9。

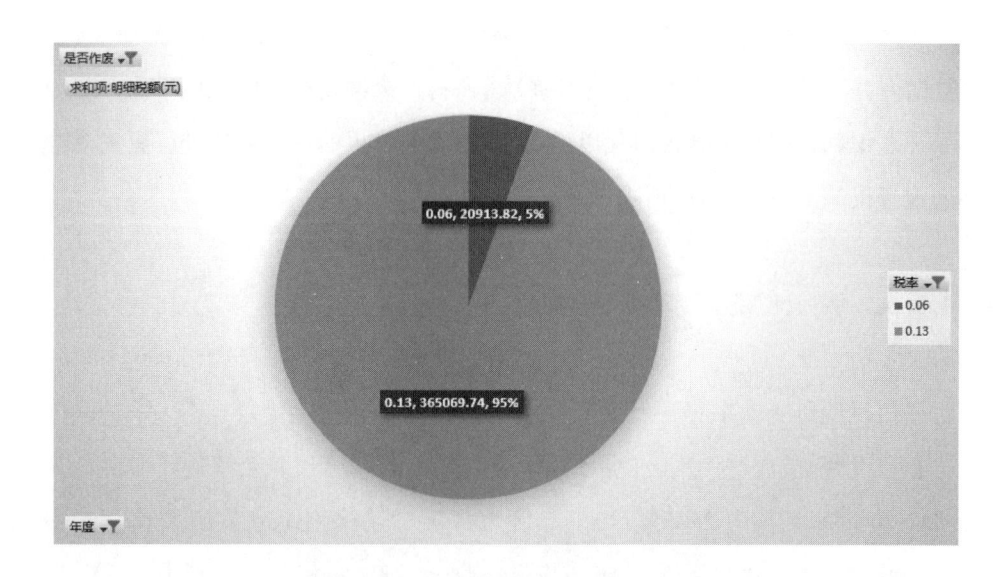

图 4—69　2022 年度开票明细税额占比统计

2023 年度 13% 开票税额为 578 074.4 元,占全部发票比重为 50%;6% 开票税额为 573 307.27 元,占全部发票比重为 50%(见图 4-70)。

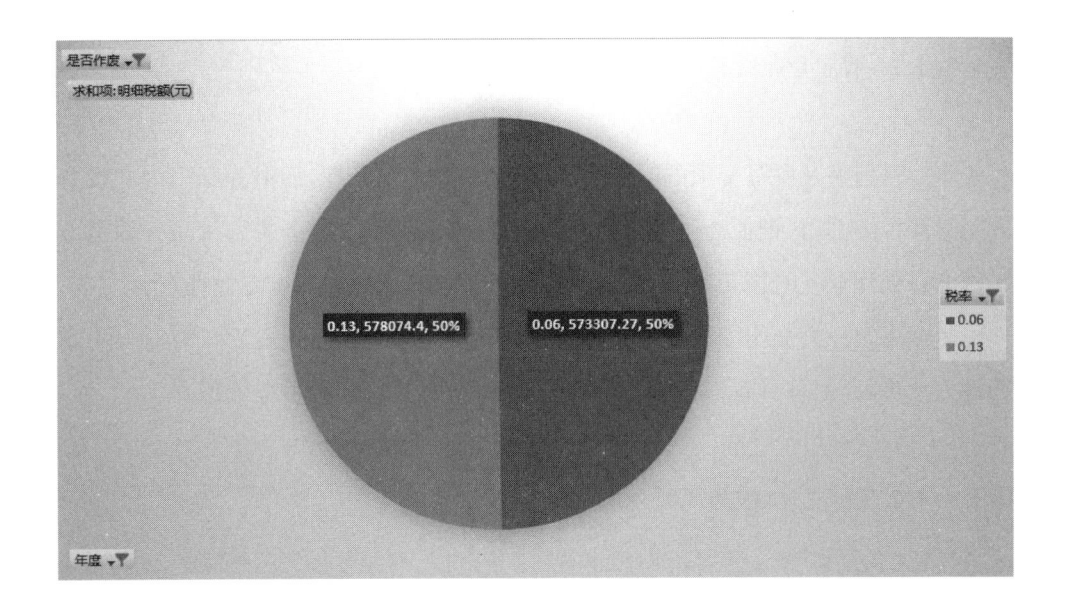

图 4-70　2023 年度开票明细税额占比统计

企业认为,因两个年度的两种业务占比差异巨大,2022 年度税负率达到 6.22% 的主要原因是 13% 税率的业务占了 95%。且 2022 年度的 6% 服务收入中有一部分放到了 2023 年度进行确认,使 2023 年度 6% 税率发票增多,最终造成了税负率变动这大。

企业将 2022 年和 2023 年两个年度的服务收入进行复核,查看确认收入的情况是否符合税收规定,并编制情况说明,应对未来税务机关的问询。

4.5.4　风险管控

通过对以前年度数据进行风险体检,××网络科技有限公司已发现并排除了不少涉税风险隐患。

出于对企业未来发展考虑,企业高层管理人员准备基于财税风险体检工具,在企业内部成立一套财税风险管理机制。

4.5.4.1 增加专业税务人员岗位

企业目前涉及税务事项的时候,大部分都由财务部处理,而财务部门中并没有专门对接税务部门、把控涉税风险的人员,该工作基本上由财务主管处理。而财务与税务在处理业务时视角不同,使得企业在处理涉税问题时缺少专业性意见。

企业决定一方面与专业的财税机构合作,为自己进行税务规划。另一方面则面向人才市场,招募具备财税管理专业能力的人员,进行内部税务管理。

4.5.4.2 提高员工税务风险意识

企业过去在经营过程中,除了财务部门和几个高层管理人员,大多数员工缺乏税务风险意识,导致企业在日常业务处理过程中,无意间就积累了很多风险隐患。比如在与客户商讨订立合同的时候,只注重商务与业务方面,而忽略了其中可能存在的税务风险。

企业应定期邀请税务专业人员对企业内部全体员工进行税务知识培训,提高所有员工的税务风险意识,以求在平时业务处理的各个环节都能进行基础风险把控。

4.5.4.3 积极与税务部门沟通

企业过去不太注重与税务机关联系,与税务机关的关联只停留在是否按时申报、纳税上,对于最新的税务政策与规定反应不及时。这样不仅容易出现漏税问题,还容易错过一些本应该享受的税收优惠,增加不必要的税收负担。

企业应与税务部门建立长期沟通联系,及时了解相关税务事项与政策规定。

当企业遇到特殊业务时,也能及时与税务部门交流沟通,听取税务建议,再结合自身业务做出适当的处理。在财税风险方面做到事前防范,事中应对,事后救济。

4.5.4.4 对涉税资料进行归档留存

企业过去对各种财税资料缺少管理,财务部每月做完工作以后,对于凭证和申报表不进行备份处理,对于重要事项也没有及时记录归档的习惯,内部人员调整时也不注重资料交接。这导致当发生风险提示,面对税务机关的问询时,无法及时给出反馈,企业需要对一些业务进行查询复盘时也无从下手。

企业决定以后对每年的财务凭证、申报表等资料,在年底结账申报以后,进行打印装订留存;把每一期的申报表、进销发票从电子税务局下载电子数据并保存;对于财务系统的数据,则每年进行数据备份;和业务数据相关的材料,如合同、货单等,都留存纸质材料进行归档;对于涉及的其他重要事项,进行备忘录登记。这样不仅有助于企业涉税风险管理,还有助于公司整体运营管理。

4.5.4.5 定期进行风险自查

企业过去不注重税务风险检查,对于已发生的业务缺少必要的审核,导致申报到税务机关的数据频繁出现涉税风险,甚至影响到了企业正常经营。

企业决定以后利用财税体检工具,每个月财务结账以后,就将财务做账数据导入系统,从税务检查角度检测账内数据是否可能存在涉税风险,并根据检测结果进行修正并申报(见图4-71)。

图 4-71　财务数据风险自查

资料来源：税问风险管控系统 T9。

4.5.4.6　定期进行财税体检

对于已申报到税务的数据，企业也决定定期进行复盘，通过财税风险体检工具对申报数据、发票数据、财务数据进行检测。再结合税务机关意见、专业机构建议、企业业务特点、财税风险报告等因素，对企业可能已存在的涉税风险进行应对。

本章小结

在数字信息化背景下,经济环境变化使得企业与企业间的竞争越发激烈,企业只有通过转变传统的生产经营模式,不断强化管理,加快构建并完善现代企业制度,逐步推动治理能力的现代化。企业财务风险管理的有效推进,有利于企业战略目标的实现,提升风险防控能力。企业通过搭建财务风险管理体系,可以为企业的日常经营与健康发展提供强大助力,充分实现财税与业务的融合,有利于切实提升企业经营管理水平,实现高质量、可持续发展。

第5章
数字财税及智慧税务

数据资产是数字经济时代新质生产力要素的成果，数据资产入表不仅从价值计量上体现这一经济资源的财务状况，丰盈利润和金融价值创造，还能够提升政府及企业的管理能力和市场竞争力。数据资产具有的可复制性、可共享性、可无限供给等特点，以及时效性、价值易变等特征，对其价值准确计量、合理披露、数据安全及税收征管等提出严峻的挑战和考验。特别是2024年作为数据资产入表元年仍处于起步阶段，应特别关注数据资产重点关键环节和税种的税收风险问题，借鉴国际先进经验，从政府和企业财务一体化管理、税务机关"信用+风险"精准监管和智慧税务建设、多元主体共同参与等方面进行数据资产的税收监管与协同共治。

5.1 数字财税改革

当前,数字经济已经成为经济发展中创新最活跃、增长速度最快、影响最广泛的领域,对培育发展新质生产力、提升产业链、供应链韧性和效能,促进社会经济发展具有强大支撑作用。数字技术催生了财税全过程各环节全要素的智能型应用场景,促使数字财税成为服务于经济社会发展和国家治理的重要抓手。

5.1.1 数字财税改革

在数智时代,数字技术既是新质生产力的动力和催化剂,又是新一轮财税体制改革的重要工具。数字财税改革将数字技术嵌入财税运行的全过程,并通过重塑财税各主体之间管理模式,实现业财法税的赋能融合。

加快发展新质生产力,深化财税体制改革,研究同新业态相适应的税收制度,是数智时代对深入推进数字经济创新发展提出的新要求。数智在数字化基础上融合应用机器学习、人工智能等智能技术,形成新质生产力。从数字化到数智化,标志着以数据驱动、智能运营为核心的全新发展阶段来临。

深化财税体制改革、健全税收制度和优化税制结构需要适应数智时代的特点,提高资源配置效率,保障国家税收收入,维护经济秩序。

税务部门正在进行建设"国际一流 中国特色"的智慧税务,以"数字化升级"和"智能化改造"两化为驱动,稳步推进电子发票服务平台在全国上线,持续深化全面数字化电子发票试点,进一步扩围全国统一规范电子税务局,建成启用决策指挥管理平台,顺利上线税务人端智慧办公平台,初步搭建形成涵盖纳税人端、税务人端、决策人端的智慧税务"三端一体"的智能应用平台,推动智慧税务建设实现整体突破。

财税合规是决定企业生死存亡不可逾越的红线,也是促进企业数字化转型的经济法律护城河。企业从事生产经营活动所不可或缺的劳动、资本、土地、知识、技术、管理、数据等生产要素,都应真实合法、合理相关地贯穿并反映企业实质性经营活动,保持企业结构性竞争优势,确保企业在数字化浪潮中行稳致远。

坚持数据共享,建设全国会计人员统一服务管理平台,提升会计人员管理效能和服务水平,是贯彻落实会计法和会计改革与发展"十四五"规划纲要的要求。需立足会计人员全生命周期管理服务、会计法规制度建设宣传培训、会计管理工作学习交流,优化营商环境、提升行政效能、助力经济社会数字化转型。

5.1.2 数字财政建设

数字财政建设通过财税管理数字化,运用数字技术实现财税管理数字化改造和智能化升级,进行财政政策和管理制度的创新,形成财政体系运行的数字化环境;通过信息的交换和共享链接其他部门,成为数字政府的重要组成部分;还应通过电子发票、电子财政票据等合适的黏合剂,通过公共数据的流通和使用,链接社会经济运作体系。

▶ 5.1.2.1 数据资源会计处理情况

企业数据资源是企业按照企业会计准则相关规定确认为无形资产或存货等资产类别的数据资源,以及企业合法拥有或控制的、预期会给企业带来经济利益的、但由于不满足企业会计准则相关资产确认条件而未确认为资产的数据资源。按照财政部《企业数据资源相关会计处理暂行规定》,企业在编制资产负债表时,应当根据重要性原则并结合本企业的实际情况,在"存货"项目下增设"其中:数据资源"项目,反映资产负债表日确认为存货的数据资源的期末账面价值;在"无形资产"项目下增设"其中:数据资源"项目,反映资产负债表日确认为无形资产的数据资源的期末账面价值;在"开发支出"项目下增设"其中:数据资源"项目,反映资产负债表日正在进行数据资源研究开发项目满足资本化条件的支出金额。数据资源体系是新质生产力的关键组成和动力来源,需要重视数据领域的财税政策,推动数据要素领域发展,进一步加强部门协作,鼓励适度创新,推动数据要素流通和使用,支持公共数据授权运营等试点。例如 2024 年,昆明国际数据交易所构建以数据登记服务、数据生态、数据资产评估、数据交易、跨境交易为特征的综合性数据流通交易应用服务平台;上市公司 2024 半年报披露 8 家上市公司公布数据资源入表指标值,总金额超 14 亿元,归于"存货"类目总计指标值最高,达到 3.79 亿元,归入"无形资产"类目总计 4 687 万元,"开发支出"类目总计 4 445 万元;中国移动作为首家披露数据资源价值的上市央企,其半年报显示数据资源入表金额达 7 000 万元,无形资产 2 900 万元,开发支出 4 100 万元。

▶ 5.1.2.2 积极财政政策落实问题

财政部门深入贯彻落实党的二十届三中全会和中央经济工作会议精神,聚焦创新驱动发展战略和促进实体经济发展等改革任务,认真落实并不断研究完善重点支持科技创新和制造业发展的结构性减税降费政策,更好助力新质生产力发展,推动我国经济高质量发展。2023 年度加力提效实施积极的财政政策,延续和优化实施部分阶段性税费优惠政策,全年新增税费优惠超过 2.2 万亿元。2024 年现行支持科技创新和制造业发展的主要政策减税降费及退税达 26 293 亿元,助力我国新质生产力加速培育、制造业高质量发展。

2024 年,税务部门精准落实结构性减税降费政策,重点支持科技创新和制造业发展。分政策类型看,支持加大科技投入和成果转让的研发费用加计扣除等政策减税降费及退税 8 069 亿元;支持破解"卡脖子"难题和科技人才引进及培养的集成电路和工业母机企业增值税加计抵减等政策减税降费 1 328 亿元;支持培育发展高新技术企业和新兴产业的高新技术企业减按 15% 税率征收企业所得税、新能源汽车免征车辆购置税等政策减税 4 662 亿元;支持设备更新和技术改造的政策减税 1 140 亿元;支持制造业高质量发展的先进制造业企业增值税加计抵减和留抵退税等政策减税降费及退税 11 094 亿元。

在结构性减税降费政策等一系列政策措施作用下,科技创新能力不断增强。增值税发票数据显示,2024 年,高技术产业销售收入同比较全国总体增速快 9.6 个百分点,反映创新产业增长较快;全国科技成果转化服务销售收入同比增长 27.1%,较高技术服务业增速快 14.3 个百分点,说明科研结果加快转化为实际生产力;数字经济核心产业同比增长 7.1%,全国企业采购数字技术金额同比增长 7.4%,折射出数实融合有序推进。

在税费优惠等各方面政策的支持带动下,我国制造业稳步发展。增值税发票数据显示,2024 年,制造业企业销售收入较全国总体增速快 2.2 个百分点。其中,装备制造业、数字产品制造业、高技术制造业销售收入同比分别增长 6.2%、8.3% 和 9%,特别是计算机制造、通讯及雷达设备制造、智能设备制造等先进制造业销售收入同比分别增长 14.4%、19% 和 10.1%,反映出制造业向高端化、智能化稳步推进。[①] 同时在组织财政收入、积极的财政政策落实等方面也还存在许多问题,主要有以下几个方面。

(1) 征管不够严格和制度漏洞造成税款流失

税务部门应征未征个人所得税、消费税、房产税、增值税等;海关单位少征关税、反倾销税、进口环节增值税等。

(2) 未全面落实减税降费政策

符合条件企业应享未享留抵退税、支持科技创新、小微企业等税费优惠;条件不符企业违规享受留抵退税、小微企业等税费优惠;海关总署等海关单位对企业未及时退还或多征收保证金、消费税、增值税等。

[①] 国家税务总局网站.2024 年减税降费及退税超 2.6 万亿元 有力支持科技创新和制造业发展.2025－02－17.https://www.chinatax.gov.cn/chinatax/n810219/n810724/c5238398/content.html.

（3）人为调节征收进度影响财政收入真实性

有的税务部门为完成当年任务，多征收或提前征收企业所得税、消费税、土地增值税等；有的税务部门完成当年任务后，延压企业所得税、消费税、增值税等入库。

（4）违规给予财政补贴

云南省审计部门发现2023年度1个市、1个县和2个高新区管委会违规制定政策给予企业与税收挂钩的财政性奖励，兑付资金2.77亿元。[①] 一些企业利用国家生态保护、高新产业、出口奖励等支持政策，违规取得经营权，或弄虚作假骗取财政奖励及补贴，严重蚕食国家政策红利。如全国首台套首批次应用保险，由中央财政按保费的80%给予投保单位补贴，但有3家保险公司2019年至2022年伙同多户企业，通过投保、理赔等环节造假，或扩大保险责任等方式，骗取瓜分中央财政补贴3亿多元。[②] 某企业以非法占有为目的，利用虚假信息注册空壳公司，弄虚作假购买出口数据，采取欺骗手段套取政府出口奖励补贴共计682万元；厦门某企业违反扶持政策被追回财政扶持资金1678733元并需支付30%违约金503 619.90元。

5.1.2.3 会计信息披露不实

财政部规范了使用电子支付系统结算和电子凭证会计数据标准，公布了增值税电子发票（含增值税电子普通发票和增值税电子专用发票）、全面数字化电子发票、铁路电子客票、航空运输电子客票行程单、财政电子票据、电子非税收入一般缴款书、银行电子回单、银行电子对账单共9类电子凭证会计数据标准，还要求采用XML格式进行全面数字化电子发票归档。财政部还加强会计信用记录管理，规范国家机关、社会团体、公司、企业、事业单位和其他组织以及个人的会计信用状况记

[①] 云南省审计厅网站. 云南省人民政府关于2023年度省级预算执行和其他财政收支的审计工作报告. 2024－08－05. http://audit.yn.gov.cn/html/2024/sjgzbgjjd_0805/2011044.html.

[②] 中华人民共和国审计署. 国务院关于2023年度中央预算执行和其他财政收支的审计工作报告. 2024－06－25. https://www.audit.gov.cn/n5/n26/c10423410/content.html.

录,消减会计信息不实的情况发生。例如,2023年度审计报告披露了22户央企共计收入不实1 182.07亿元、成本费用不实1 549.88亿元、利润不实526.72亿元。主要是:9户央企内部关联交易抵销不准确等,造成多计收入477.02亿元、成本费用475.54亿元;20户央企违规跨年度调节利润等,造成多计或少计收入250.64亿元、成本费用230.44亿元;15户央企未足额计提减值准备或在资产无明显减值迹象的情况下多计提减值等,造成多计或少计利润165.2亿元。

5.1.2.4 新一轮财税体制改革任务

数字经济和数据要素等领域的创新带来与之匹配的财税政策变革,并为新一轮财税体制改革、提高财政保障中国式现代化建设的能力和防范财政风险的能力提供高度支撑。新一轮财税体制改革要面向新质生产力的数据领域,借助大数据、云计算、人工智能、区块链等新的数字技术,提升财税体系的数智水平,助力数据新型生产要素推动新质生产力的形成,嵌入数字经济、数字社会、数字中国的发展。充分发挥新一轮财税体制和政策作用,有效激活社会需求,激发更多领域的创新,推动健全现代财税制度,解决预算管理现代化、税制结构优化、财政转移支付体系完善等问题,为高质量发展形成更有利的社会经济环境。进一步研究数字化条件下财政政策和管理的新举措、新工具,将财政大数据利用作为重要突破口,完善预算管理一体化平台等现有财政数字化举措,形成覆盖经济运行、财政、货币等各领域的财政大数据平台及相应的数据应用格局,打造财政管理体制、分配机制,财权事权改革,优化财政支出结构等重点改革工作的数智支撑平台。

比如,中国共产党第二十届中央委员会第三次全体会议关于财税体制提出系统性改革方案,要求建立权责清晰、财力协调、区域均衡的中央和地方财政关系,增加地方自主财力,拓展地方税源,适当扩大地方税收管理权限;完善财政转移支付体系,清理规范专项转移支付,增加一般性转移支付,提升市县财力同事权相匹配程度;建立促进高质量发展转移支付激励约束机制;推进消费税征收环节后移并稳步下划地方,完善增值税留抵退税政策和抵扣链条,优化共享税分享比例;研究把城市维护建设税、教育费附加、地方教育附加合并为地方附加税,授权地方在一定幅度内确定具体适用税率;合理扩大地方政府专项债券支持范围,适当扩大用作资本金的领域、规模、比例;完善政府债务管理制度,建立全口径地方债务监测监管体系和防范化解隐性债务风险长效机制,加快地方融资平台改革转型;规范非税收入管理,适当下沉部分非税收入管理权限,由地方结合实际差别化管理;适当加强中央事权、提高中央财政支出比例。中央财政事权原则上通过中央本级安排支出,减少委托地方代行的中央财政事权;不得违规要求地方安排配套资金,确需委托地方行使事权的,通过专项转移支付安排资金。方案涵盖了预算、税收制度、政府间财政关系、地方债管理这四方面重要内容,对增加地方财政收入,地方税系建设影响广泛,具体改革设计仍需要慎重比较各种方案利弊并做出与财税数智化发展相适应的合理选择。

5.1.3 数字税收升级

推动税收治理数字化是数字化社会治理体系建设的核心内容和关键支撑。经过金税工程的近 30 年建设,税务部门逐步推动管理平台、管理制度、税收政策的数字化转型,推出了电子发票、电子税务局、税收大数据、个人所得税 App 等典型应用,采取了确认式申报、精准化推送等数字化举措,当前正在研究和形成匹配数字经济、平台经济的税收政策。应进一步落实《关于进一步深化税收征管改革的意见》,促进涉税数据要素流通和使用,深化拓展税收大数据应用,研究税务领域大模型,提升数字化、智能化治理效能,推动企业税务数字化水平提升。重点从征税对象、计税依据、适用税目等税制要素角度,完善与数字经济相匹配的流转税和所得税制度。

优化税收制度还要求健全有利于高质量发展、社会公平、市场统一的税收制度,优化税制结构,在研究同新业态相适应的税收制度过程中,全面落实税收法定原则,规范税收优惠政策,完善对重点领域和关键环节支持机制。在健全直接税体系过程中,完善综合和分类相结合的个人所得税制度,规范经营所得、资本所得、财产所得税收政策,实行劳动性所得统一征税。税务部门和税务人员在深化税收征管改革过程中,进行执法、服务和监管的系统优化,将业务流程、制度规范、信息技术、数据要素和岗责体系进行一体化融合升级。

5.1.3.1 推进公平统一大市场建设

(1)国务院等部门规定

2024年10月18日,国务院常务会议提出要推进违规返还财税奖补、政府购买服务、妨碍公平竞争等领域专项整治,让各类企业在公平竞争中成长壮大,以更高经济效率推动各地更好发展。国务院2014年开始清理规范税收等优惠政策,未经国务院批准,各地区、各部门不得对企业规定财政优惠政策。对违法违规制定与企业及其投资者(或管理者)缴纳税收或非税收入挂钩的财政支出优惠政策,包括先征后返、列收列支、财政奖励或补贴,以代缴或给予补贴等形式减免土地出让收入等,坚决予以取消。2022年进一步推进省级以下财政体制改革工作,逐步清理不当干预市场和与税费收入相挂钩的补贴或返还政策。2023年开展妨碍统一市场和公平竞争的政策措施清理工作,重点清理妨碍建设全国统一大市场和公平竞争的各种规定和做法,其中包括影响生产经营成本。包括但不限于:违法给予特定经营者优惠政策,如违法给予税收优惠、通过违法转换经营者组织形式不缴或者少缴税款等;违法违规安排财政支出与企业缴纳的税收或非税收入挂钩;违法免除特定经营者需要缴纳的社会保险费用;在法律规定之外要求经营者提供或扣留经营者各类保证金;妨碍全国统一大市场建设的招商引资恶性竞争行为等。

(2)审计工作报告

审计部门提出2022年度审计违规组织和返还财政收入问题;2023年度地方招商引资中违规出台小政策,形成税收洼地等问题严肃查处违规返税乱象。

(3)财税部门规章制度

财税部门提出持有股权、股票、合伙企业财产份额等权益性投资的个人独资企业、合伙企业(以下简称独资合伙企业),一律适用查账征收方式计征个人所得税。严肃治理地方违规招商引资中的涉税问题,严格抓好税费政策统一规范执行,严禁税务部门和税务干部参与配合违规招商引资;加快建设全国统一大市场的部署要求,严肃查处违规招商引资中的涉税问题;税务总局及各省级税务局均成立违规招商引资涉税问题专项治理工作领导小组,建立健全常态化监控指标体系,对发现的疑点及时预警,及时核查处理,并会同相关部门通报违规招商引资涉税问题典型案例,推动以案促治。

(4)公平竞争审查条例

进一步便利纳税人跨区迁移,服务全国统一大市场建设。税务机关依法发挥税收职能作用,持续优化纳税人跨区迁移服务,坚决抵制地方保护主义,严禁协助阻拦纳税人正常迁移,严禁违规发起风险任务阻断纳税人迁移,严禁额外增设条件门槛阻碍纳税人迁移。对于违规阻碍纳税人跨区迁移的文件和要求,一律不得执行,并及时向上级税务机关报告。对纳税人跨区迁移违规设置障碍的税务机关及相关责任人员,依规依纪严肃处理。

5.1.3.2 支持税费数字化智能化升级

税收数据与经济数据呈正相关关系,增值税等间接税数据能反映经济运行的过程,更好地体现经济运行中的细节。一系列税收数据显现出在促进发展新质生产力、推动科技创新和产业创新融合发展、塑造发展新动能方面的新优势。国家税务总局最新公布的增值税发票数据显示,2024年年前三季度,反映创新产业持续壮大,反映数字产业化稳步推进。高技术产业销售收入同比增长11.6%。其中高技术服务业、高技术制造业同比分别增长13.7%和8.6%,数字经济核心产业销售收入同比增长7.7%。税务部门继续不折不扣落实好已明确的各项税费支持政策,配合相关部门及时研究推出新的增量政策,进一步推动经济持续回升向好。

(1)数字化智能化改造税收优惠

企业节能节水、环境保护和安全生产专用设备进行数字化、智能化改造的投入,若不超过原计税基础50%的部分,可按10%比例抵免当年应纳税额。企业当年应纳税额不足抵免的,可以向以后年度结转,但结转年限最长不得超过五年。具体有六种情形数字化智能化改造可享受优惠,包括数据采集(利用传感、自动识别、系统读取、工业控制数据解析等数据采集技术,将专用设备的性能参数、运行状态和环境状态等信息转化为数字形式,实现对专用设备信息的监测和采集);数据传输和存储(利用网络连接、协议转换、数据存储等数据传输和管理技术,将采集的专用设备数据传输和存储,实现对专用设备采集数据的有效汇集);数据分析(利用数据计算处理、统计分析、建模仿真等数据分析技术,对采集的专用设备信息进行深度分析,实现专用设备故障诊断、预测维护、优化运行等方面的改进);智能控制(利用自动化技术和智能化技术,对专用设备监测告警、动态调参、反馈控制等功能进行升级,实现专用设备的智能化控制);数字安全与防护(利用数据加密、漏洞扫描、权限控制、冗余备份等数据和网络安全技术,对专用设备的数据机密性和完整性进行强化,实现专用设备数据和网络安全风险防控能力的明显提升);以及国务院财政、税务主管部门会同科技、工信部门规定的其他数字化、智能化改造情形。

(2)集成电路软件企业税收优惠

包括重点软件企业税收优惠政策(国家鼓励的重点集成电路设计企业和软件企业,自获利年度起,第一年至第五年免征企业所得税,接续年度减按10%的税率征收企业所得税);两免三减半优惠政策(国家鼓励的集成电路设计、装备、材料、封装、测试企业和软件企业,自获利年度起,第一年至第二年免征企业所得税,第三年至第五年按照25%的法定税率减半征收企业所得税);研发费用加计扣除税收优惠政策(企业开展研发活动中实际发生的研发费用,未形成无形资产计入当期损益的,在按规定据实扣除的基础上,自2023年1月1日起,再按照实际发生额的100%在税前加计扣除;形成无形资产的,自2023年1月1日起,按照无形资产成本的200%在税前摊销);职工培训费据实扣除(集成电路设计企业和符合条件软件企业的职工培训费用,应单独进行核算并按实际发生额在计算应纳税所得额时扣除);一般纳税人软件产品增值税即征即退(增值税一般纳税人销售其自行开发生产的软件产品,按13%税率征收增值税后,对其增值税实际税负超过3%的部分实行即征即退政策);即征即退增值税款用于软件产品研发和扩大再生产企业所得税政策(符合条件的软件企业按照《财政部 国家税务总局关于软件产品增值税政策的通知》(财税〔2011〕100号)规定取得的即征即退增值税款,由企业专项用于软件产品研发和扩大再生产并单独进行核算,可以作为不征税收入,在计算应纳税所得额时从收入总额中减除);企业外购软件缩短折旧或摊销年限:企业外购的软件,凡符合固定资产或无形资产确认条件的,可以按照固定资产或无形资产进行核算,其折旧或摊销年限可以适当缩短,最短可为2年(含)。

(3)集成电路工业母机税收优惠

集成电路设计、生产、封测、装备、材料企业按照当期可抵扣进项税额加计15%抵减应纳增值税税额(加计抵减政策)。对生产销售先进工业母机主机、关键功能部件、数控系统的增值税一般纳税人,允许按当期可抵扣进项税额加计15%抵减企业应纳增值税税额(加计抵减政策)。集成电路企业和工业母机企业开展研发活动中实际发生的研发费用,未形成无形资产计入当期损益的,在按规定据实扣除的基础上,再按照实际发生额的120%在税前扣除,形成无形资产的,在上述期间按照无形资产成本的220%在税前摊销。允许先进制造业企业按照当期可抵扣进项税额加计5%抵减应纳增值税税额(加计抵减政策)。

5.1.3.3 绿色税收以旧换新深化改革

(1)新能源产业增长持续加快

增值税发票数据显示,2024年前三季度,生态保护和环境治理业销售收入同比增长11.4%,其中9月同比增长12.7%。新能源、节能、环保等绿色技术服务业同比分别增长22.5%、18.7%和6%。清洁能源产业保持较快增速,太阳能、水力、风力发电同比分别增长30.3%、13.6%和10.9%;新能源汽车制造业同比增长31.8%。

(2)健全绿色低碳循环发展经济体系

全面推进美丽中国建设,组建中国资源循环集团有限公司,完整、准确、全面贯彻新发展理念,深入落实全面节约战略,坚持循环利用、变废为宝,坚持创新驱动、开放合作,着力畅通资源循环利用链条,打造全国性、功能性的资源回收再利用平台,推动国民经济循环质量和水平持续提升,为以中国式现代化全面推进强国建设、民族复兴伟业作出积极贡献。还要坚持聚焦主责主业,牢牢把握功能定位,强化技术创新、管理创新和商业模式创新,着力畅通资源循环利用链条,提升资源循环利用水平,切实发挥"国家队"龙头作用,引领我国资源循环利用产业高质量发展。

(3)"以旧换新"消费市场活力足

增值税发票显示,国庆假期汽车市场迎消费热潮。"以旧换新"补贴政策降低消费者购车门槛,车企推出降价促销、购车优惠、购车礼包等优惠,进一步助推汽车市场迎来消费热潮,全国二手车销量同比增长65.9%,汽车新车销量同比增长11.7%,其中新能源车同比增长45.8%。假期出行增多,拉动机动车充电行业增幅走高,销售收入同比增长29%。绿色环保出行方式受青睐,自行车等代步设备零售销售收入同比增长32.5%。

(4)反向开具报废产品收购数电发票

除了汽车以旧换新补贴等大规模设备更新和消费品以旧换新财政政策的支持,税务总局出台了资源回收企业向自然人报废产品出售者"反向开票"税收政策,开通了报废产品收购数电发票。

5.1.4 数字财务改造

数字财务改造的目的是增强企业法律意识和风险防范能力,推动提升企业整体合规能力,护航企业健康持续高质量发展。数字财务改造应提升企业及员工的合规意识,加强合规监督检查,运用大数据手段促使企业及其员工的行为符合法律法规、监管规定、行业准则和企业章程、规章制度以及国际条约、规则等要求,避免企业以及员工因不合规行为,引发法律责任,受到相关处罚,造成经济或声誉损失以及其他负面影响的可能性。数字财务改造要以有效防控合规风险为目的，以企业和员工行为为对象，开展包括制度制定、风险识别、合规审查、风险应对、责任追究、考核评价、合规培训等有组织、有计划的管理，促进企业整体效益的提升。

数字财务不仅仅在会计核算、司库管理、税务管理、成本管理、预算管理、绩效管理、风险管理、短期商业决策以及经营分析等职能领域实现财务管理数字化升级，更为重要的是通过数字治理从财务走向业务，推动财务管理和业务运营的一体化，将财务融会贯通于业务流程、运营管理、组织活动等各个层面，为业务发展与管理决策提供深度洞察与分析参考；从核算走向管理，在电子信息记录、财务报告和合规管控等过程中，进一步将会计角色深入应用于管理，既符合企业经营实质，又能实现信息互通、资产保值增值和财税风险防控；从规范走向智能，在财务管理领域实现统筹复杂业务流程与多种新兴技术结合应用，通过技术和环境推动财务数字改造和智慧升级，应对包括信息安全、财税合规等各种风险挑战。

⊙ 5.1.4.1 企业财务数字化转型路径

财务作为企业的重要数字部门，应具有数据收集、加工、存储、管理、分析、分享等基础数字化能力，并通过财务组织重构、流程优化、运营模式创新、智能化技术应用等搭建财务数字化转型路径。

(1) 财务共享服务新模式

通过观念、流程、组织、人员、系统再造，企业可以将分散于各个业务单位、重复性高、易于标准化的财务业务集中到财务共享服务中心统一处理，促进了财务职能的专业化分工与重构，为企业经营管理决策和业务管理提供专业化、流程化、标准化、信息化支持。按照统一会计科目、财务流程和制度产生规则逻辑一致的数据，不仅能够通过业务操作的规范化和标准化轻松被提取、汇总、合并、加工、分析、展示，提高财务的业务处理效率与业务输出质量，提升组织灵活性和应变能力，而且通过财务共享服务中心信息系统搭建的统一平台，将财务政策、制度、流程固化于统一的系统中，承载、加工、传递、存储数据，通过业务层、核算层、管理层、决策层系统地有机结合,实现对业务信息采集、财务基础业务处理、管理控制、决策制定等的全方位支持,达到降低成本、提高效率、改进服务质量、强化企业内部风险控制等目标。

(2)财务能力中心一体化方案

财务部门作为组织中的数据处理部门,能够聚合内外部的海量多维数据,采集过程数据、行为数据、业务底层明细数据及结果数据,不断拓展数据的深度与广度,将原始数据转化为数据资产,为企业制定各种适配业务场景的数据解决方案,实现数据可视、易懂、好用、可运营。通过推动财务职能转型与财务业务一体化,以专业化、系统化、组件化、开放化的"中台"角色打通业财链路,将财务的核心资源整合、核心能力沉淀、核心系统集成,形成财务的专业能力中心,对不同的业务单元进行总协调和支持,提供更敏捷的财务专业解决方案,帮助企业随时保持对市场的灵敏洞察和快速响应,适应数字化浪潮下的商业环境,实现业财数据全域贯通、数据资产价值变现,助力企业融入数字创新时代。

(3)财务智能化数字化改造

财务作为企业数据、指标算法和效益验证的管理者,可以将数据中心海量数据提炼洞察转化为"可行动"的数据,推动大规模商业创新;凭借敏锐的判断力不断整合人工智能和自动化等技术,增强数字化敏捷性;以精细化的场景预测,实现更加高效、科学、精准、及时的决策分析与风险控制。应用新兴技术简化财务日常工作流程,提升员工体验,提高财务处理效率,将财务人力投入更有价值和更具创造性的工作中,并辅助决策制定,提升财务管理水平。以企业内外部客观数据为基础进行交互,将财务全景化分析手段、丰富的应用模型、严谨的假设条件与驱动因子,结合业务部门对市场趋势、竞争对手、地域、客群等外部因素的判断,实现更为精准的业务预测、盈利测算和创新产品定价及分润机制设计,实现数据自动运转和智能优化,以数据服务企业战略决策、业务创新以及流程驱动的管理变革。

5.1.4.2 财税管理"明星场景"大模型

随着 GPT 大模型时代的到来,各个行业都开始寻求 GPT 大模型转型。2023年 360 集团就与中税集团合作,共同建设了具有代表性的税务行业领域的大模型——税务行业标准大模型,通过将人工智能技术有效地应用在涉税专业服务领域,实现了生产力和创造力的几何式上升。针对税务行业特点与专业性强的具体需求,双方共建的税务行业标准大模型在人机交互、复杂内容和语言理解等方面具备了强大的分析和学习能力,从而可以更为精准地获取有效税务信息,高效处理日常重复业务,在提高税收管理效率的同时,也显著降低了税收的管理成本。

(1)数据处理能力卓越

税务行业标准大模型表现出卓越的数据处理能力,大模型的训练语料库中涵盖了堪称海量的税务专业数据,其中包含多年累积的法规库、案例判例、专家知识等丰富数据,从而为数字化业务提供了大数据支持。

(2)具有适配技术优势

税务行业标准大模型具有样本优化、去重优化、算法优化、训练优化、上下文学习窗口优化、历史问答优化、计算类难题适配等技术优势,不但显著提升了税务安全能力,也更好地实现了成本的优化。

(3)实现税务场景应用

在智能咨询、智能风控、自动算税、智能培训等在内的税务行业场景方面,中税集团独立进行丰富的场景训练并自研输出行业场景应用模型。以智能咨询场景为例,大模型作为基座,集合语音识别、语音合成、数字人等多项功能,在咨询对话、问题整理、问办一体和数据分析等多个环节实现场景应用。

面对税收管理智慧化、数字化和现代化,以及促进税收政策创新和完善的诉求,360 与中税集团共建的税务行业标准大模型还将持续进化,通过"明星场景"探索大模型应用路径,实现智能化财税管理,可以在税收政策较为明确、规则较为简单、业务量较大且重复性较高的税费业务特定场景("明星场景")探索应用大模型技术,解决业务流程中的具体问题。360集团在财税管理领域应用的大模型技术,大多以百亿级参数的通用大模型为基础,适当"投喂"了一些税务相关的语料,不断在企业内部管理领域挖掘应用大模型技术的"明星场景",重点挖掘财税管理领域,将大模型技术应用于税收优惠判定、合同审核等具体的业务场景中,嵌入现有的系统功能中。如即征即退判定大模型嵌入至企业税务管理系统的即征即退判定环节,帮助企业提高即征即退判定效率,提升税收优惠管理质效。①

5.1.4.3 企业税务风险一体化管理

央国企、集团公司、上市公司等在整理和统筹其已有的法务管理工作、合规管理工作、内部控制工作以及风险管理工作的基础上,积极推进税法务、合规、内控、风险一体化管理,提高数据资产管理效能,主动开展整合有关部门职责、规章制度、管控机制以及管控文化,助推企业更精准防控风险,更有效应对风险。

(1)一体化风险识别

对数据资产风险进行整合、汇编,统一衡量标准,形成更加精准、更为实用的风险描述列表,包括基于法律权益保障不力的风险(法务风险)、基于合规要求的风险(合规风险)、基于内控规范的风险(内控风险)以及基于外部环境变化产生的风险(外生风险)。

(2)一体化风险分析评价

风险管控责任部门与风险管控资源配置部门建设数据资产风险库,提供数据资产实用场景,从数据资产风险发生概率、风险发生影响程度以及风险形成原因等层面进行分析评价,筑牢数据资产风险第一道防线。

(3)一体化风险管理矩阵

结合风险形成原因分析配套对应风险应对预防措施。一般法务属性风险对应

---

① 李雨柔.实现智能化财税管理的另一种思路:通过"明星场景"探索大模型应用路径[N].中国税务报,2024-9-20.

法务管理相关手段;合规属性风险对应合规管理相关手段;内控属性的风险对应内部控制活动相关手段;外生属性的风险对应风险管理策略相关手段。一体化管理风险清单表格为不同属性的风险提供对应属性的管控措施,从而形成一体化管理矩阵,体现法务管理、合规管理、内部控制和风险管理的不同侧重。

(4)一体化风险监测预警机制

一体化风险监测与预警机制是依据一体化风险清单中各项风险(四大属性)的风险源,根据风险形成原因、风险管控措施等设置相应的监测场景,配置对应的预警阈值,制定相关风险监测和预警方案。该方案须反映针对不同风险所设计的风险监测点、风险预警指标、不同风险预警级别对应的风险应对预案等内容。

(5)一体化风险管控自查机制

一体化风险管控自查机制即在一体化管理建设过程中,对风险自查进行优化、升级,以及业务部门在移送相关重大事项至风险牵头部门进行审查之前,就该事项的合法合规性、内控合理性、风险可控性出具自查意见。该机制的实施依靠制度规定来强化业务部门风险自查意愿,靠风险管控牵头部门的协助、赋能及监督来强化牵头部门的能力。

(6)一体化风险内控合规审查机制

通过对原有的法律审查、合规审查、风控把关等审查类工作进行统筹,形成整合的审查机制,即一体化风险内控合规综合审查。这种新审查机制将原分散的审查程序、审查要点进行汇总,对风险的管控效果也将随着综合审查变得更加全面,效率也将得到提升。综合审查同样对牵头部门的能力提出了更高要求。

(7)一体化风险管控检查机制

一体化管理吸收了合规监督的特点,将合规检查、风险排查等工作综合起来,转为一体化风险管控检查,由牵头部门发起,对业务部门或子公司风险内控合规职责履行情况、风险库更新情况、风险应对措施执行情况等进行一站式检查。

(8)一体化风险管控绩效考核

绩效考核是风险管控工作的有力抓手,在合规风控考核基础上,综合业务部门的风险管控绩效表现,进行一体化风险管控绩效考核,针对业务部门在预防、控制与应对法务、合规、内控和外生等属性风险的综合表现,根据事先设计好的一体化风险管控考核指标进行打分,一次性评估各部门在这四个方面的管控效果。

(9)一体化风险管控追责问责

在发生法律纠纷、不合规事件、内控缺陷、风险事故等情形时,根据公司制度规定或接受举报线索,有必要展开事件或事故原因调查。经过调查,企业展开追责与问责,可将单个的或分别的调查、追责、问责程序与机制进行整合,统一为一体化风险追责与问责流程。

5.2 智慧税务建设

5.2.1 深化税收征管改革

⊙ 5.2.1.1 深化税收征管改革意见

2021年3月24日,中共中央办公厅、国务院办公厅印发《关于进一步深化税收征管改革的意见》,提出着力建设以服务纳税人缴费人为中心、以发票电子化改革为突破口、以税收大数据为驱动力的具有高集成功能、高安全性能、高应用效能的智慧税务。

⊙ 5.2.1.2 深化税收征管改革任务

深化税收征管改革任务,建成"无风险不打扰、有违法要追究、全过程强智控"

的税务执法体系,实现从经验式执法向科学精确执法转变;建成"线下服务无死角、线上服务不打烊、定制服务广覆盖"的税费服务体系,实现从无差别服务向精细化、智能化、个性化服务转变;建成以"双随机、一公开"监管和"互联网+监管"为基本手段、以重点监管为补充、以"信用+风险"监管为基础的税务监管体系,实现从"以票管税"向"以数治税"分类精准监管转变。到2025年,深化税收征管制度改革取得显著成效,基本建成功能强大的智慧税务,形成国内一流的智能化行政应用系统,全方位提高税务执法、服务、监管能力。

5.2.1.3 加快推进智慧税务建设

充分运用大数据、云计算、人工智能、移动互联网等现代信息技术,着力推进内外部涉税数据汇聚联通、线上线下有机贯通,驱动税务执法、服务、监管制度创新和业务变革,进一步优化组织体系和资源配置。基本实现法人税费信息"一户式"、自然人税费信息"一人式"、税务机关信息"一局式"、税务人员信息"一员式"智能归集,深入推进对纳税人缴费人行为的自动分析管理、对税务人员履责的全过程自控考核考评、对税务决策信息和任务的自主分类推送。2025年实现税务执法、服务、监管与大数据智能化应用深度融合、高效联动、全面升级。

5.2.1.4 精准实施税务监管

税务部门充分利用税收大数据,对企业合规情况进行风险扫描,帮助纳税人缴费人及时享受税费优惠、纠正政策执行偏差、规范税费申报,从而防范化解各类税费风险。

(1)建立健全以"信用+风险"为基础的新型监管机制

健全守信激励和失信惩戒制度,充分发挥纳税信用在社会信用体系中的基础性作用。建立健全纳税缴费信用评价制度,对纳税缴费信用高的市场主体给予更多便利。在全面推行实名办税缴费制度基础上,实行纳税人缴费人动态信用等级分类和智能化风险监管,既以最严格的标准防范逃避税,又避免影响企业正常生产经营。健全以"数据集成+优质服务+提醒纠错+依法查处"为主要内容的自然人税费服务与监管体系。依法加强对高收入高净值人员的税费服务与监管。数据显示,2024年,税务部门借助征纳互动服务,完善纳税信用提示提醒机制,及时提示纳税人纠正失信行为,共帮助1 300万户纳税人实现纳税信用修复或升级。①

(2)加强重点领域风险防控和监管

对逃避税问题多发的行业、地区和人群,根据税收风险适当提高"双随机、一公开"抽查比例。对隐瞒收入、虚列成本、转移利润以及利用"税收洼地""阴阳合同"和关联交易等逃避税行为,加强预防性制度建设,加大依法防控和监督检查力度。

(3)依法严厉打击涉税违法犯罪行为

充分发挥税收大数据作用,依托税务网络可信身份体系对发票开具、使用等进行全环节即时验证和监控,实现对虚开骗税等违法犯罪行为惩处从事后打击向事前事中精准防范转变。健全违法查处体系,充分依托国家"互联网+监管"系统多元数据汇聚功能,精准有效打击"假企业"虚开发票、"假出口"骗取退税、"假申报"骗取税费优惠等行为,保障国家税收安全。对重大涉税违法犯罪案件,依法从严查处曝光并按照有关规定纳入企业和个人信用记录,共享至全国信用信息平台。

5.2.2 智能应用平台体系

全场景智慧办税依托场景化办税智能平台,将政策解读、发票开具、申报表填写等多个涉税业务梳理归集为少量场景,再细分办税条件提供个性化业务指引,对涉及的业务要素进行组合筛选,通过大数据确定纳税人缴费人的导税需求,为其精准"画像"提供导税服务,实现涉税业务全覆盖。通过搜索和数据集成在系统应用上贯穿丰富而全面的多样化场景,符合用户实际情况,渗透到税收各环节和业务领

---

① 本刊特约评论员.税务合规:企业高质量发展的重要基石[J].中国税务:2024(12).

域。税务部门将若干相关联的单项业务组成场景，实现要素化引导式申报、数字化、智能化、场景化办税，并提供双语办税、免填单和"国际汇税通"智能税款计算器等服务，进一步优化国际纳税人办税体验，便利跨境税收服务。

⊙ 5.2.2.1 电子发票服务平台

电子发票服务平台是按照标准规范，遵循一体化建设要求，建成实现发票从申请、开具、使用到辅助申报、风险控制、服务保障等全流程、全生命周期管理、全天候运行的电子发票应用系统，支持企业、非企业用户开具电子发票和全国机关企事业单位、社会组织、消费者使用电子发票。全国统一的电子发票服务平台 24 小时在线免费为纳税人提供全面数字化电子发票开具、交付、查验等服务。稳步推广全面数字化电子发票，进一步提升纳税人用票便利度。

⊙ 5.2.2.2 税务人智慧办公平台

智慧税务建成后，将形成以纳税人端、税务人端和决策人端为主体的智能应用平台体系。在纳税人端，已完成"一户式"和"一人式"税务数字账户建设，实现每一户法人和每一个自然人税费信息的智能归集和智敏监控。在决策人端，已完成"一览式"应用平台建设，为管理指挥提供一览可知的信息，促进提升智慧决策的能力和水平。在税务人端，通过打造"一局式"和"一员式"应用平台，实现国家税务总局、省税务局、市税务局、县税务局、税务分局五级税务机关和税务工作人员信息，可分别按每一个单位和每一名员工进行智能归集和智效管理。

根据税务总局"统一设计、统一开发、整体推进、分省实施"的工作原则，开展税务人智慧办公平台推广上线工作，推广上线工作由税务总局金四办试点工作组统一安排、统一部署，结合各地实际和上线批次开展税务人智慧办公平台基础环境部署系统初始化、多系统连通性验证、培训辅导、系统联调测试、压力测试、安全测试、冒烟测试、切换上线、运行保障等工作，确保税务人智慧办公平台顺利推广上线。

西安市税务局稳妥实施"金税四期"税务人端数据治理、岗责配置、功能测试，有效担负全国首批试点任务，成为全国首家"金四三端"上线单位。[①]税务部门稳步推进"金税四期"税务人端慧办平台全量上线，通过税务人端系统，可完成退税申请初审和受理流程等业务，如榆林市税务局通过"慧办平台"采取机选方式，随机抽取40户煤炭相关企业作为2024年度第一批市级税务稽查对象。[②] 贵阳市税务部门于2024年11月28日全面上线税务人智慧办公平台（简称慧办平台），探索利用平台的21个工作场景和"慧看、慧干、慧算"三项联动小助手，打造个性化工作台，高效精准地辅导各项税费征管工作。打造欠税管理'一条线'的个性化工作台，运用慧办平台中欠税综合治理模块，再通过整合金税三期、市场监管等12个数据源，构建起'风险画像—任务派送—动态跟踪'全链条，有效梳理欠税底数并实现对欠税经营情况的动态监测。利用慧办平台的智能预警功能，能够及时掌握到某家企业存在资金转移的可能，随后通过平台的欠税追征任务查询功能，精准调度局内力量完成及时清欠。在慧办平台的帮助下，完成了10余笔"陈年旧账"的清缴，目前清欠的及时率较传统模式提升近60%，其中开阳县税务局通过慧办平台完成了2.68亿元的欠税清缴。过去对于未办税户的管理，需要一户一户企业进行筛选，再逐户下发数据并进行办税提醒，现在通过慧办平台赋能审核、事后跟踪、提供审核指标和提报附件资料，就可以在线上一键完成批量式监控和提醒，工作效率大为提高。[③]

根据税务总局"统一设计、统一开发、整体推进、分省实施"的工作原则，开展税务人智慧办公平台推广上线工作，推广上线工作由税务总局金四办试点工作组统一安排、统一部署，结合各地实际和上线批次开展税务人智慧办公平台基础环境部署系统初始化、多系统连通性验证、培训辅导、系统联调测试、压力测试、安全测试、冒烟测试、切换上线、运行保障等工作，确保税务人智慧办公平台顺利推广上线。

---

① 国家税务总局陕西省税务局网站.国家税务总局西安市税务局2023年法治税务建设工作报告.2024－03－05.https://shaanxi.chinatax.gov.cn/art/2024/3/5/art_610_553005.html.
② 国家税务总局陕西省税务局网站.国家税务总局西安市税务局2023年法治税务建设工作报告.2024－03－05.https://shaanxi.chinatax.gov.cn/art/2024/3/15/art_15944_565305.html#10006－weixin－1－52626－6b3bffd01fdde4900130bc5a2751b6d11.
③ 张聪 吴隽 罗勋 蒋征.税务运用数字化工具提升税费征管质效.中国税务报,2024－03－04.

西安市税务局稳妥实施"金税四期"税务人端数据治理、岗责配置、功能测试，有效担负全国首批试点任务，成为全国首家"金四三端"上线单位。[①]税务部门稳步推进"金税四期"税务人端慧办平台全量上线，通过税务人端系统，可完成退税申请初审和受理流程等业务，如榆林市税务局通过"慧办平台"采取机选方式，随机抽取40户煤炭相关企业作为2024年度第一批市级税务稽查对象。[②]贵阳市税务部门于2024年11月28日全面上线税务人智慧办公平台（简称慧办平台），探索利用平台的21个工作场景和"慧看、慧干、慧算"三项联动小助手，打造个性化工作台，高效精准地辅导各项税费征管工作。打造欠税管理'一条线'的个性化工作台，运用慧办平台中欠税综合治理模块，再通过整合金税三期、市场监管等12个数据源，构建起'风险画像—任务派送—动态跟踪'全链条，有效梳理欠税底数并实现对欠税经营情况的动态监测。利用慧办平台的智能预警功能，能够及时掌握到某家企业存在资金转移的可能，随后通过平台的欠税追征任务查询功能，精准调度局内力量完成及时清欠。在慧办平台的帮助下，完成了10余笔"陈年旧账"的清缴，目前清欠的及时率较传统模式提升近60%，其中开阳县税务局通过慧办平台完成了2.68亿元的欠税清缴。过去对于未办税户的管理，需要一户一户企业进行筛选，再逐户下发数据并进行办税提醒，现在通过慧办平台赋能审核、事后跟踪、提供审核指标和提报附件资料，就可以在线上一键完成批量式监控和提醒，工作效率大为提高。[③]

根据税务总局"统一设计、统一开发、整体推进、分省实施"的工作原则，开展税务人智慧办公平台推广上线工作，推广上线工作由税务总局金税四期办试点工作组统一安排、统一部署，结合各地实际和上线批次开展税务人智慧办公平台基础环境部署系统初始化、多系统连通性验证、培训辅导、系统联调测试、压力测试、安全测试、冒烟测试、切换上线及运行保障等工作，确保税务人智慧办公平台顺利推广

[①] 国家税务总局陕西省税务局网站.国家税务总局西安市税务局2023年法治税务建设工作报告.2024-03-05. https://shaanxi.chinatax.gov.cn/art/2024/3/5/art_610_553005.html.

[②] 国家税务总局陕西省税务局网站.国家税务总局西安市税务局2023年法治税务建设工作报告.2024-03-05. https://shaanxi.chinatax.gov.cn/art/2024/3/15/art_15944_565305.html#10006-weixin-1-52626-6b3bffd01fdde4900130bc5a2751b6d11.

[③] 张聪 吴隽 罗勋 蒋征.税务运用数字化工具提升税费征管质效.中国税务报，2024-03-04.

第5章 数字财税及智慧税务 293

上线。西安市税务局稳妥实施"金税四期"税务人端数据治理、岗责配置、功能测试，有效担负全国首批试点任务，成为全国首家"金四三端"上线单位。① 税务部门稳步推进"金税四期"税务人端慧办平台全量上线，通过税务人端系统，可完成退税申请初审和受理流程等业务，如陕西省榆林市税务局通过"慧办平台"采取机选方式，随机抽取40户煤炭相关企业作为2024年度第一批市级税务稽查对象。②

5.2.3 数电发票与新电子税务局

5.2.3.1 全面数字化电子发票

发票电子化改革集成全国税务系统智慧，是一系列利用信息化手段转变税务部门执法、管理、服务方式的信息化支撑系统，是提升税收治理和管理服务能力的重要手段，更可惠及广大纳税人依法遵从、依法高效便捷办税。通过数字化电子发票推广工作，进一步推进智慧税务建设，切实改善税收征管质效，增强纳税人缴费人获得感，提升税收现代化发展水平。

数电发票以数据作为关键核心生产要素，实现发票全领域、全环节、全要素电子化，通过数字化来夯实征管基础、强化日常管理，是深化"以数治税"的重要切入点，推动整个税务工作实现数字化转型。

数电发票是《中华人民共和国发票管理办法》中"电子发票"的一种，是将发票的票面要素全面数字化、号码全国统一赋予、开票额度智能授予、信息通过税务数字账户等方式在征纳主体之间自动流转的新型发票。

数电发票为单一联次，以数字化形态存在，类别包括电子发票（增值税专用发

---

① 国家税务总局西安市税务局2023年法治税务建设工作报告[R].国家税务总局陕西省税务局网站，2024-3-5. https://shaanxi.chinatax.gov.cn/art/2024/3/5/art-610-553005.html.

② 国家税务总局西安市税务局2023年法治税务建设工作报告[R].国家税务总局陕西省税务局网站，2024-3-15. https://shaanxi.chinatax.gov.cn/art/2024/3/15/art-15944-565305.html#10006-weixin-1-52626-6b3bffd01fdde4900130bc5a2751b6d1.

票)、电子发票(普通发票)、电子发票(航空运输电子客票行程单)、电子发票(铁路电子客票)、电子发票(机动车销售统一发票)、电子发票(二手车销售统一发票)等。数电发票可以根据特定业务标签生成建筑服务、成品油、报废产品收购等特定业务发票。

数电发票的票面基本内容包括：发票名称、发票号码、开票日期、购买方信息、销售方信息、项目名称、规格型号、单位、数量、单价、金额、税率/征收率、税额、合计、价税合计、备注及开票人等。

数电发票的号码为20位，其中，第1~2位代表公历年度的后两位，第3~4位代表开票方所在的省级税务局区域代码，第5位代表开具渠道等信息，第6~20位为顺序编码。

数电发票将是继移动支付后对经济社会数字化转型的又一次巨大推动，将给企业经营、经济往来、社会生活、政府服务等带来巨大改变，能够帮助企业打通经营管理数字化的"最后一公里"。集团公司可以通过数电发票数据的高效归集，实时掌握分支机构采购、销售等经营情况数据，"乐企"将数电发票应用规则嵌入企业自有系统，在企业生产经营中实现自动开票、自动记账、自动归集数据。小微企业税务数字账户可以清晰看到企业自己的数电发票开票情况，有效提升财务规范化水平和经营管理的数字化水平。

全面数字化电子发票(简称数电发票)试点推行以来，税务部门已累计开展数电发票可视答疑2 407场，515.57万人次观看，点赞性评论18.37万条，回答问题29.84万条；税务部门制作并发布57个数电发票可视答疑短视频，向纳税人精准推送3 294.35万户次；超过5 600万户纳税人开具了数电发票。[①]

(1)数电发票推广应用

随着发票电子化改革逐步深入，税务部门迈向"以数治税"。2021年，全国统一的电子发票服务平台平稳上线，税收征管数字化升级和智能化改造取得标志性

---

① 以数电发票为切入点 撬动经济社会数字化转型——专访国家税务总局大数据和风险管理局副局长、电票办试点工作组副组长邱洋[NOL].中国税务公众号,2024－12－16. https://mp.weixin.qq.com/s/－178ek8Mbu4oD－6BtApH0g? token＝1505487105&lang＝zh－CN.

突破;①2021年12月1日,国家税务总局在内蒙古自治区、上海市、广东省3个地区开展了数电发票试点工作,将受票方范围逐步扩大至全国;2022年1月26日,统一身份管理平台正式启动上线;2022年5月10日,三个试点省市实现数电发票互开,四川省开始接收数电发票;2022年10月28日,四川省试点使用数电发票;2022年11月30日,厦门市进行数电发票试点。2023年1月20日,上海市数电发票全面扩围;2023年1月28日,天津市、大连市、青岛市、重庆市、陕西省开展数电发票试点;2023年3月22日,吉林省、河南省开展数电发票试点;2023年3月30日,福建省、深圳市、宁波市、云南省开展数电发票试点;2023年4月27日,江苏省、浙江省、海南省、山西省、甘肃省、辽宁省、江西省、广西壮族自治区开展数电发票试点;2023年10月1日,河北、湖北、黑龙江、新疆维吾尔自治区四省区开展数电发票试点,且增加铁路电子客票和航空运输电子客票行程单两种特定应税行为及特定应用场景业务;2023年11月1日,山东、北京、湖南、贵州、安徽、宁夏和青海数电发票开票试点;2023年12月1日,西藏自治区数电发票开票试点,全国36个省区市已基本实现数电发票试点全覆盖。

2024年稳步推广全面数字化电子发票,进一步提升纳税人用票便利度,4月底前实现并大力推广资源回收企业向报废产品出售者"反向开票"的创新措施,积极助力大规模设备更新和消费品以旧换新。11月铁路客运推广使用全面数字化电子发票,购买方为增值税一般纳税人的,可对符合规定的电子发票(铁路电子客票)进行用途确认,按规定办理增值税进项税额抵扣。12月在民航旅客运输服务领域推广使用全面数字化电子发票,中华人民共和国境内注册的公共航空运输企业(简称航空运输企业)和航空运输销售代理企业(简称代理企业)提供境内旅客运输服务,可开具电子发票(航空运输电子客票行程单)(简称电子行程单)。国家税务总局决定自2024年12月1日起,在全国正式推广应用数电发票。

经过3年来的试点推行,数电发票正在逐步取代传统发票。没了传统发票这

---

① 赓续百年荣光 奋进时代新程[NOL].国家税务总局网站,2021-12-31. http://www.chinatax.gov.cn/chinatax/n810219/n810724/c5171800/content.html.

张纸质凭证的"羁绊",发票彻底变为"数据流",发票上的每一个数据要素与整个税收大数据融为一体,就像"每一滴水"都融入税收大数据的"海洋"中,更清晰感知微观层面的企业个体个人、中观层面的区域产业行业、宏观层面的经济社会发展脉搏,使发票不再仅是税务管理的基础工具,而成为连接企业和政府的重要桥梁、反映经济运行状况的"晴雨表"。[1]

(2)数电发票特征优势

电子发票服务平台通过税务数字账户集成发票信息、优化发票应用、完善风险提醒等发票数据应用成果,自动归集开具发票信息,推送至对应受票方纳税人的税务数字账户,实现开票即交付;通过完善发票查询、查验、下载、打印和用途确认等功能,增加税务事项通知书查询、税收政策查询、发票开具金额总额度调整申请、原税率发票开具申请等功能,再造红字发票业务流程、海关缴款书业务流程,为纳税人提供"一站式"服务;为纳税人提供开具金额总额度管理情况展示和风险提醒服务,纳税人可以对发票的开具、申报、缴税、用途确认等流转状态以及作废、红冲、异常等管理状态进行查询统计,以便及时开展风险应对处理,有效规避因征纳双方和购销双方信息不对称而产生的涉税风险和财务管理风险。数电发票管理更高效,数电发票无需使用税控专用设备,无需办理发票票种核定,无需领用,将纸质发票的票面信息全面数字化,通过标签管理将多个票种集成归并为电子发票单一票种,实现全国统一赋码,系统智能赋予发票开具金额总额度并动态调整,通过税务数字账户实现发票自动流转交付和数据归集。

(3)数电发票乐企直连服务

税务部门推广应用"乐企直连"服务,实现企业端关键数据一键导入,持续提升纳税便利度。"乐企"直连是一种以"规则嵌入企业自有系统、税企数据双向开放"为手段的生态平台,由国家税务总局向符合条件的企业,通过税务信息系统与企业自有系统直连的方式,提供规则开放、标准统一的全面数字化的电子发票等涉税服

---

[1] 以数电发票为切入点 撬动经济社会数字化转型——专访国家税务总局大数据和风险管理局副局长、电票办试点工作组副组长邱洋[NOL]. 中国税务公众号,2024-12-16. https://mp.weixin.qq.com/s/-178ek8Mbu4oD-6BtApH0g? token=1505847105&lang=zh-CN.

务,旨在实现税企"未税先联",降低企业办税负担,促进即时征管,提升税收遵从。符合条件(涉及票种核定、纳税信用等级、营业收入、开票及受票量或金额、重大税收违法行为记录等方面)的大企业可以申请"乐企"直连,通过"乐企"嵌入式发票引擎免费对接税务信息系统,实现免扫脸认证、票据归集以及发票的合规开具、查验、入账、用途确认等功能。通过"乐企"直连平台,将税务规则设置为标准服务,由企业按需选择,将服务嵌入自有系统,企业记账、出纳、购销等业务自动在税务规则下运行处理;企业自有系统在交易发生时自动触发发票开具、交付、归集等流程,发票信息同时进入购方、销方及税务部门三方信息系统,保证发票数据的准确性与真实性,实现"交易即开票,开票即交付,交付即归集,归集即税控"。

福建省莆田市税务部门积极探索将"支付即开票"模式扩展至充电桩行业涉税交易领域场景,与中国银联及相关企业通力合作,以秀屿区国投资产运营有限公司为试点企业,依托"乐企"平台,通过企业充电缴费平台与"乐企"平台的安全直连,将发票接口嵌入充电桩业务系统,提供发票开具、发票下载等涉税业务管理和服务,成功实现了支付与开票两个环节的紧密结合。目前已在莆田火车站三期等4个车流量较大的充电站接入试运行。税务部门将不断探索"支付即开票"在不同行业、不同应用场景的推广应用,持续推动从"以票管税"向"以数治税"分类精准监管的转变,切实提高税收征管实效。[①]

5.2.3.2　全国统一规范的新电子税务局

全国统一规范的新电子税务局(简称"新电子税局")以纳税人缴费人为中心,以承载实现全国税务系统全面数字化转型为根本目标,通过进一步拓展纳税人数字化场景、强化税务人数字化征管、加强国家税务总局与省税务局联动管理,最终建成面向全对象、覆盖全业务、支撑全渠道、融合全功能、适应全场景、业务全办结、

---

① 我省"支付即开票"应用场景上新[N].福建日报,2024-12-24. https://fjrb.fjdaily.com/pc/con/202412/24/content-420042.html.

技术全升级的数字化税务系统。四川省作为全国统一规范的新电子税务局的第一个试点省份，依托现代信息技术、融合线上线下业务、整合实体虚拟资源，自2022年底开始试点运行，通过不断优化完善功能、升级迭代系统，并有序扩围推进，于2023年8月30日实现全省所有纳税人全覆盖，进一步推动服务更智能、办税更高效、监管更精准，更好促进降低制度性交易成本。① 各地根据《全国统一规范电子税务局统一门户集成规范》要求，特色软件页面根据新电子税局标准的"界面风格约束"进行页面重构，后端应用处理服务根据新电子税局标准的"技术线路约束"进行改造。

2024年税务部门以税收大数据为驱动，建成并推广上线全国统一规范的新电子税务局，实现税费服务数字化、智能化、场景化升级提效，大幅提升办税缴费便利度。目前，全国有超9600万纳税人使用新电子税务局，月均办理超3.8亿笔涉税业务，办税时长比过去减少20%。② 新电子税务局上线后，97%的税费事项、99%的纳税申报事项可在线上全流程办理。纳税人线上业务办理量占全部业务办理量的89%，90%的高频业务可以在3分钟内办结。还持续优化社会保险经办和缴费业务线上"一网通办"举措，基本实现了企业社保缴费网上办、个人缴费掌上办。前11个月，已累计向近4亿户（人）次纳税人缴费人精准推送税费优惠政策；累计提供征纳互动服务4887万次，开展税费政策可视答疑573场，解决纳税人缴费人问题2.39万个。③

全场景智慧办税依托场景化办税智能平台，将政策解读、发票开具、申报表填写等多个涉税业务梳理归集为少量场景，再细分办税条件提供个性化业务指引，对涉及的业务要素进行组合筛选，通过大数据确定纳税人缴费人的导税需求，为其精

---

① 全国统一新电子税务局在四川率先全面上线. 国家税务总局网站, 2023－8－31. https://www.chinatax.gov.cn/chinatax/n810219/n810724/c5211336/content.html.
② 以数电发票为切入点撬动经济社会数字化转型——专访国家税务总局大数据和风险管理局副局长、电票办试点工作组副组长邱洋. 中国税务公众号, 2024－12－16. https://mp.weixin.qq.com/s/-178ek8Mbu4oD-6BtApH0g?token=1505847105&lang=zh-CN.
③ 税务部门建成全国统一规范的新电子税务局服务超9600万纳税人 月均办理超3.8亿笔业务. 国家税务总局网站, 2024－12－18. https://www.chinatax.gov.cn/chinatax/n810219/n810724/c5237168/content.html.

准"画像"提供导税服务,实现涉税业务全覆盖。通过搜索和数据集成在系统应用上贯穿丰富而全面的多样化场景,符合用户实际情况,渗透到税收各环节和业务领域。税务部门将若干相关联的单项业务组成场景,如"非居民跨境办税缴费""新办智能开业""简易确认式申报"等12个业务场景实现要素化引导式申报、数字化智能化场景化办税。

(1)非居民跨境办税缴费"一次都不用来"

非居民企业通过中国的电子税务局,在网上即可全流程快速办理相关业务,并可选择银联、云闪付、跨境汇款等多种方式在境外完成缴税,真正实现"一次不用来"。此外,电子税务局还将若干相关联的单项业务组成场景,实现要素化引导式申报、数字化智能化场景化办税,并提供双语办税、免填单和"国际汇税通"智能税款计算器等服务,进一步优化国际纳税人办税体验,让跨境办税越来越便利。

(2)新办企业"智能开业、发票即配"

在新办纳税人中推行新办智能开业场景,纳税人在市场监管部门办理注册登记后,电子税务局便会自动获取市场监管部门的企业开业数据,并自动分配给主管税务部门,完成税务登记信息确认,并根据纳税人生产经营情况自动为其配备发票额度、核定税费种、分配税务主管科(所),实现了涉税信息自动匹配。为经营主体提供"一网通办、智能开业、发票即配"快速通道,既实现"开业就能开票",又有效化解征管风险。

(3)简易确认,税费申报"一次办"

简易确认式申报场景,对于经营业务简单的纳税人,可以一次办理增值税、消费税、企业所得税、城市维护建设税、印花税、教育费附加、地方教育附加、文化事业建设费和工会经费等9个税费种申报。"简易确认式申报"创新场景,与过去纳税人要分别填写各税费种申报表相比,平均耗时从约40分钟缩短至5分钟以内,大幅减轻了办税缴费负担。税务部门还不断优化"自动算税"申报方式,运用税收大数据,实现多个税费种申报由信息系统自动提取数据、计算税额以及预填报表,预填税费业务达86项,纳税人缴费人直接确认结果或补录少量数据即可完成申报,大幅减轻办税缴费负担。

(4) 关联申报，一键缴税

税务部门推行"关联申报"服务模式，实现增值税及附加税费、消费税、企业所得税、印花税等15个税费种关联申报、一键缴税，申报时间提速到分钟办，90%纳税人可在3分钟内完成申报。尤其是通过实时归集大型企业集团各成员单位主要税费数据，实现部分税种"集团统办"，提升税费服务便利化水平。①

(5) 优良信用者"按需开票"

通过优良信用者试行按需开票场景，让长期经营且无涉税风险的诚信纳税人无需再办理发票增额手续，可以享受按需开票服务，为纳税信用一贯优良者提供更好开票服务。②

5.2.4 效能税务与严管体系

5.2.4.1 打造效能税务

税务部门要求税务干部深刻把握进一步全面深化改革的指导思想、总体目标、重大原则和科学方法，通过多种形式带着使命学、带着责任干，准确把握改革方向和要求，把智慧和力量凝聚到不折不扣落实好税务领域各项改革任务上来。坚持以科学精细、务实高效的管理理念着力打造效能税务，深入推进税费业务建设，更好发挥税收职能作用，在更好履行部门职责、服务高质量发展中展现税务担当；要不断提升税务部门税费征管、便民服务、风险防控的能力和水平；要因地制宜深入实施数字化转型条件下的税费征管"强基工程"，不断提升税务治理效能，扎实推动

---

① 税务部门建成全国统一规范的新电子税务局服务超9600万纳税人 月均办理超3.8亿笔业务.国家税务总局网站，2024-12-18. https://www.chinatax.gov.cn/chinatax/n810219/n810724/c5237168/content.html.

② 完善便民服务新生态 上线税费办理新场景——征管和科技发展司在电子税务局上线4项创新场景典型案例.国家税务总局网站，2023-7-26. https://www.chinatax.gov.cn/chinatax/c102421/c5210172/content.html.

各项税务工作再上新台阶,更加充分发挥税收职能作用,更好服务经济社会高质量发展;要把学习贯彻全会精神与深化中央巡视整改、推进各项税务工作统筹结合起来,以改革增效、以改革强能,持续深化依法治税、以数治税、从严治税,持续打造效能税务,高质量推进中国式现代化税务实践,高水平助力深化改革目标圆满实现。①

5.2.4.2 构建严管体系

税务机关构建严管体系、深入推进干部队伍建设,进一步健全管思想、管工作、管作风、管纪律的从严管理体系,一体推进管党治党和管税治税贯通互促,为顺利完成改革任务提供坚强保障。在坚持严的基调、严的措施、严的氛围中锻造税务铁军。进一步全面深化改革推动中国式现代化行稳致远,要强化"一把手"负总责、班子成员分工负责、层层督进、环环紧扣的抓落实工作机制,逐项细化制定改革落实的任务书、路线图、时间表,确保把责任压实到岗、明确到人、具体到事。要着眼大局顺应大势,把握好方式方法,统筹好收与支、税与费、增与减、稳与进,着力营造良好改革氛围,确保各项涉税改革任务不折不扣落地见效。

坚持对违纪违法行为零容忍,在全系统上线运行"智慧监督",深入推进"一案双查""双向倒查"和对涉税中介违法违规行为"有案同查"。切实加强纪检专责监督与职能部门监督等方面的协同联动,聚焦关键少数、重点领域,加力补齐制度机制短板,深入开展专项整治,着力铲除腐败滋生的土壤条件,一体防治税收风险、执法风险、廉政风险。坚持严管与厚爱相结合,深化落实人才兴税战略,持续改进选人用人工作,完善税务人才选拔培养机制,激励广大税务干部担当作为,着力激发干事创业动力活力。②

---

① 国家税务总局召开党委(扩大)会议传达学习贯彻党的二十届三中全会精神[NOL].国家税务总局网站,2024-7-19. https://www.chinatax.gov.cn/chinatax/n810219/n810724/c5233041/content.html.
② 国家税务总局网站.守正创新 强基固本 高质量推进中国式现代化税务实践行稳致远——全国税务工作会议在北京召开.2025-01-16. https://www.chinatax.gov.cn/chinatax/n810219/n810724/c5237893/content.html.

5.2.5 中国式现代化税务实践

5.2.5.1 高质量推进税务实践

税务部门深入推进税费业务建设，牢固树立改革增效、改革强能的意识，将依法治税、以数治税、从严治税贯穿各项改革始终，以各项改革的深入推进促进科学管理水平和税费治理效能的不断提高，当好进一步全面深化改革的执行者、行动派、实干家，积极助力强化垂直管理、打造效能税务，持续深化依法治税、以数治税、从严治税，高质量推进中国式现代化税务实践不断向前迈进。

5.2.5.2 积极推动以数治税

税务部门深入推进以数治税，切实提升税收治理效能。税务部门顺应数字时代发展浪潮，把海量数据资源和强大算法算力作为税务部门的核心竞争力和新质生产力，着力推动税务管理、税费治理更加科学化精细化智能化。为纳税人提供"政策找人""预填申报"等智能服务，切实增进办税缴费便利度，帮助税务人员根据动态信用风险评价，实现差异化、精准化服务和监管，不断提升税务执法质效。聚焦当前数字经济发展特点，体现税务领域改革与经济转型升级之间的关联性，部署研究同新业态相适应的税收制度，以及推进通关、税务、外汇等监管创新营造有利于新业态新模式发展的制度环境等任务。

5.2.5.3 切实提升治理效能

税务部门始终坚持守正创新，不断改进工作方法，切实注重系统集成，扎实推动税务领域各项改革举措同向发力、形成合力，增强改革整体效能，并把落实各项改革任务融入推进中央巡视整改全过程,以深化改革促进巡视整改不断走深走实,以巡视整改推动深化改革持续取得新成效。要切实加强宣传引导,强化涉税改革宣传解读工作,更好凝聚共识,在全社会营造支持改革的良好氛围。要切实做好统筹谋划,加大改革与其他工作协调推进力度,始终坚持依法依规征税收费,坚决不收"过头税费",认真落实税费政策,不断优化税费服务,依法严肃查处涉税违法行为,持续营造法治公平的税收营商环境,高质量推进中国式现代化税务实践。

5.2.5.4 深入实施强基工程

税务部门以高质量推进中国式现代化税务实践为主线,以高水平建设效能税务为目标,以落实中央巡视整改为契机,以深化税务领域改革为动力,深入实施数字化转型条件下的税费征管"强基工程",一体推进依法治税、以数治税、从严治税,更好发挥税收在国家治理中的基础性、支柱性、保障性作用,为强国建设、民族复兴伟业贡献更多更大税务力量。

税务部门以全面优化纳税申报管理为切入口,积极构建征管新模式,以有效加强重点领域监管为着力点,扎实构建监管新机制,在坚持稳中求进、税费一体、因地制宜、联动协同中,加强与深化政治机关建设、深化中央巡视整改、深化税务领域改革、深化全面从严治党的统筹推进,争取用三年左右时间,推动税费征管基础全面夯实,并以此为抓手促进效能税务建设迈向更高水平。

税务部门严格坚持依法依规组织税费收入,坚决守住不收"过头税费"的底线,把质的有效提升和量的稳步增长统一到组织收入全过程。加力落实好结构性减税降费政策,让应享的快享尽享,对骗享的严防严查。抓紧出台增值税法实施条例,围绕提振消费、扩大内需、发展新质生产力等推动完善税制和规范优惠政策。着力深化税费征管改革,积极推进税收征管法修订,优化税费数据质量标准,推动税费治理数字化智能化水平持续提升。①

5.3 数据资产及合规管控

"十四五"规划和 2035 年远景目标纲要明确提出了"打造数字经济新优势"的目标。深改意见明确提出全面推进税收征管数字化升级和智能化改造,整体性集成式提升税收治理效能。党的二十届三中全会对深化财税体制改革作出部署,要求"研究同新业态相适应的税收制度……深化税收征管改革"。以深化财税体制改革为历史性契机,推动税收治理实现数字化智能化转型升级,已成为数字经济时代的重要议题,而数据资产的合规管控将是未来推动税收治理数字化的重要抓手。

5.3.1 数据资产财务管理

根据公开数据,2024 年 8 月,浙江连信科技有限公司顺利完成对心理应用大模型——"洞见人和大模型"数据资产组合的 3.65 亿元价值化认定,是目前公开报道中全国最大的数据资产价值评估金额;中国移动(600941.SH)为首家披露数据资源价值的上市央企,深圳航天信息有限公司全面启动数字化转型升级项目建设,率先成为深圳国有企业数据资产入表第一单。2024 年 1 月,南京扬子国资投资集团有限责任公司完成首批 3 000 户企业用水脱敏数据水务行业全国首单数据资产入表,南京公共交通(集团)有限公司成功完成约 700 亿条公交数据资源资产化并

---

① 国家税务总局网站.守正创新 强基固本高质量推进中国式现代化税务实践行稳致远——全国税务工作会议在北京召开.2025-01-16. https://www.chinatax.gov.cn/chinatax/n810219/n810724/c5237893/content.html.

表工作,成为江苏省首单城投类公司数据资产评估入表案例;2024年6月,全国首单数据资产损失保险落地深圳,国任保险与优钱信息完成了数据资产损失保险签约,为ESG数据提供累计赔偿限额100万元人民币的数据资产损失费用保障,主要覆盖数据资产损失费用或重置恢复的费用。2024年9月,昆明联合产权交易有限公司昆明国际数据交易所正式挂牌成立,将构建全省唯一的以数据登记服务、数据生态、数据资产评估、数据交易、跨境交易为特征的综合性数据流通交易应用服务平台,数据资产显示出强劲的增长势头和潜力。

在大数据时代,数据不仅仅是用以记录客观事物并存储在介质上的可识别符号,还具有进一步挖掘更高价值的潜力,可以通过数据交易、数据赋能等方式来实现其价值。《关于印发〈企业数据资源相关会计处理暂行规定〉的通知》(财会〔2023〕11号)于2024年1月1日起正式实行,解决了数据资源入表的会计处理问题。企业在编制资产负债表时,应当根据重要性原则并结合本企业的实际情况,在"存货"项目下增设"其中:数据资源"项目,反映资产负债表日确认为存货的数据资源的期末账面价值;在"无形资产"项目下增设"其中:数据资源"项目,反映资产负债表日确认为无形资产的数据资源的期末账面价值;在"开发支出"项目下增设"其中:数据资源"项目,反映资产负债表日正在进行数据资源研究开发项目满足资本化条件的支出金额。相应地,就税务处理而言,应当根据数据资源的取得方式、处置方式、表现形态、持有用途进行相应的税务处理。

5.3.1.1 公共数据资产入表

地方政府和城投是拥有海量数据资产的重要主体,入表资产以公交、供暖、供水等公共事业数据为主。据不完全统计,截至2024年9月30日,国内已有126家非上市公司披露了数据资产入表情况,其中城投公司(含城投下属公司)38家、类城投国企(指当地国资委控股且从事市政等公共服务的企业)72家、民营企业16家。城投公司和类城投国企的行政级别以地市级居多;入表数据类别趋于多元化,交通运输类、政府数据类和公用事业类数据仍占显著多数。例如南京公交集团评估入表的数据资产涵盖了历史公交方面信息以及实时数据等关键资源,成都市金牛城市建设投资经营集团有限公司以内部智慧水务监测数据以及运营数据等城市治理数据作为入表对象,许昌市投资集团有限公司以智慧停车应用场景数据入表。青岛华通集团将公共数据融合社会数据治理的数据资源——企业信息核验数据集,列入"无形资产—数据资源"科目,计入企业总资产;南京扬子国资投资集团有限责任公司将首批3 000户企业用水脱敏数据按照账面归集研发投入计入"无形资产—数据资产"科目,实现数据资产入表。未来随着政策持续推进以及城投公司、第三方机构、数据交易中心和金融机构的联合探索,数据资产入表规模将加速扩大。

5.3.1.2 上市公司数据资产入表

根据上海交通大学上海高级金融学院发布的2024年上半年《中国企业数据资产入表情况跟踪报告》,截至8月31日,实现数据资源入表的A股上市公司数量41家,入表总额13.64亿元。其中,"无形资产"科目为最主要的披露科目,单独披露了无形资产中数据资源摊销年限和方法的公司中,大部分公司数据资源的摊销年限集中在3~5年,且多以直线法为主。入表公司行业集中在信息传输、软件和信息技术服务业及制造业企业,以市值规模500亿元以下的公司为主,新增数据资源披露对企业资产负债率的影响普遍较小,但对部分企业利润率的影响较大。披露数据资产入表的省级行政区增加到22个,已入表企业在数据交易中心或交易所登记的占比接近80%,登记机构以本省市的地方平台为主。而根据稳诺数据披露的信息,A股第三季报数据入表企业清单显示,共有51家上市公司在第三季度报告的资产负债表中披露了"数据资源"的数据(排查入表错误),涉及总金额8.58亿元。其中,中国移动、中国电信、中国联通三大运营商的数据资产入表金额4.51亿元,中国联通20 403.74万元,是国内数据资产入表金额最多的企业;7家央企19家国企25家民营企业入表;分布在8个行业,20家信息技术行业、15家工业企业、电信、交通、材料传统行业;分布在15个省份,北京市14家,广东省9家,浙江、山东紧随其后。34家上市公司计入无形资产,2家计入存货,24家计入开发支出。

5.3.2 数据资产税务处理[①]

企业生产经营过程中的资金和发票是其必要的资源和凭证工具,资金是正常开展购销、生产等活动必不可少的"血液",而发票则是其进行成本核算、完成购销必要的凭证资料。发票既能够真实反映企业数据资产的生产加工处理交易过程,又是进行数据资产税收服务和管理的重要抓手。发票包含丰富的数据信息,覆盖数字经济活动的最小单元,税务部门通过推广应用数电发票,实现发票全领域、全环节、全要素电子化;通过数电发票更细颗粒度的数据抓取,能够在数字化时代更为精准地掌握和反映数据资产经济活动,更好地帮助企业从数据资源的取得方式、处置方式、表现形态、持有用途等方面进行相应的业财法税融合处理,更好地防范和应对虚开发票风险,更好地促进企业在合规经营大环境下取得竞争优势。税务部门还以发票等数据作为关键核心生产要素,靠数字化来夯实征管基础、强化日常管理,进行"以数治税"探索和建设,推动整个税务工作实现数字化转型,提升税收治理效能。

5.3.2.1 数据资产增值税处理

一般纳税人销售无形资产适用6%的增值税税率,销售存货适用13%的增值税税率,并允许抵扣进项税额。小规模纳税人征收率1%,不涉及进项税额抵扣问题。

销售无形资产是指转让无形资产所有权或者使用权的业务活动。

[①] 贺焱.数据资产入表税务处理解析.中国会计报.2024-12-16. https://api.zgkjb.com/news/shareH5/161339.

无形资产是指不具实物形态,但能带来经济利益的资产,包括技术、商标、著作权、商誉、自然资源使用权和其他权益性无形资产。

其他权益性无形资产,包括基础设施资产经营权、公共事业特许权、配额、经营权(包括特许经营权、连锁经营权、其他经营权)、经销权、分销权、代理权、会员权、席位权、网络游戏虚拟道具、域名、名称权、肖像权、冠名权及转会费等。

网络游戏虚拟道具交易属于销售其他权益性无形资产,适用6%税率。

(1)进项税额抵扣

取得数据资源,无论是否确认为资产,取得过程中形成的进项税额,如果不属于增值税暂行条例、实施细则、营改增以及相关文件列举所规定的不可抵扣情形,则可以抵扣进项税额,否则应当全额转出或计算转出进项税额。

(2)技术转让所得

出售数据资产如果该转让符合《财政部 国家税务总局关于全面推开营业税改征增值税试点的通知》(财税〔2016〕36号)附件3《营业税改征增值税试点过渡政策的规定》关于"纳税人提供技术转让、技术开发和与之相关的技术咨询、技术服务"免税的规定,则可享受免征增值税的税收优惠。如果纳税人提供开发数据资源服务的,也符合该规定,则取得的开发收入也可以享受免征增值税的税收优惠。

(3)纳税义务发生时间

数据资源作为资产处置时,按转让无形资产计算销售额、确定适用税率及纳税义务发生时间。如果不能确认为资产,属于受托方为委托方提供的数据开发服务,则按销售服务计算销售额、确定适用税率及纳税义务发生时间。

(4)数据资产损失

货物发生非正常损失是指纳税人购进的货物发生因管理不善造成的被盗、丢失、霉烂变质,或因违反法律法规造成的依法没收、销毁、拆除情形,其购进货物,以及相关的加工修理修配劳务和交通运输服务所抵扣的进项税额应进行转出。在产品、产成品发生非正常损失:纳税人在产品、产成品发生因管理不善造成的被盗、丢失、霉烂变质,或因违反法律法规造成的依法没收、销毁、拆除情形,其耗用的购进货物(不包括固定资产),以及相关的加工修理修配劳务和交通运输服务所抵扣的进项税额应进行转出。

5.3.2.2 数据资产企业所得税处理

以企业确认为无形资产或存货且用于外售的数据资源应税所得额为计量依据,同时可享受研发费用加计扣除的税收优惠。企业所得税税率为25%,满足条件的小微企业适用税率为20%(应纳税所得额300万元以内实际5%),高新技术企业适用税率为15%。无形资产采用直线摊销法并准予扣除,摊销期限不低于10年,有关法律规定或者合同约定了使用年限的,可以按照规定或者约定的使用年限分期摊销。对外购软件的摊销年限可予以适当缩短,最短为2年(含)。

(1)资产取得计税基础确定

外购的数据资源符合企业所得税法关于无形资产定义的,根据《中华人民共和国企业所得税法实施条例》第六十六条规定,区分三种情况确定计税基础:外购的,以购买价款和支付的相关税费以及直接归属于使该资产达到预定用途发生的其他支出为计税基础;自行开发的,以开发过程中该资产符合资本化条件后至达到预定用途前发生的支出为计税基础;通过捐赠、投资、非货币性资产交换、债务重组等方式取得的,以该资产的公允价值和支付的相关税费为计税基础。外购的数据资源符合企业所得税法关于存货定义的,根据《中华人民共和国企业所得税法实施条例》第七十二条规定,通过支付现金方式取得的,以购买价款和支付的相关税费为成本;通过支付现金以外的方式取得的,以该存货的公允价值和支付的相关税费为成本。

(2)资产处置收入确认

根据《国家税务总局关于企业取得财产转让等所得企业所得税处理问题的公告》(国家税务总局公告2010年第19号)第一条规定,作为资产处置均应一次性计入确认收入的年度计算缴纳企业所得税。如果是出售数据资产的使用权,则应当按合同约定的收款时间确认相应的企业所得税收入。

(3)数据资源费用化

不能确认为资产时,取得数据资源发生的支出在当期费用化。受托开发数据资源且开发的数据资源知识产权归属委托方时,受托方提供的开发劳务,根据《国家税务总局关于确认企业所得税收入若干问题的通知》(国税函〔2008〕875号)规定,按完工进度确认收入。

(4)减值准备金税前扣除

一般企业计提的减值准备包括短期投资跌价准备、坏账准备、存货跌价准备、长期投资减值准备、固定资产减值准备、无形资产减值准备、在建工程减值准备和委托贷款减值准备。企业实际发生的与取得收入有关的、合理的坏账损失,准予在计算应纳税所得额时扣除。对不符合国务院财政、税务主管部门规定的各项资产减值准备、风险准备等准备金支出不得扣除。《国家税务总局关于企业所得税执行中若干税务处理问题的通知》(国税函〔2009〕202号)第二条规定根据《实施条例》第五十五条规定,除财政部和国家税务总局核准计提的准备金可以税前扣除外,其他行业、企业计提的各项资产减值准备、风险准备等准备金均不得税前扣除。

经核定的可实现税前扣除的准备金支出主要包括以下几个方面。

①金融企业。一般贷款损失、涉农贷款损失准备金、中小企业贷款损失准备金;

②保险企业。保险保障基金、未到期责任准备金、寿险责任准备金、长期健康责任准备金、未决赔偿准备金、大灾风险准备金;

③中小企业信用担保机构。担保赔偿准备金、未到期责任准备金;

④证券行业。证券交易所风险基金、证券结算风险基金、证券投资者保护基金、期货交易所风险准备金、期货公司风险准备金、期货投资者保障基金;

⑤中国银联股份有限公司。特别风险准备金。

(5)研发费用加计扣除

取得数据资源可以确认为无形资产,且形成该无形资产的活动符合《财政部 国家税务总局 科技部关于完善研究开发费用税前加计扣除政策的通知》(财税〔2015〕119号)关于研发活动的定义,且不在正列举研发费用不得加计扣除的范围内,则相应支出符合条件的可以享受研发费用加计扣除的税收优惠。

(6)数据资产转让

出售数据资产符合《财政部　国家税务总局关于居民企业技术转让有关企业所得税政策问题的通知》(财税〔2010〕111号)规定的,可以享受技术转让所得的税收优惠。企业在实际处置、转让资产过程中发生的合理损失(以下简称实际资产损失),以及企业虽未实际处置、转让上述资产,但符合规定条件计算确认的损失(以下简称法定资产损失),准予在企业所得税税前扣除。企业实际资产损失,应当在其实际发生且会计上已作损失处理的年度申报扣除;法定资产损失,应当在企业向主管税务机关提供证据资料证明该项资产已符合法定资产损失确认条件,且会计上已作损失处理的年度申报扣除。

5.3.2.3　数据资产"六税两费"处理

企业取得、持有、处罚数据资源时,书立的合同,如果有书立印花税法正列举应税凭证的情形,则应按规定计算缴纳相应的印花税。如,纳税人持有数据资源已经取得专利权,其与另一家企业签订转让合同,则应当按产权转移书据申报缴纳印花税。

增值税小规模纳税人、小型微利企业和个体工商户自2023年1月1日至2027年12月31日减半征收资源税(不含水资源税)、城市维护建设税、房产税、城镇土地使用税、印花税(不含证券交易印花税)、耕地占用税和教育费附加、地方教育附加。登记为增值税一般纳税人的新设立企业,只要是从事国家非限制和禁止行业,且同时符合申报期上月末从业人数不超过300人、资产总额不超过5 000万元两项条件的,在办理首次汇算清缴前,可以按照小型微利企业申报享受"六税两费"减免优惠。按规定办理首次汇算清缴后,确定属于小型微利企业的一般纳税人,自办理汇算清缴的次月1日至次年6月30日,可申报享受"六税两费"减免优惠;确定不属于小型微利企业的一般纳税人,不得再申报享受优惠。新设立企业按规定办理首次汇算清缴后,申报当月及之前"六税两费"的,也依据首次汇算清缴结果确定是否可享受减免优惠。

5.3.2.4 数据资产处理国际借鉴

数据资产入表已成为全球范围内企业财税管理的重要趋势,不同国家和地区数据资产入表的实践和理念值得借鉴。美国的数据资产通常被分类为无形资产,并按成本减去减值损失进行处理。美国财务会计准则委员会(FASB)等机构已经开始探讨数据资产的会计处理问题,并提出了一系列的准则和指导。欧洲对于数据资产入表的态度则较为谨慎,尚未形成统一的规定。不过,欧盟有关数据治理的新法规,如欧盟数据治理法案对数据资产管理和利用产生一定影响,为个人数据、非个人数据、政府数据分别制定了不同类别的数据治理框架和治理政策。

欧洲作为数字服务税(又称数字税)政策的先行者,其数字服务税的国际实践为全球提供了宝贵的经验和启示。欧盟委员会增值税委员会2023年11月在第1070号工作文件中讨论了交易"皮肤"等游戏内物品的潜在增值税影响,其焦点在于定期交易这些物品以赚取收入的个人是否应被视为增值税应税人。法国2019年7月通过《数字服务税法案》,对年全球营业额超过7.5亿欧元、法国国内营业额超过2 500万欧元的有关企业,征收3%的数字税。法国2024年财政法又推出一项新的流量媒体音乐服务税,税率为1.2%,适用于在法国提供在线录制音乐和音乐视频的付费和免费服务。英国自2020年4月起对在全球数字收入超过5亿英镑、从英国用户取得收入超过2 500万英镑的大型企业开征数字服务税,税率为总收入的2%。自2024年1月1日起,丹麦对点播视听媒体服务提供商征收的文化贡献税,即对所有点播流媒体公司在丹麦产生的收入按照基本税率2%征税,对丹麦境内投资占其丹麦收入不到5%的公司征收3%的附加费。该法律适用于在丹麦或另一个欧盟成员国设立的面向丹麦受众的服务提供商,但不包括年总收入低于1 500万丹麦克朗或丹麦观众人数较少的服务提供商,以及与公共服务活动相关的点播视听流媒体服务。[①]

---

① 蔡昌,王仁杰.数字服务税的欧洲实践[N].中国会计报,2023-05-17。

5.4 数电发票及数据资产风险防控

数电发票进行了全面数字化重构,其真正的核心是数据,能够在不同行业、不同领域、不同部门、不同层级间无缝流转和动态更新的数据流,最大程度消除了征纳双方之间的信息不对称,实现了开票方、受票方以及税务部门的三方信息对称共享,交易双方可以实时查看发票全生命周期中各环节状态,税务部门可以实时掌握纳税人发票数据,既有利于促进纳税人自主遵从,也便于税务部门做好风险提醒。数电发票实现了交易数据全量采集、智能归集,能够服务于增值税、企业所得税、个人所得税、消费税、教育费附加等多个税费种,实现了可信认证穿透式管理,通过赋予开票人唯一数字身份,变"认盘"为"认人",有效减少冒名虚开发票风险;实现了分行业、分税种、分产业链、分业务规模等分类分级服务和管理,通过对数据的灵活组合分析,有效防控涉税风险,提升个性化服务水平,更好服务政府科学决策;实现了风险管理前后台、各环节、全链条、上下级的有机咬合和智能防控。[①]

[①] 以数电发票为切入点 撬动经济社会数字化转型——专访国家税务总局大数据和风险管理局副局长、电票办试点工作组副组长邱洋. 中国税务公众号,2024 - 12 - 16. https://mp. weixin. qq. com/s/- 178ek8Mbu4oD - 6BtApH0g? token = 1505847105&lang = zh - CN.

5.4.1 数电发票风险防控

⊙ 5.4.1.1 电子发票管理办法

电子发票是指在购销商品、提供或者接受服务以及从事其他经营活动中,按照税务机关发票管理规定以数据电文形式开具、收取的收付款凭证。单位和个人按照国家税务总局有关规定开展发票数据处理活动,依法承担发票数据安全保护义务,不得超过规定的数量存储发票数据,不得违反规定使用、非法出售或非法向他人提供发票数据。税务机关根据单位和个人的税收风险程度、纳税信用级别、实际经营情况确定或调整其领用发票的种类、数量、额度以及领用方式。单位和个人在开具发票时,应当填写项目齐全,内容真实。

(1)不得开具与实际经营业务情况不符的发票

①未购销商品、未提供或者接受服务、未从事其他经营活动,而开具或取得发票。

②有购销商品、提供或者接受服务、从事其他经营活动,但开具或取得的发票载明的购买方、销售方、商品名称或经营项目、金额等与实际情况不符。

(2)不得以其他凭证代替发票使用

①应当开具发票而未开具发票,以其他凭证代替发票使用。

②应当取得发票而未取得发票,以发票外的其他凭证或者自制凭证用于抵扣税款、出口退税、税前扣除和财务报销。

③取得不符合规定的发票,用于抵扣税款、出口退税、税前扣除和财务报销。

构成逃避缴纳税款、骗取出口退税、虚开发票的,按照《中华人民共和国税收征收管理法》《办法》相关规定执行。

5.4.1.2 发票制度变革逻辑

税务机关建立"信用＋风险"的数字化监管体系,通过数电发票场景中交易双方数据的采集、计算、分析、比对,快速判断出交易的合法合规性,并作为授信额度调整的重要参考。其变革逻辑是加强发票管理和财务监督,保障国家税收收入,维护经济秩序,为经济社会发展服务,防范税务风险。其中的税务风险包括事前的六员异常风险,事中的开票实时风险,以及事后的暴力虚开和变票风险,涉及业务真实性、法人等关键人员身份、实质性经营法律要件、发票流分析涉税疑点等,通过挖掘和应用发票本质功能的发票制度变革与创新,让发票更高效、更全面地体现交易活动本质,更充分发挥发票内蕴"记录、流转、使用、存储交易信息"的本质功能,从而推动税收征管从"以票管税"全面转向"以数治税"。

(1)数电发票与真实业务活动数字链接与映射互动

数电发票表现为一系列信息的集合,其本质是交易活动的信息流。数电发票是数据与业务融合的载体,能够对交易活动进行真实记录和全要素仿真浓缩,再现交易结构与全部要素,真正实现数据与业务之间的深度链接与融合。数电发票是真实业务活动的全息反映,是真实交易活动的数字形式与映射,体现着业务与数据之间的双向映射、动态交互、实时链接,体现从信息化到智能化,再衍生到智慧化的以数治税能力。

(2)数电发票基于数据驱动全链条税收治理

数电发票开具、生成、流转、使用、查验、存储等环节,都离不开贯穿始终的数据要素,数据驱动贯穿于整个智慧税务运行及税收治理全过程。纳税人端、税务人端、决策人端在组织结构、业务模式和工作流程等方面都深刻体现"数据驱动"的源泉动力,推动全链条税收治理转型升级。

偷逃税、虚开骗税等违法犯罪行为屡禁不绝,对经济社会发展带来多重影响,应完善发票管理及税收协同共治相关机制,填补制度漏洞,打破数据壁垒,织密监管网络,切实维护税法权威。

5.4.1.3 数电发票风险防控模型

税务机关基于风险防控指标模型体系计算结果,在重要环节和关键节点结合实际经营情况调整用票单位和个人领用发票的开具金额总额度,用票单位和个人需要变更开具金额总额度的,可向税务机关申请调整。红色预警不能继续开票,其开具的涉嫌虚开的增值税专用发票将被视为异常增值税扣税凭证,并在其办理注销业务时强制性不予通过,需要到税务机关进行处理;黄色预警授信类别降级,其相应开具的增值税专用发票可能被系统标记为疑点发票,如开具的数电发票品名项目超出公司经营范围等;蓝色预警进行风险提醒注意虚开增值税发票风险,如零负申报、税负率较低等,应定期进行自查和自我纠正。

(1)事前六员异常风险

税务机关根据纳税人实质性经营活动,对法定代表人、财务负责人、办税人、领票人、开票人和投资人六类人员实名办税数据开展关联分析,根据六员高度关联、六员交叉任职等特征研究设计"六员人员"关联画像,开展全视角涉税风险分析,通过由自然人信息穿透到企业信息,实现从自然人行为透视企业行为,对企业的潜在涉税风险进行预判,前移风险识别分析环节,快速、准确识别出团伙性虚开特征,对发票虚开行为快速发现、快速应对、精准打击。

税务机关在小程序中输入企业的纳税人识别号,就可以生成该企业六员信息结构图,结构图内展现出与企业六员关联的企业,以及关联企业相关联的其他六类人员,直至人员重复形成闭合回路。税务机关将结构图中闭合回路上关联重复率高的人员视为关键控制人进行深入分析,并列为重点监管对象,结合关联企业的注册地址、经营能力,从关联性、反常性、虚假性、隐蔽性等方面精准识别和排查发票虚开风险。

加强重点纳税人发票管控。根据实际情况对筛查出的重点纳税人进行风险管控,进行发票授信额度调整,同时进一步扩大核查覆盖面,对其中涉及商贸、建筑安装、医药类企业,进行风险评估,根据生产经营实际情况进行发票额度调整。对赋票额度与上年开票月均额度相差较多的企业,做好日常风险管理,降低恶性虚开风险的同时,避免"一刀切"式降低额度,保障纳税人正常生产经营需要。

加大登记注册地址户籍管理。重点对筛查出的虚假注册地址企业进行核查整治,对发现的虚假登记、登记不实、注册在居民楼且无实际经营能力的纳税人重点关注。落实定期巡查管理制度,定期对变更户、非正常户、走逃户的实际情况进行逐户比对检查。针对登记地址与实际经营地址不符等情况,及时通知纳税人根据经营状况进行变更登记,调整主管税务机关。

(2)事中实时开票风险

税务机关对企业生产经营过程中的涉税事项和关键流程节点进行逻辑分析,并在开具发票过程中根据商品和服务税收分类与编码进行智能匹配,如机动车和特殊商品的有销无进;对劳务和服务进行监控,发现无工资薪金和社保的空壳公司;异常负数申报;风险时段集中开票;异常时段开票占比较高;异常未开票收入申报;涉及重点敏感商品;同一IP地址及Mac地址开票等;新办企业无银行扣款三方协议,开具金额巨大等。税务机关还能够通过数电发票实时监控企业开票行为,及时发现和防范涉税违法行为。更好地应对和管理数电发票预警,确保合规开票,避免不必要的税务风险。

①红黄蓝预警

税务机关通过应用全国增值税发票风险特征信息库、虚开发票风险指标模型和大数据运算技术,并辅以纳税评估、税务稽查等方法,建立红、黄、蓝风险预警机制,即时监控纳税人开具发票行为,加强对纳税人的发票管控。

a.蓝色预警。税务机关为了强化对增值税纳税人的发票管理,防止零申报、负申报以及控制税负偏低的情况,通过蓝色预警提示企业行为已经触发开票风险预警机制(蓝色预警),请注意虚开增值税发票风险。企业对蓝色预警应定期进行自查自纠,实现风险提示、风险确认、风险消除的良性循环。

b.黄色预警。税务机关对触发黄色预警的纳税人,会将其发票赋额类别降级,同时在新电子税局中发送数电发票黄色预警提醒,将开具的发票列入"疑点发票"。下游纳税人在电子税局中也会收到上游企业黄色预警提醒,其收到的增值税发票可正常抵扣,但抵扣时会收到疑点发票的风险提醒,在勾选该发票时,需要承诺业务真实,根据具体情况综合考虑多个因素,如企业的风险评估、经营状态、涉税信用评级等。一般来说,当企业的某些关键经营指标出现异常,或者与其相关的其他企业出现问题时,可能会触发黄色预警。值得注意的是,这种情况可能由开票方引起,也可能是系统监控异常,因此如果税务机关没有提出异常,可以将回复提供给对方,对方可以正常认证并使用。因此纳税人要加强企业内部管理,及时对企业存在的风险行为进行控制和处理,以免风险进一步升级。

c.红色预警。当纳税人的行为已经触发开票风险预警机制(红色预警),不能继续开票,需要到主管税务机关申请处理后才能继续开具数电发票。触发红色预警的纳税人,将被阻断发票开具,其发票赋额类别将被直接降为Ⅰ类,数电发票开具额度被限制,同时向开票方、受票方、关系密切的开票方上游、关系密切的受票方下游纳税人和主管税务机关推送风险提示信息。红色预警纳税人开具的涉嫌虚开的发票,将被自动认定为"异常凭证",下游纳税人无法抵扣。企业需要进行多项自查:发票是否涉嫌虚开,法人和股东是否属于风险纳税人,上下游数电发票是否存在异常凭证,本单位被关联到等,还需要准备合同或协议、银行回单、账务处理资料等,向主管税务机关提请核实风险事项。主管税务机关将根据约谈、调查巡查结果对风险等级或预警级别进行调整、维持或解除。

②单张大额发票提醒

纳税人首次开票额度大于发票额度的50%,且开票金额大于50万元,会触发大额发票提醒。确认是否继续开票;遇到这种提示,开票人员可以继续开票,但风险会推送给主管税务机关。纳税人收到单张大额提示提醒,需确认业务是否真实,开具发票时间是否符合税法规定,开具发票的数量、金额是否与实际业务相符,如果核实无误,可以继续开票。

③开具与实际经营业务不符的发票

如从事国家限制与禁止的行业,超营业范围开具发票,开具与成品油及相关化工产品发票、高额咨询费发票、来自园区的发票等。

(3)事后暴力虚开变票风险

事后监管是税务机关最常用的风险管理方式,在事前事中监控有所疏漏的情况下,事后监控成为发票管理的最后一道防线。如根据以往煤、铝、铜互相变化变票经验,进A销B的购销不匹配;上下游企业非正常户、走逃失联等异常;从未取得增值税普通发票而对外全部开具专用发票;未取得水电费发票、综合税负率低;未按规定进行个人所得税综合所得预扣预缴申报等发现的直接或关联风险……

①销售额临界点

小规模纳税人月销售额在10万元(季度30万元)免征增值税临界点,以及同一笔销售发票当月冲红下月重开,且恰好在临界点左右的情况。

②接受与主营业务无关的大额异常进项税额抵扣。比如物流运输企业突然有大量成品油相关进项发票,这些成品油相关获取并不能直接被车辆使用,可能存在虚开发票问题。

③进销项商品和服务差异大

全面实行商品和服务税收分类与编码识别比对,进项和销项如果大类别不一致,比例差异大,特别是存在有销无进、有进无销以及进A销B的情况,将被比对出包括名称、数量、型号等库存账实不一致问题。

④咨询费、推广费、服务费、会议费占进项金额比重异常

该类费用金额过大占比过高需核查业务真实性,对资质、交易过程和结果有凭证、资金等记录和支撑。

⑤简易计税和免征增值税项目未转出进项税额

不得抵扣的进项税额＝当期无法划分的全部进项税额×(当期简易计税方法计税项目销售额＋免征增值税项目销售额)/当期全部销售额。

特别是纳税人购入固定资产、无形资产(不包括其他权益性无形资产)、不动产以及租入固定资产、不动产,既用于一般计税方法计税项目,又用于简易计税方法计税项目、免征增值税项目、集体福利或者个人消费的,其进项税额准予从销项税额中全额抵扣。上述政策规定允许全额抵扣的进项税额,是指购入固定资产、无形资产(不包括其他权益性无形资产)、不动产以及租入固定资产、不动产相应取得的

进项税额,不包括购入或租入相关资产后支付的装修费、取暖费、物业费和维护费等各类费用对应的进项税额。

⑥连续6个月零申报

企业长期没有收入连续6个月零申报等,未正常申报纳税的。未正常申报包括:未申报,申报不及时,申报不完整,不合规零申报。出现上述情况将被列为非正常户;或被认定为走逃失踪户的纳税人,当年的纳税人信用直接评为D级。

⑦增值税一般人增值税税负率变动异常(±30%)

计算公式为:

本期税负—上期税负/上期税负×100%,税负=应纳税额/本期应纳销售额收入×100%。

若企业增值税税负率变动异常,可能存在虚开发票、未结转收入、进项税额问题或税收优惠期不当操作等。如税负率短期大幅下降且经营无变化,需进一步审查。

⑧企业所得税税负率变动异常及与增值税收入不符

所得税税负率计算公式为:

本期应纳所得税额/本期销售收入×100%,本期应纳所得税=应纳税所得额×税率—减免税额—抵免税额。

若企业所得税税负率变动异常,可能存在少计收入、多列成本等问题。如税负率远低于同行业且利润增长,需深入审查申报情况。还应比对企业所得税收入与增值税收入不符的情况,核实投资收益、营业外收支等差异。

⑨个税申报与所得税工资薪金及社保等比对

汇算清缴申报的工资薪金和每月申报的个税工资总额、社保等不一致,劳务报酬所得转换生产经营所得等少交个税和享受增值税按期纳税免税优惠,员工工资长期在5 000元以下或每月工资不变等,会被关注。

⑩企业印花税申报金额异常的预警

比如印花税计税金额合计值与企业增值税进销项发票金额合计数偏离值超过500元。

与当期企业增值税进销项发票金额合计数进行比较,起到提示提醒是否存在少报、漏报的情况,若核实计税依据无误,则可继续进行申报。

5.4.2 数据资产风险防控

我国税收征管已迈入以数治税新阶段,强调进行数字化升级和智能化改造,将海量数据资源和强大算法算力作为核心竞争力和新质生产力。随着全面数字化电子发票稳步推广和新电子税局全面上线,税务部门能够通过涉税数据比对和会计勾稽,对企业用水用电量、原材料、固定资产、工资、运输费用等发票报表资料、资金流水等方面数据,以及税负率异常、虚假开户、企业社会保险费缴纳等一系列问题进行发票全流程管理和资金全过程监管的有效预警和全链条追踪,从而有力地打击税法不遵从行为。

作为货物、无形资产和开发支出的数据资产(数据资源)相较于未入表前的其他资产项目,由于普遍存在对新事物的认知以及数据资产本身所具有的可增值、可共享、可控制、可量化;虚拟性、时效性、安全性、交换性和规模性;能确权、业务导向、最小使用和管理单元、可度量性、持续性、非物质性特征,必然对税收监管与治理提出更为严峻的挑战和考验。会计层面的挑战主要体现在会计确认与分类、成本归集、收入成本匹配、摊销方法与年限确定、税会差异方面;金融价值实现层面的挑战主要体现在确权、价值评估、市场机制与流动性、隐私及安全风险方面。考虑数据资产确权、价值评估等方面的要求,整体数据资产入表进度及效果仍有待观察,同时仍需关注大量城投公司用数据资产融资可能带来的系统性金融风险。

5.4.2.1 综合惩防财务造假

据证监会公告,针对财务造假顽疾,证监会加强部际协调和央地协同,构建综合惩防体系,开展打击上市公司财务造假专项行动。2024年前10个月查办相关案件658件,罚没款金额110亿元,超过2023年全年。其中涉及上市公司、挂牌公司、普通国有公司及私营企业多类主体,造假行为涵盖挂牌公司公开转让、上市公司重大资产重组、出具虚假审计报告骗取银行贷款等多个场景。人民法院对于证券发行人、主办券商、财务顾问、会计师事务所等众多财务造假主体,根据各自过错予以相应刑事与民事打击,落实了党中央关于对财务造假"零容忍"的要求。据同花顺(300033)iFinD数据统计,2024年以来截至11月19日,125家上市公司发布143份证监会立案调查公告,超过八成(122份)涉嫌信披违法违规,同比增8.9%。其中,9家退市公司收到10份证监会立案调查书,均涉嫌信息披露违法违规。从立案调查对象来看,上述122份涉嫌信披违法违规立案调查书涉及105家公司,36家公司及其重要股东、实际控制人等"关键少数"均被立案调查,56家仅公司被立案调查,13家仅公司"关键少数"被立案调查。2024年以来,证监会也公布多起涉财务造假、欺诈发行的罚单。[1] 鉴于2024年作为数据资产入表元年,数据资产入表仍处于起步阶段,小微企业数据资产入表占比较少,数据资产入表能给企业带来盈利能力、融资等方面利益,要特别关注数据资产财务造假问题,从政策引导、企业内部治理优化、技术创新与机制建设等层面入手,推动数据资产高质量发展。[2]

(1) 涉税专业服务机构

涉税专业服务机构如税务师事务所和提供涉税专业服务的会计师事务所、律师事务所、代理记账机构、税务代理公司、财税类咨询公司以及其他提供涉税专业服务的机构,对接受委托利用专业知识和技能就涉税事项向委托人提供的税务代理等服务,在涉税专业服务机构任职或受雇提供涉税专业服务的人员,应依照法律法规、部门规章规定提供涉税专业服务。要完善涉税专业服务行业制度体系,规范涉税专业服务行为,加强涉税专业服务行业管理,保护纳税人合法权益,维护国家税收秩序,促进市场公平竞争,进一步优化营商环境。

---

[1] 财务造假综合惩防新格局加快形成[N]. 证券日报,2024-11-20. https://www.yicai.com/news/102363668.html.

[2] 证监会:打击财务造假,今年前10个月查办相关案件658件,罚没款金额110亿元![NOL]. 每日经济新闻,2024-11-19,https://www.nbd.com.cn/articles/2024-11-19/3650805.html.

(2)统一服务管理平台

财政部以加强组织领导、统筹协调,坚持系统谋划、整体推进,提升服务能力、数据共享为原则,建设了全国会计人员统一服务管理平台(以下简称全国统一平台)。全国统一平台于2024年9月26日上线试运行,2025年1月1日正式运行。全国统一平台立足会计人员全生命周期管理服务、会计法规制度建设宣传培训、会计管理工作学习交流三项目标,共开发会计人员信息采集、会计人员属地关系调转、会计专业技术资格考试管理、优秀考生管理、会计职称管理、会计人员继续教育管理、会计人员奖惩登记管理、高端会计人才培养管理、会计法规制度宣传、会计法规制度培训、会计管理工作动态和会计管理队伍建设12个业务模块百余项功能,基本涵盖了各类会计人员服务管理事项。全国统一平台由会计人员信息汇聚平台升级为会计人员综合服务管理平台,各项业务的办理流程全程嵌入系统,实现用户业务全程网上办理。同时,完成统一门户建设、单位功能开发、历史数据清理等相关工作。后续还将结合会计人员服务管理工作需要,持续丰富完善其他功能。全国统一平台(https://ausm.mof.gov.cn),主要服务会计人员(含报名会计专业技术资格考试的考生)、财政部门(包括会计管理机构、会计专业技术资格考试管理机构等)、用人单位三类用户群体。自2024年9月26日起,各级财政部门、国管局等均在全国统一平台办理业务。会计人员要妥善保管个人信息、拒绝参与记假账、两套账及虚开发票行为,到纳税信用高的企业就业,不随意挂靠会计证书避免受违法行为的牵连。离职后及时变更财务人员信息避免给企业和本人带来涉税风险。

5.4.2.2 同步跟进税收征管

数据资源资产化在初始计量、后续计量、处置转让等环节面临成本确认、税率适用、价格核定等税收征管风险,亟待关注解决。企业外购的数据资源能够以购买价款和相关税费作为入账成本,但划转的数据资源来自政府部门授权,成本难以计量。例如,某大数据公司授权获得政府部门提供数据资源,但授权获得的数据资源既不属于企业自有,也不属于企业外购,不符合会计准则确认条件,成本难以计量。

企业通过数据加工获得确认为存货的数据资源,除采购成本外,还包括数据采集、脱敏、清洗、整合、分析、可视化等加工成本,但成本中占比最多的是人工成本,并且不同数据资源、数据产品间需要的人工成本存在较大差异,难以科学量化。企业自行研发的数据资源,可将开发阶段支出计入无形资产成本,实现数据资源资产化。然而,一些企业获取原始数据的采购成本比较低,甚至是零成本获取,研发投入主要为人工工资和设备折旧,研发形成的数据资源资产入账价值极其有限,企业通过虚构研发费用提高数据资源入账价值的风险较大。大数据企业加工数据资源适用的增值税税目多为"信息技术服务",增值税税率为 6%。若数据资源作为存货入账,销售存货的增值税税率一般为 13%。并且政府部门无法对授权的数据资源开具 13%增值税专用发票,数据加工过程中的人工成本无增值税进项税额抵扣,会增加增值税负担。适用混合销售或兼营业务也存有争议,大数据企业转让数据资源资产并非"一锤子"买卖,企业会根据客户需求不断调整产品并提供技术支撑,后续数据产品调整按照混合销售业务以"销售存货"征收 13%,还是按照兼营业务以"信息技术服务"征收 6%,存在不确定性。企业持有作为无形资产计量的数据资源在每一会计期间应计提摊销,发生减值的应确认减值准备。但是,企业所得税规定无形资产摊销年限一般不低于 10 年,不符合数据资源更新迭代较快的特征。此外,数据资源计提的减值准备只在实际发生时允许税前扣除,且数据资源具有高度个性化特征,税务部门很难判断数据资源是否符合技术过时、市场价值下跌、是否获得预期经济收益等条件,极易造成征纳双方意见不一致。

我国数据要素市场正在逐步走向规范的过程中,数据资源的公允价格尚缺乏科学的参考标准。例如,某大数据公司反映,当前 90%以上的数据交易仍是买卖双方的线下交易,数据要素市场尚不活跃,企业提供算力服务、转让数据资源的定价不够透明。由于缺乏公允市场,企业普遍以成本加利润率的方式制定价格参与市场竞争,制定利润率的标准不同,可能导致定价不能准确反映真实价值。大数据企业加工数据资源及提供后续服务可能让单项产品的利润率达到 100%,增值空间很大。但是,数据产品高度个性化、定制化的特点,使税务部门无法参考其他纳税人的平均销售价格,且数据资源的入账价值有限,税务部门也难以衡量企业的数据资源成本,无法计算组成计税价格,存在纳税人以偏低的价格转让数据资源的税收征管风险。[①]

5.4.2.3 推进智慧税务建设

税务部门正在进行建设"国际一流 中国特色"功能强大的智慧税务,以"数字化升级"和"智能化改造"两化为驱动,电子发票服务平台、全面数字化的电子发票、全国统一规范的新电子税务局在全国全面推广上线,建成启用决策指挥管理平台,顺利上线税务人端智慧办公平台,初步搭建形成涵盖纳税人端、税务人端、决策人端的智慧税务"三端一体"的智能应用平台,推动智慧税务建设实现整体突破。

建立健全以"信用+风险"为基础的新型监管机制,实行动态信用等级分类和智能化风险监管。加强预防性制度建设,加大依法防控和监督检查力度。加强数据资产风险防控和监管,根据税收风险适当提高"双随机、一公开"抽查比例。充分发挥税收大数据作用,对数据资产合规与确权、成本合理归集与分摊、列报与披露等进行全环节监控。对重大数据资产涉税违法犯罪案件,依法从严查处曝光并按照有关规定纳入企业和个人信用记录,共享至全国信用信息平台。

5.4.2.4 加强数据资产协同管理

数据资产相关部门加强组织领导、统筹协调,坚持系统谋划、整体推进,提高服务能力和数据共享,不断提升数据资产管理效能和服务水平。加强数据资产管理平台建设,立足数据资产管理人员全生命周期管理服务、数据资产法规制度建设宣传培训、数据资产管理工作学习交流,加强数据资产信息采集、数据资产专业技术资格考试管理、继续教育管理、奖惩登记管理、高端人才培养管理、法规制度宣传培训、管理工作动态、管理队伍建设等,推进数智时代数字经济创新发展。

[①] 张旭,陈俊,罗顺亚.数据资源"入表"税收征管如何跟进[N].中国税务报,2024-7-17.

(1)制定操作规范和指引

摸清数据资源入表家底,做好基础调研,运用税收大数据动态跟踪数据资产,对重点大数据企业的资产负债表开展分析,对无形资产、存货金额发生较大变动的,了解企业确认数据资源资产的成本依据。如对外购的数据资源资产,应关注企业取得的增值税发票品目及税率,交易双方是否为关联方企业等。对自行研发形成的数据资源资产,应关注企业开发阶段的成本构成,研发费用加计扣除的归集,对研发支出的真实性、合理性作出科学判断。

(2)提高税收政策确定性

分析涉税风险,探索数据资源税收政策的适用性,明确转让数据资源的增值税适用税率。对无法取得进项税额的数据资源资产,建议考虑选择适用简易征收政策,或参考金融产品按照6%税率征收。

(3)加大税收支持力度

在优惠政策上,税务部门应联合科技部门对数据资源开发的研发服务、技术转让是否符合增值税免税认定做好论证。结合现行税法,可参照企业外购软件最短摊销年限为2年的政策,考虑适当缩短数据资源资产的摊销年限。在税会差异上,因明确数据资源发生损失的专业性较强,建议完善《企业资产损失所得税税前扣除管理办法》,对数据资源资产毁损、报废减少当年应纳税所得、增加亏损达到一定比例的,引入第三方鉴定机制。各级税务部门应积极辅导企业规范账务处理,及时调整税会差异,加强风险预警。

(4)促进信息交换和共享

建立数字经济税收数据库,探索搭建数据资源、算力服务税收信息库。积极联系大数据交易所等数据交易部门,获取已进入公开交易平台的数据产品公允价格;向算力企业了解利润率测算规则;向内蒙古自治区、四川省等算力中心所在地税务部门了解当地算力服务价格区间,进一步掌握市场公允价格。建立数字经济涉税风险指标,如数据资源转让与售后服务价格明显不匹配,对服务金额超过合同总额一定比例的纳入预警监控。对数字经济核心产业开展分税种调研和估算,对企业"产税"能力进行科学评估。

5.4.3 涉税犯罪典型案例

5.4.3.1 正常生产经营税电指标

税电指数作为研判经济运行的"晴雨表",是一个能够反映经济活跃度的综合指标,由税务部门与电力部门根据增值税发票开票情况、用电情况和数据特点联合编制,开票数量及金额能反映企业购销状况,表征企业经营活动强度,用电量能反映企业生产运行情况,表征企业生产运转强度,因此将企业销项发票数据和电力部门用电数据结合起来,经过模型测算得出指标,不仅能反映企业当前是否正常生产经营,还能反映企业生产经营活跃度。

某省一纺织有限公司2023年02月28日至2023年12月28日向佛山市某纺织有限公司开具增值税专用发票48份,金额5 335 973.50元,税额693 676.54元,价税合计6 029 650.00元。其中织造加工费价税合计4 580 400.00元,浆染加工费合计1 449 250.00元。

(1)生产经营不正常

检查组到公司注册地××省××市西路23号实地检查,发现公司地址无人经营,主管分局出具了相关情况说明,证明该公司已失联。

产能不匹配。从电力公司取得的电费明细显示,该公司全年总电量为851 409千瓦时,总电费为804 347.51元。根据查询资料,该公司白坯布电耗量为18千瓦时/百米,全年用电量测算共可生产4 730 050米白坯布,而该公司全年申报货物数量合计51 238 530.75米。

原材料异常。代工原材料方面,该公司2023年四个季度资产负债表原材料列示金额分别为108 231.54元、35 983.61元、28 615.50元、28 615.50元;库存商品列示金额均为0。

生产辅料不足。该公司开具的发票品目为:××劳务××浆染加工费、××劳务××织造加工费、××纺织产品×棉布,但是取得的进项发票中未见有相匹配的染料和水费支出。

无固定资产。该公司2023年度进项票中未发现有生产设备进项,资产负债表中固定资产亦未列示,同时企业所得税年报表未申报固定资产折旧,且进项发票中无相关设备维修费用,由于该公司失联无法实地查看设备、产能、账簿等情况,需进一步核实。

人工费用异常。该公司银行流水中未发现有工资发放记录,生产人工费用异常。

运输费用偏低。该公司全年共取得运费发票价税合计为302 305.00元,2023年度企业所得税年报表申报运输、仓储费299 311.82元,整体运输费用偏低。

综上,该公司存在产能不匹配的情况。代工公司应当存在与业务量相当的电费、水费、辅料、包装物、人工费用,且对应业务量匹配的物流能力,该公司上述生产代工业务严重违背正常生产经营逻辑。

(2)资金流异常

交易资金支付异常。该公司2023年02月28日至2023年12月28日共向佛山市某纺织有限公司开具增值税专用发票48份,金额5 335 973.50元,税额693 676.54元,价税合计6 029 650.00元。检查组到相关银行查询了银行交易明细,发现佛山市某纺织有限公司打给该公司款项已部分回流至受票方和受票方股东个人账户。其资金流向过程如下。

①该公司公户于2023年3月4日收到佛山市某纺织有限公司汇款75 000.00元。该公司公司账户于2023年3月27日收到佛山市某纺织有限公司汇款297 000.00元。

……(注:中间有几十笔汇款记录,略)

该公司公司账户于2024年4月18日收到佛山市某纺织有限公司汇款652 000.00元。

以上,佛山市某纺织向该公司支付的货款累计7 207 650.00元。

②该公司公司账户(2399)向佛山市某纺织公司账户(9 177)转款。

2023年3月1日,该公司向佛山市某纺织转款176 000.00元。

……(注:中间有十数笔汇款记录,此处略)

2024年3月6日,该公司向佛山市某纺织转款69 000.00元。

以上该公司向佛山市某纺织累计转款810 000.00元。

③该公司公司账户(2399)向佛山市某纺织法定代表人杨某先个人账户(1296)转款:

2023年2月16日,该公司向杨某先转款342 000.00元。

……(注:中间有十数笔汇款记录,略)

2024年2月7日,该公司向杨某先转款168 500.00元。

以上该公司向杨某先累计转款1 666 500.00元。

综上,佛山市某纺织有限公司向该公司支付货款累计7 207 650.00元,该公司向佛山市某纺织有限公司累计转款810 000.00元,该公司向佛山市某纺织有限公司法定代表人杨某先累计转款1 666 500.00元。经查询金三系统,该公司向佛山市某纺织有限公司开具的发票无红冲票;且资产负债表中未填列短期借款项目,应当认定该公司向佛山市某纺织有限公司回款为交易资金异常。

该公司在经营期间内累计向佛山市某纺织有限公司及其法人代表杨某先转款2 476 500.00元,构成资金闭环。认定该公司与佛山市某纺织有限公司之间的支付信息属于部分交易资金不真实。

以上涉案账户有:佛山市某纺织有限公司(2013×××177)、该公司(820×××399)、杨某先(621×××296)。

以上所述业务均严重违背正常经济业务资金支付流程。

该公司在电费产能不足,无相匹配的主料、辅料、人工的情况下,向佛山市某纺织有限公司开具浆染加工费发票行为属于是为他人开具与实际经营业务情况不符的发票的违法行为,对该公司虚开增值税专用发票依照规定向公安机关移送。

5.4.3.2 电商 GMV 数据关键线索

GMV(Gross Merchandise Volume)是指商品交易总额,是指电商平台在一定时间内售出的商品总价值,涵盖了所有已付款和未付款的订单,包括已完成交易和未完成交易的总金额,例如天猫、淘宝和京东等,平台盈利模式为收取交易佣金。其计算公式为:

GMV＝销售额＋取消订单金额＋拒收订单金额＋退货订单金额

税务部门披露了几起网络主播的税案通报,通过销售记录、第三方支付平台及银行卡流水和快递记录分析比对,核实物流交易信息、查看付款资金流,分析筛选严格背离正常价值的商品,核实刷单聊天记录,确认真实刷单金额并据此将其从销售总额中扣除等方式,通过税收大数据分析,发现隐匿销售收入逃避纳税违法案件。

(1)不开发票对私转账

稽查局通过税收大数据比对分析发现,某直播电商 2021 年至 2023 年期间登记注册的个体工商户——泸州 A 男装店向某平台支付了 620 余万元推广费用,而期间向税务机关申报的销售收入仅为 160 万元。

采购商品环节未主动向供货商索取发票,采购费用采取私对私转账方式;销售环节也很少有消费者索取发票,购销两个环节基本形成体外循环。在实际经营过程中,消费者线上下单再由货源地直发,不需要在本地建立大型实体产品仓库,其真实经营规模很难被发现。同时,通过控制的多个个体工商户以及银行账户分散销售收入,销售收入不易被税务机关核实,仅就其控制的个体工商户开具了发票的 390 余万元销售收入申报纳税,而对其他大量的未开票收入约 3.4 亿元不申报,以虚假申报少缴个人所得税、增值税等 805 万元。[①]

[①] 揭开大额"推广费"逃税背后的秘密[NOL].国家税务总局网站,2024-12-15. https://www.china-tax.gov.cn/chinatax/n810219/c102025/c5235878/content.html.

(2)销量热度与纳税不匹配

国家税务总局驻某地特派员办事处通过大数据分析发现,某网络平台主播通过直播方式销售服装,账号注册主体为某市某服装销售中心。该主播粉丝量达300余万,直播带货热度较高,直播间销售的服装常常被粉丝一扫而空,而其2022年度的个人所得税申报仅为3488.43元,2020、2021年度更是没有申报任何应税收入,销量热度与纳税情况严重不匹配。

该服装销售中心库存管理混乱,没有完善的出入库制度,其网络直播平台账户2020年至2022年期间通过平台取得的销售收入、佣金收入、保证金支出等电子证据显示总销售额近3亿元。检查人员依法定程序调取了个人银行账户交易流水、第三方平台的交易明细,对400余万条销售记录、200余万条第三方支付平台及银行卡流水和快递记录分析比对;核实物流交易信息、查看付款资金流;分析筛选严格背离正常价值的商品;核实刷单聊天记录确认真实的刷单金额,并据此将其从销售总额中扣除。通过比对核查,确定了将直播带货收入转移到自己个人账户,从而达到隐匿收入、逃避纳税的违法事实。[1]

(3)隐匿佣金收入偷逃个税

某市税务局稽查局分析线索发现,某网络主播的直播平台账号是其个人账号,为第三方合作商家的商品直播带货,按照成交量收取一定比例的佣金,并录制使用某个商品"种草"视频发布在账号上,收取品牌推广费。经进一步调查发现,其佣金收入主要通过两种方式结算:一部分是由上海某有限公司(网络主播担任该公司股东)直接与第三方商家按照其直播带货商品成交金额结算的佣金款项,并开具发票给商家,这部分佣金不通过直播平台结算;另有一定比例佣金是在商品交易成功后由第三方商家通过直播平台支付的推广服务费,这部分佣金由网络主播通过个人账户直接提现。

检查人员向该网络主播所在的直播平台开具了配合取证调查的《协助检查通

---

[1] 数据碰撞找线索 抽丝剥茧现原形[NOL].国家税务总局网站,2024-12-15. https://www.chinatax.gov.cn/chinatax/n810219/c102025/c5235876/content.html.

知书》,获取了其收入数据。2021年至2023年在该直播平台带货获取了1 744.2万元推广服务费收入,用于接收推广服务收入的银行账户自2022年5月由其本人银行账户更换成了杭州某有限公司的银行账户。经进一步核查发现,该杭州公司法定代表人正是网络主播的母亲,而投资人和实控人则是他的姐姐。于是,检查人员依法定程序向银行申请调取网络主播及其姐姐、母亲等与其业务经营可能相关的亲属的银行资金流水,从中发现其母亲的个人银行账户有千万资金入账的新线索。因直播平台佣金提现政策改变,其将绑定账户变更为杭州公司的账户,进行提现以逃避缴纳税款。而其母亲个人账户里的大额资金,则是近几年来他与部分合作商家签订"阴阳合同",将在直播平台带货的佣金一拆为二,一小部分走平台正常结算流程,剩下的大头则由其母亲个人银行账号线下收取,借此达到逃避直播平台抽成、隐匿收入、逃避缴纳税款的目的。通过其母亲个人账户,2022年收取佣金合计1 436万元,2023年收取佣金合计458万元。对其违法行为,稽查部门依法作出补缴税费款、加收滞纳金并处罚款共计1 330万元的处理处罚决定。①

(4)转换所得性质少缴个税

某市税务局稽查局通过税务部门间的信息交互和税收大数据分析,发现某网络主播在湖南省、四川省、安徽省等地按照经营所得,以违规套用核定征收方式缴纳个人所得税,税负率明显偏低,具有逃避纳税嫌疑。经过细致审查该网络主播银行交易记录,检查人员发现了多笔"奇怪"的银行流水。该网络主播的工作与生活地均在台州,但在2021至2022年疫情肆虐期间,其银行账户频繁收到了来自河南、湖南、天津等5个不同地区企业的大额转账,总额接近300万元。检查组还发现在此期间,其在多地按经营所得申报过个人所得税。在疫情背景下,这些异地、大额、频繁的汇款行为和多地经营所得申报,显得尤为异常。

检查人员前往河南、湖南、天津等地,实地走访这5家公司,了解了这些公司的运营模式,并获取相关银行流水、发票记录等信息,发现该网络主播的部分直播收

---

① 隐匿收入偷逃税 法网恢恢终被罚[NOL].国家税务总局网站,2024 - 12 - 15. https://www.china-tax. gov. cn/chinatax/n810219/c102025/common - listwyc. html.

入由直播平台转入 Z 公司账户，Z 公司扣除相关费用后，将剩余资金转至上述 5 家公司，这些公司按照经营所得代缴个人所得税，再转至该网络主播个人账户。

检查组对该网络主播的直播情况进行取证，日常直播没有经营机构和制作团队，直播设备自行置办，自主决定直播时间、地点、内容，以独立个人的名义从事表演、聊天、游戏等直播，获得观众打赏。检查组深入研究了该网络主播提供的三方合作协议发现，其仅与直播平台、Z 公司存在合作关系，从未与 5 家打款企业签订过协议，双方不存在劳动、雇佣关系。该网络主播只要根据协议完成直播时长要求，即可获得打赏分成收入，无需承担经营风险。

综合以上事实，检查组认定，该网络主播的直播收入属于个人从事演出、表演等劳务取得的所得，确认了该网络主播存在转换收入性质虚假申报，少缴个人所得税的违法行为，并根据其银行流水、微信、支付宝提现记录查实其应纳税所得额，对其追缴税款、加收滞纳金并处罚款，共计 247 万元。[1]

(5) 网络交易合规数据报送管理

为了规范网络交易合规数据报送行为，提高网络交易监管效能，促进平台经济规范健康发展，市场监管总局《网络交易合规数据报送管理暂行办法（征求意见稿）》已于 2025 年 2 月 23 日前向社会公开征求意见。北京市市场监管局发布《网络交易平台经营者服务协议与交易规则合规指引》《网络交易平台经营者信息公示与披露合规指引》《网络交易平台经营者禁限售商品管理合规指引》于 2025 年 2 月 11 日公布之日起实施。

网络交易平台经营者依据《电子商务法》《网络交易监督管理办法》向市场监管部门提供产生于中华人民共和国境内的网络交易经营者身份信息、违法行为线索数据、行政执法协查数据、特定商品或者服务交易数据等网络交易监管相关数据。网络交易平台经营者包括为通过网络社交、网络直播等信息网络活动销售商品或者提供服务的经营者提供网络经营场所、商品浏览、订单生成、在线支付等服务的

---

[1] 收入性质"偷梁换柱"异地申报"露出马脚"[NOL]．国家税务总局网站，2024 - 11 - 15. https://www.chinatax.gov.cn/chinatax/n810219/c102025/c5235874/content.html.

经营者。未办理市场主体登记的平台内经营者的姓名、身份证件号码、实际经营地址、联系方式、网店名称以及网址链接或访问路径文字描述、属于依法不需要办理市场主体登记的具体情形的自我声明等数据；其中，对本平台内年交易额累计超过10万元额度的平台内经营者进行特别标示，并督促其及时依法办理市场主体登记。有利于健全平台经济常态化监管制度，推动提升网络交易监管能力和水平，推动网络交易平台经营者落实数据报送主体义务，夯实市场监管部门常态化监管的数字基础，促进平台经济规范健康持续发展。

⊙ 5.4.3.3 加油站控制申报逃避税

近年来，税务部门针对加油站存在加油机作弊、账外经营、隐匿销售收入等偷逃税款的违法行为，与市场监管、公安、商务等部门紧密协作，依法依规予以严肃处理，保护消费者合法权益。2024年全国税务部门共查处高风险加油站2722户，查补税费款和加收滞纳金、罚款共计57.89亿元，有力促进了行业规范健康发展。2025年2月10日，广东、新疆、云南税务部门公布了依法查处的3起加油站偷税案件。

加油站通过删减加油机税控数据、更换加油机主板、篡改销售数据，使用第三方收单平台收取加油款后结算至个人银行账户、个人微信收款等手段隐匿销售收入，在账簿上少列收入等方式隐匿销售收入，进行虚假纳税申报，少缴纳增值税等税费。央视《每周质量报告》全国公安机关共侦破加油机作弊案件95起，抓获犯罪嫌疑人298名，查处各类作弊设备9000余件，查明偷逃税款7.9亿余元。（央视新闻）。

成品油是关系国计民生的基础性和战略性资源，与国民经济运行和人民生产生活密切相关，成品油产业链也是税收监管的重点难点。目前，全国各类加油站约有10.58万座，其中民营加油站占比一半以上。一些民营加油站零售成品油普遍存在无票销售情况，且加油站对接的大多是终端消费者，销售对象比较分散，税务部门很难核实其经营收入。监管机制有漏洞，传统的加油站监管模式主要通过调取加油机相关信息和申报纳税信息进行比对分析,属于事后监管,缺乏对民营加油站零售成品油的全流程动态监管,更难以实时发现风险、即时核查风险、及时处置风险。部分民营加油站在申报销售收入上"钻空子",有的加油站会在确认无票销售业务收入的同时,通过"油票分离"的方式,将手中的富余票对外虚开,从中牟利,严重破坏发票管理秩序和税收秩序。

(1) 加油站富裕票虚开

某公司分别于 2018 年及 2019 年取得某加油站开具的增值税发票 25 份,发票货物名称均为柴油,分别于取得当月认证抵扣。2023 年 9 月某市税务局稽查局《已证实虚开通知单》(协查编号:10000000123091830513)认定上述 25 份发票为虚开。经检查,该公司财务负责人在 2018 年经他人介绍认识加油站业务员,通过加油站业务员购买已完成充值的加油卡,由于需要取得发票入账,2018 年年底,公司财务负责人与加油站补签了油品购买合同,陆续通过对公银行账户电汇支付 2 800 000.00 元至加油站对公银行账户,加油站将收到的款项扣除手续费后余款再通过业务员个人银行卡转回至公司财务负责人个人银行卡中,随后加油站开具上述增值税专用发票。公司通过支付手续费后资金回流的方式取得加油站虚开的增值税专用发票,并将上述发票金额计入主营业务成本,多抵扣增值税进项税 386 206.83 元。

(2) 控制申报逃避个税

某市税务局第一稽查局发现 2020 年至 2023 年某个人独资加油站共取得油品销售款 57 992 219.00 元,换算不含税销售额为 51 320 547.78 元,检查所属期内该加油站虽能查实营业收入,但成本资料严重不全,难以查账确定经营所得,拟按收入总额及应税所得率核定应纳税所得额,2020~2023 年合计少申报缴纳个人所得税(经营所得)638 980.74 元,控制申报占比不足 10%。该加油站在上述年度隐匿销售收入,少报经营所得,导致少缴个人所得税(经营所得)的行为,已构成偷税,对该加油站少申报缴纳 2020~2023 年度个人所得税(经营所得)638 980.74 元处 50% 的罚款计 319 490.37 元。

(3) 篡改加油机主板数据

某省税务局稽查局根据相关部门移送的线索,指导某市税务局第一稽查局依法查处了某加油站偷税案件。经查,该加油站通过违规更换加油机主板芯片、篡改加油机主板数据等手段隐匿销售收入,进行虚假纳税申报,对该加油站依法追缴少缴的税费、加收滞纳金并处罚款,共计 328 万元。

(4)运油车载成品油厂区监控

某税务稽查部门查看加油站站内监控发现两辆"可疑"油罐车在某一时间向加油站运输成品油,查询该加油站账簿,发现这两辆运油车运输的成品油并未登记入账。税务部门根据车牌号查到对应的物流公司,根据物流单,按满载计算逃税成品油量,追缴税款近 1 200 万元。

(5)加油站数据管理平台建设

某市税务局积极争取地方政府支持,实现了全市民营加油站数据信息实时采集系统安装全覆盖,并依托省税务局税费运行一体化监管平台,建立了加油站综合监管模型和监管预警平台。

①监管设备全覆盖。在地方政府主导下,出台《某市加油站数据管理平台管理办法》等 4 个文件,成立成品油税费监管领导小组,建立联席会议机制,打通数据采集、安全监管、分析利用等方面的管理链条。全市 215 个民营加油站实现了税控采集设备、加油机数据网关、液位仪网关和摄像头的安装全覆盖。税务部门通过"液位仪网关"把好油库进口关,"数据网关"把好加油机出口关,实现了对加油机销售数据实时采集、实时上传和实时监控,全市民营加油站申报收入与采集收入的偏移率由刚开始安装的 90% 逐步下降到 10% 以下,税法遵从度不断提升。

②监管模式智能化。针对信息采集设备安装后出现的采集数据不准、异常问题等,该市税务局优化智能监管模式,开展新技术试点工作,自今年 5 月起,在试点加油站增装人工智能摄像头,部署人工智能算法,智能识别抓拍进出车辆、单次加油行为,并通过智能统计加油时长,配合自主设计的销售监管日报表、自动算税确认表,辅助销售额计算更为准确。今年 6 月以来,试点加油站加油金额比对分析准确率达 96%。

③监管机制再升级。有效运用省税务局税费运行一体化监管平台,编写 12 条通用风险指标,自动比对加油站销售数据和增值税发票开具数据,对存在异常的数

据进行疑点推送。在此基础上，创新设计可视化的多场景预警模型，设置设备离线预警、加油次数预警、加油金额预警等模块风险指标，区分高、中、低风险，并实时发送风险提醒给纳税人、税源管理或风险管理部门。打造了一揽式监管预警、一站式风险推送、一体式联动处置和一户式结果反馈的"四个一"闭环式的加油站监管预警平台。通过实时预警模型，已应对各类风险任务13次。

④智慧监管显效果。另一市税务部门学习成品油行业管理的先进经验，研究加油站智能税控系统应用场景，进一步促进数据"链"盟，在成品油税收管理领域开启了"以数治税"智慧监管新模式。其"成品油综合数据管理平台"如同成品油的一个巨型综合数据库。除了加油车辆型号、进出站时间等信息，平台还会自动采集加油机主板、编码器单价油品、加油枪编号、加油量、加油金额等多个数据，并通过人工智能建模分析，360度精准描绘加油站日常经营"画像"。"平台引进了人工智能、物联网、加载税控处理器及数据采集控制器等新技术，利用物联网数据实时采集系统、AI人工智能行为分析系统、油罐车监管系统、液位仪数据采集系统、管理云平台、移动监管App等模块，对加油站成品油的购、销、存进行全方位的智慧监管。"每个加油站都安装着专用摄像机和信息采集器，系统一旦遇到人为破坏、硬件离线等问题，平台就会及时报警并推送风险预警，税务部门即可马上采取应对措施。同时，智慧监管系统在云端采用加密技术和安全存储措施，确保各项数据在传输和存储过程中的安全性。这样的监管方式实现了对企业经营情况的动态监测，有利于全面、及时地掌握加油站各类涉税数据，有效打击加油站隐瞒销售和偷逃税等违法违规行为。平台上线运行后，被称为"加油站24小时不眨眼的税收哨兵"。2024年，辖区53户加油站申报销售额同比增长57.96%，申报增值税同比增长58.05%；纳入重点管理的29家民营加油站申报销售额同比增长142.08%，申报增值税同比增长101.77%。①

---

① 董之玲 本报记者 陈显信.成品油行业税务监管最新进展：加油站24小时不眨眼的税收哨兵.中国税务报,2025-3-5.

(6)完善成品油流通管理机制

①完善成品油批发仓储管理制度

国家对成品油批发仓储经营实施备案管理,企业从事成品油批发仓储经营,应持经营范围包含成品油批发仓储的营业执照,根据《危险化学品安全管理条例》等相关法规规定取得危险化学品经营许可证、港口经营许可证,按有关规定到商务部门办理备案,持备案回执到税务部门开通成品油发票开具模块。

②完善成品油零售管理制度

制定并严格执行全国统一的成品油零售经营资格准入标准,审批部门应将许可结果录入相关信息系统,及时公开并通报相关部门。严禁涂改、倒卖、出租、出借、转让成品油经营证照。严禁擅自改扩建成品油零售网点。

③完善企业台账管理制度

督促企业严格落实成品油台账管理规定,据实核算并上报油品购销和出入库数据,完善成品油来源、销售去向、检验报告、检查记录等凭证材料档案,保存完整账册备查。落实散装汽油购销实名登记制度。

④完善企业信用管理制度

推进成品油经营企业信用分级分类管理,结合对企业的日常监管,将油品质量计量达标、依法纳税、应急保供等情况纳入企业信用记录,依法依规对失信主体加大曝光力度,提升信用监管效能。依据企业信用情况,在监管方式、抽查比例和频次等方面采取差异化措施。

⑤加强成品油流通上下游数据共享应用

定期归集共享成品油生产经营运输、开通成品油发票开具模块、营业执照经营范围包含成品油经营、全国工业产品生产许可证许可范围包含成品油等企业的基本信息,探索采集油罐液位监测数据,深化炼油企业生产加工和加油站(点)进销存等关键数据共享。要切实加强数据信息安全管理。

⑥提升成品油流通数字化监管水平

鼓励有条件的地方推广运用大数据、物联网等技术手段,推进智慧加油站、成品油流通大数据管理体系建设,加快构建涵盖批发、仓储、运输、零售等环节的全链条、可追溯动态监管体系,提升成品油流通领域数字化监管效能和服务水平。

⑦依法打击利用加油机作弊违法犯罪行为

严格执行并不断优化完善加油机型式批准制度和计量检定制度,加大对燃油加油机等计量器具的监督管理力度,做好加油机检定规程和型式评价大纲的培训宣贯工作,持续推进加油机防作弊、防篡改功能研究,组织制定加油机软件欺骗性使用特征测试规范。①

5.4.3.4 非法制造销售使用假数电发票

(1)"疾风3号"专项行动

在公安部的统一部署下,上海市警方与江苏省、安徽省、广东省等地警方成立联合专案组,会同税务稽查部门发起"疾风3号"专项行动,牵头全市16家公安分局经侦部门开展集中收网,共同打击了本市首例非法制造、销售、使用假数电发票案,全链条抓获从软件开发、销售,到制售假发票,以及购买、使用假发票的犯罪嫌疑人100余名,捣毁制假窝点40余处,现场缴获各类假发票5 000余张和制假软件源代码1套,扣押软件密钥70余个,查证假发票票面金额20余亿元。

2024年1月,上海公安经侦部门在侦办一起经济犯罪案件中发现,犯罪嫌疑人沈某疑似利用一款制假软件伪造大量数电发票对外出售。警方追查发现,沈某使用的这款软件来自位于广东省的两位犯罪嫌疑人。二者为牟取不法利益,设计开发了一套可开具假数电发票的软件源代码。使用者只要根据模板输入企业名称、发票品名、开票金额等信息,即可生成一串假发票号码以及所谓的"防伪"二维码,获得一张假发票。通过社交软件将该软件以每套800至1 000元的价格出售给全国50余人,累计200余套,非法获利20余万元。沈某等人在购得软件后,以票面金额1%至2%的费用对外出售假发票,共出售10余万张,涉及票面金额20

---

① 中国政府网.国务院办公厅关于推动成品油流通高质量发展的意见.2025-02-05. https://www.gov.cn/zhengce/content/202502/content_7002336.htm.

余亿元。购买该些假发票的企业或个人，多将假发票用于逃避缴纳税款、套取企业资金等非法用途。

(2) 假数电发票"掩耳盗铃"

造假者设计的数电发票开具程序，实际上是在 excel 表格中实现的。在表格的数据输入区输入购买方、税目、金额等信息，然后生成 PDF 文件，交付受票人。这个 PDF 文件显示版和打印版与真票完全相同，并且可以满足少数受票方要求加盖发票专用章的要求。但是受票方在税务数字账户中不能对其进行勾选、抵扣或入账确认等操作，它只是一个纯假的 PDF 文件，表面上看起来和真数电发票一模一样，但在受票方的税务数字账户里看不到这张票，通过总局发票查验平台也是无法查到这张发票，在金税四期和功能强大的智慧税务面前，看起来一模一样的假数电发票只能是自娱自乐、自欺欺人、掩耳盗铃。

(3) 避免取得假数电发票

首先办理税务登记取得税务数字账户。行政单位、部分事业单位、自然人等都无需办理税务登记或税务信息确认，没有开通税务数字账户，但是他们有发票需求，成为假数电发票的最大群体客户。即便是办理了税务登记的企业或者个体工商户，在 2024 年 12 月 1 日起全面推广数电发票之前，有为数不少的单位没有纳入数电发票开具范围，尚未开通税务数字账户，内控制度不完善，对税务部门以数治税认识不足，取得数电发票不及时进行发票查验，难免发生人身和财产损失。另外要加强企业内控机制建设。部分单位和个人为了达到套取资金或者偷逃税款的目的，明知是假的仍要以假乱真，抱有不被发现的侥幸心理。实际上税务数字账户记录了每一笔发票的交易活动，与申报表、财务报表高度关联穿透，并且要留存归档 XML 数电发票格式文件。系统进行数据比对的时候，很容易发现企业成本费用大于发票金额以及比例异常情况，企业也很有可能因为其他风险指标异常被推送风险应对。因此，如果没有开通税务数字账户，可通过国家税务总局发票查验平台网站查验，如果已经开通了税务数字账户，报销入账前应在税务账户中查验数电发票信息，可在全量发票查询里取得发票里比对，也可在发票查验功能里查验，避免取得假数电发票。[1]

5.4.3.5 涉税中介控制关联交易

涉税中介机构在为经营主体提供代账、涉税业务代办等服务的同时,通过对税收政策法规的理解掌握以及涉税业务处理能力,不仅能够促进企业自身健康发展,也能为其服务的经营主体避免或减少涉税风险。

某稽查局查办了一起涉税中介企业虚增成本偷逃税款案件。针对人员交叉任职、经营业务雷同、开票地址集中、成本异常的16家关联涉案企业团伙性虚开发票违法事实,该局依法对其作出补缴税款、加收滞纳金,并处罚款共计1 207万元的处理决定。

(1)关联企业六员交叉任职

H财务咨询服务公司的企业(以下简称H公司)与15家涉税中介服务企业存在人员交叉任职,以及企业开票地址高度集中的情况。这些企业均成立于2021年左右,企业的经营范围相同,主要从事企业管理咨询、财务咨询和涉税业务服务等业务。法定代表人郑某同时也是Z财务管理咨询有限公司、Y企业管理有限公司等9家中介企业的法定代表人。而这9家中介公司的财务人员和办税人员同时也在其他6家中介企业任职。服务对象均为经营规模较大的企业,开具发票的服务名称均为咨询服务费。

企业享受增值税小规模纳税人税收优惠政策和小微企业所得税优惠政策。除H公司外,其余15户企业2021年度开票总额均在160万元上下波动,每季度不超过45万元,符合当年小规模纳税人税收优惠政策标准,均享受了免征增值税税收优惠。2022年4月份小规模纳税人增值税税收优惠政策调整后,16家公司开票金额激增,包括H公司在内的5户企业年开票金额在469万元上下,但所有企业均

---

[1] 上海警方破获首例非法制造、销售、使用假数电发票案:假发票票面金额20余亿元[NOL].东方网,2024 - 11 - 26,https://j.eastday.com/p/1732622531040314.

未超过 500 万元的政策规定上限,均享受了增值税小规模纳税人免税政策。从数据显示的特征看,这些企业具有人为调控年度开票金额以享受税收优惠政策的嫌疑。此外,16 户企业的开票地址高度集中,多家企业均使用同一个开票地址。

进项成本数额和企业所得税税负配比严重失衡,具有虚增成本嫌疑。16 户企业累计对外开具增值税普通发票金额达 5 713.82 万元,进项发票金额仅有 285.75 万元,所得税税负率远低于行业平均水平,2021 年所得税税负率平均为 0.11%,2022 年平均为 0.29%。

(2)票流追踪核验业务真伪

检查人员在企业经营地依法调取了涉案企业账簿凭证、合同等财务核算资料,并在经营现场见到了 H 公司等 10 家中介企业的法定代表人郑某。在现场核查过程中,郑某向检查人员表示,他只是企业名义上的负责人,16 家涉案中介企业的实际负责人是李某。涉案企业成本费用支出方面,除人工、办公设备等支出有进项发票外,大量列入成本并在税前列支的费用并未取得合法凭证,其中一部分支出为白条,其余入账的支出则是大量向个人账户转账的银行单据,并非正规发票等凭证。经检查人员核算,这部分支出的金额达 4 259 万元。按照税法规定,这些成本费用不能进行税前扣除,但涉案企业均将其纳入经营成本进行了税前列支,并因此少缴税款 733 万多元,稽查局依法对其作出补缴税款、加收滞纳金,并处罚款共计 1 207 万元的处理决定。

(3)越位偷逃税款"技术帮凶"

一些专业服务机构将"守规矩"定力和"防风险"能力的技术优势异化为"越位操作""钻空子"的技巧,沦为偷逃税款的"技术帮凶"。一些涉税中介机构利用税收优惠政策实施违法策划,伪造空壳企业,帮助其代理的企业恶意套取加计扣除政策红利;无视法律威严,通过购买修图服务,修改税务文书,变造国家机关证明文件,从中牟利;通过指使员工注册成立空壳企业,或者冒用被代理公司身份,或者通过虚构业务、虚假结算、资金回流等方式,虚开增值税发票,偷逃税款。

这些违法违规案件的发生不仅破坏了市场的公平竞争,同时也对涉税服务行业信誉带来了严重的负面影响。这种饮鸩止渴的短视行为,表面上是帮了企业,实质上却是害了纳税人,不仅难逃相关部门的依法查处,还可能导致整个行业陷入信任危机。只有以法治为纲,坚守遵从税法的底线,坚决执行税收法律法规,将合规要求内化为执业基因,杜绝协助虚开发票、编造虚假计税依据、偷逃骗税等违法行为,才能找到服务企业合规经营、促进行业健康发展、维护国家税收安全之间的最大公约数,做企业合规经营的"好帮手",守住法律边界的"基准线"。①

(4)加强中介机构监督管理

加强涉税中介机制建设和部门协作规范管理。税务总局2017年发布了《涉税专业服务监管办法(试行)》,以税务规范性文件形式明确涉税中介机构的业务范围、执业规范等重要内容,为行业发展提供了基本遵循。2022年,为进一步规范涉税中介机构行为,税务总局联合国家互联网信息办公室、国家市场监督管理总局印发了《关于规范涉税中介服务行为 促进涉税中介行业健康发展的通知》,加强部门协作,着力解决涉税中介违规提供税收策划服务、帮助纳税人逃避税等问题,提高税收征管效率,促进涉税中介行业持续健康发展。

加强涉税中介机构法治宣传和涉税业务培训。税务机关应通过定期组织税法宣讲会、主题涉税业务培训等方式,对辖区涉税中介机构加强法治宣传和业务培训,引导中介机构规范经营,依法依规执业,以有效降低涉税风险。

加强涉税中介机构备案信息管理。为了解掌握涉税中介机构真实运营情况,防范企业通过虚增成本、隐匿收入等方式逃避纳税,税务机关应按照《国家税务总局关于进一步完善涉税专业服务监管制度有关事项的公告》(国家税务总局公告2019年第43号)要求,加强涉税中介机构运营备案管理,要求中介机构如实向税务机关报送其执业总体情况、业务类型、服务客户数量,以及企业从事涉税服务人员情况等备查,并采取不定期抽查等方式,对其报送的运营信息真实性予以核实。

同时,税务机关应在广泛采集行业数据、第三方涉税信息的基础上,对中介企业申报数据开展风险综合分析,判断分析其营业额、运营成本费用的合理性和真实

---

① 国家税务总局网站.涉税中介要"助力"而不"越位". 2025 - 03 - 14. https://www.chinatax.gov.cn/chinatax/n810219/n810724/c5238908/content.html.

性,如发现异常,及时采取相应征管措施,以遏制防范涉税违法行为,提高行业监管质效。①

随着征管能力的提高,税务部门依托税收大数据,推进以涉税专业服务实名制为基础的"信用＋风险"监管机制,提升了税收征管的智能化、精准化水平,能有效预防和打击涉税中介机构违法违规行为,也更能有效维护国家税收安全和纳税人合法权益。②

---

① 刘美香,王相强,魏静蕾,郭勇.追本溯源:揭开超低税负玄机[N/OL].中国税务报,2024－12－3. http://www.ctaxnews.com.cn/2024－12/03/content_1040418.html.
② 国家税务总局网站.涉税中介守法合规经营才能实现长远发展. 2025－03－14. https://www.chinatax.gov.cn/chinatax/n810219/n810724/c5238903/content.html.

本章小结

本章深入探讨了数智时代数字财税及智慧税务的发展路径。首先明确了以提高资源配置效率,保障国家税收收入,维护经济秩序为目标,以"数字化升级"和"智能化改造"为驱动,积极推进合规建设,确保业财法税融合并在数字化浪潮中行稳致远的任务。其次,介绍了数字财政建设过程中落实减税降费财税政策、财政补贴、会计信息披露、数据资源会计处理的相关内容,以及新一轮财税体制改革背景下数字财税的发展方向。再次,阐明了建成功能强大的智慧税务,形成国内一流的智能化行政应用系统,全方位提高税务执法、服务、监管能力,特别是数电发票推广应用及全国统一规范的新电子税务局上线,打造效能税务与构建严管体系,高质量推进中国式现代化的税务实践。最后,分析了数据资产的财务管理和税收征管方式,通过剖析新业态犯罪典型案例,提出构建数电发票事前、事中和事后一体化精准监管体系,协同共治促进数据资产平稳健康发展。

第6章 企业财税合规目标

　　数字时代下的业财法税融合，除依靠企业组织架构的体制保障外，还要依托基于财税大数据的智慧税务监管。更重要的是，通过数字技术实现业务数字化、财务数字化等，建立企业统一的数据中台，最终形成企业数字化智能平台。事实上，企业财税合规的根本目标就是业财法税融合，本章从企业财税合规发展及企业数字化转型的角度提出了全面数字化的业财法税融合模型，以期实现业务、财务、法务、税务无缝融合的理想境界。可以看出，数字时代下的业财法税融合与企业数字化转型相随相伴，企业数字化转型是业财法税融合的有效实现路径。

6.1 企业合规概述

企业合规是企业在运营过程中为了防范可能发生的合规风险而建立的一套合规管理体系，它涵盖了企业的方方面面，包括决策、经营、业务、财务和税务等多个领域。企业合规是企业稳健运营、降低法律风险并提升公信力的关键所在。企业应积极采取措施加强合规管理，确保企业经营合规、企业管理合规以及员工履职合规。

6.1.1 企业合规发展历程

企业合规要求企业及其员工在经营管理过程中，必须严格遵守法律法规、监管政策、行业规范以及公司章程、企业内部规章制度，确保企业行为的合法性和合规性。我国的企业合规发展历程经历了萌芽、探索、深化三个阶段。

⊙ 6.1.1.1 萌芽阶段

合规管理在我国的出现始于改革开放初期。随着国内市场的开放，跨国公司进入中国，需要规避法律风险以确保经营活动的正常进行。同时，国内企业也开始出海发展，基于相同的目的逐渐开始探索合规管理机制。在这一时期，政策对于合规管理并无明确规定，合规管理在市场的推动下缓慢成长。

6.1.1.2 探索阶段

中国国家标准化管理委员会国民经济行业分类:各行业均有本行业的自律性合规规定。

(1)2006年,为控制金融企业风险,同时也是响应相关国际组织做法,银监会(中国银行业监督管理委员会的简称)颁布了《商业银行合规风险管理指引》。2007年,保监会(中国保险监督管理委员会的简称)颁布了相似的《保险公司合规管理办法》,开始在国有金融企业中推行合规机制。

(2)2018年,被誉为"中国企业合规元年"。这一年,美国商务部对中兴通讯进行制裁并要求其进行合规整改,这一事件引发了国内企业界对合规管理的深刻反思和高度重视。此后,越来越多的企业开始将合规管理纳入企业战略的重要组成部分。

(3)2018年,国务院国资委发布《中央企业合规管理指引(试行)》(简称《试行指引》),对中央企业强化合规经营、构建合规管理体系提供了全面的指导意见。同年,《企业境外经营合规管理指引》发布实施,对国内企业开展对外贸易、境外投资、对外承包工程等"走出去"相关业务时的合规管理工作作出具体规定。

6.1.1.3 深化阶段

(1)2021年,最高人民检察院发布《关于开展企业合规试点工作方案》,并随后下发至各级检察机关,以全面启动企业合规改革试点工作。

(2)2021年,最高人民检察院、司法部、财政部等九部门联合发布《关于建立涉案企业合规第三方监督评估机制的指导意见(试行)》,旨在贯彻落实习近平总书记重要讲话精神和党中央重大决策部署,在依法推进企业合规改革试点工作中建立健全涉案企业合规第三方监督评估机制,有效惩治预防企业违法犯罪,服务保障经济社会高质量发展,助力推进国家治理体系和治理能力现代化。

(3)2022年,中小企业协会发布《中小企业合规管理体系有效性评价》。这是我国首部关于中小企业合规管理体系有效性评价的团体标准,对中小企业合规管理体系的评价方法、流程、指标等提供了全面、细致的规范标准,是中小企业合规建设领域的一项创新性举措。

(4)2022年,国务院国资委发布《中央企业合规管理办法》(简称《合规办法》),国企合规管理进入新的阶段。相比此前的《试行指引》,《合规办法》结构上调整较大,具体表述更加精确。明确将党的领导贯彻国有企业合规管理工作全过程,设立对企业主要负责人负责的首席合规官及合规委员会,进一步明确合规管理"三道防线"(业务及职能部门、合规管理部门和监督部门)的合规管理职责,强化合规审查环节。

(5)2024年,海关总署发布《中华人民共和国海关风险管理办法》,规定了海关风险管理原则、风险评估、风险处置措施和重大风险应急处置预案等,要求企业在海关检查和询问时进行配合,提供相关资料;存在进出境安全风险时及时向海关报告风险信息;满足进出境货物检查要求,自觉接受海关监管,主动向海关申报,履行好关务合规手续。

在我国,还有多个政府部门、机构以及行业协会都积极参与了企业合规建设,并出台了一系列相关文件来指导和规范企业合规工作,在此不再一一列出。

6.1.2　企业合规组织架构

企业合规的组织架构是确保企业在经营活动中遵守法律法规、行业规范及内部规章制度的重要基础,一个高效、完善的合规组织架构通常包含以下层级和部门,如图6-1所示。

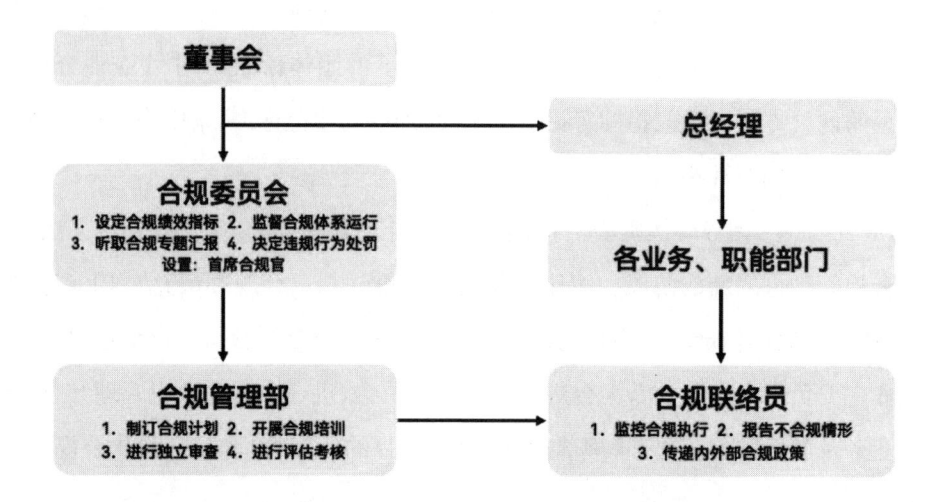

```
                    ┌─────────┐
                    │  董事会  │
                    └────┬────┘
                         │
        ┌────────────────┼──────────────────┐
        ▼                                   ▼
┌─────────────────┐                    ┌─────────┐
│    合规委员会    │                    │  总经理  │
│ 1.设定合规绩效指标 2.监督合规体系运行 │                    └────┬────┘
│ 3.听取合规专题汇报 4.决定违规行为处罚 │                         │
│    设置：首席合规官                   │                         ▼
└────────┬────────┘                    ┌──────────────┐
         │                             │各业务、职能部门│
         │                             └──────┬───────┘
         ▼                                    ▼
┌─────────────────┐                    ┌─────────────────┐
│    合规管理部    │ ─────────────────▶ │    合规联络员    │
│ 1.制订合规计划 2.开展合规培训 │                    │ 1.监控合规执行 2.报告不合规情形 │
│ 3.进行独立审查 4.进行评估考核 │                    │ 3.传递内外部合规政策            │
└─────────────────┘                    └─────────────────┘
```

图 6—1　企业合规的组织架构示意

⊙ 6.1.2.1 决策层

决策层是企业合规管理体系的最高权力机构，主要负责制定合规政策、目标和战略，并对合规管理体系的有效性进行评价。这一层级通常包括：董事会、监事会、合规委员会，其中，董事会是企业合规的最高决策机构；监事会是企业合规的内部监督机构；合规委员会通常在董事会中设立，负责企业合规的审查和管控。

⊙ 6.1.2.2 管理层

管理层负责建立、实施、维护和改进合规管理体系，确保合规政策得到有效执行。这一层级通常包括：总经理/CEO、首席合规官，其中，总经理/CEO负责推动合规管理体系的建立和完善，确保合规政策与企业的经营战略相一致；首席合规官负责促进合规管理体系的建立和实施。

6.1.2.3 执行层

执行层负责识别合规要求,执行合规管理制度和程序,落实相关工作要求。这一层级通常包括:合规管理部、各业务和职能部门、合规联络员,它们分别围绕合规制度的制定、执行和监控开展工作。

总之,一个完善的企业合规组织架构应确保决策层、管理层和执行层之间的有效沟通和协作,共同推动合规管理体系的建立、实施和完善。同时,企业还应根据自身的业务性质、规模大小、发展规划等因素,调整和优化合规组织架构,以满足合规管理的实际需求。

6.1.3 企业合规与司法救济

我国的企业合规与司法救济建立联系的时间节点和过程可以追溯至2020年,特别是在加强民营企业司法保护的背景下,这一联系逐渐得到强化和明确。

6.1.3.1 试点工作

(1)试点工作启动

为加强对民营企业的司法保护,确保国家治理体系现代化目标的实现,我国的司法改革部门开始对企业合规相关制度进行改革探索。2020年3月,最高人民检察院在上海市浦东区、金山区等地开展企业合规改革第一期试点工作。

(2)试点工作深化

2021年4月,最高人民检察院下发《关于开展企业合规改革试点工作的方案》,全面启动企业合规改革试点工作,并将合规试点的范围扩大到多个省、直辖市的多家地方检察机关。

6.1.3.2 司法救济

(1)合规审查与司法救济

在企业合规建设过程中,司法机关可以对企业的合规计划和实施情况进行审查和监督。如果发现企业存在违法行为或合规风险,司法机关可以及时采取措施对其进行纠正,并为企业提供必要的法律指导和帮助,有助于企业及时发现和纠正合规问题,降低法律风险。

(2)合规整改与司法救济

对于存在合规问题的企业,司法机关可以要求其进行整改,并设定合理的整改期限和目标。在整改期间,司法机关可以对企业进行监督和指导,确保其按照要求完成整改任务。如果企业在整改期间积极配合并认真履行整改义务,司法机关可以依法对其从轻或减轻处罚,有助于企业恢复合规状态,减轻因违法行为而遭受的损失。

6.1.3.3 典型案例——江苏省张家港市 L 化机有限公司(L 公司)污染环境案

案情概述:

L 公司在未取得生态环境部门环境评价的情况下建设酸洗池,并私设暗管排放含有重金属的废水,造成严重环境污染。公司总经理、副总经理、行政主管等人主动投案,如实供述犯罪事实,自愿认罪认罚。

司法救济实践:

检察机关认为 L 公司虽涉嫌污染环境罪,但排放污水量较小,尚未造成实质性危害后果,决定进行合规考察监督。

L 公司聘请律师对合规建设进行初评,全面排查企业合规风险,制定详细合规计划,并接受税务机关、生态环境、应急管理等部门的评估。检察机关在审查合规计划及实施情况后,认为 L 公司整改合格,决定对其不起诉,并提出检察意见移送生态环境部门给予行政处罚。

通过合规建设,L公司实现了快速转型发展,销售收入和税收也大幅增长。

6.1.4 企业合规与财税合规

企业合规与财税合规密不可分。财税合规是企业合规最重要的组成部分,也是企业稳健发展的基础保障。通过加强财税合规管理,企业可以降低税务风险、促进企业合规。

⊙ 6.1.4.1 财税合规是企业合规的起点

财务和税务是衡量企业经营合规、管理合规的载体,企业合规要求企业必须符合国家财税法律法规。因此,财税合规是企业合规的起点,企业的业务行为需要财税先行,企业内部相关制度的建立和落地更要以财税合规为基础。

⊙ 6.1.4.2 财税合规是企业合规最重要的内容

企业合规涵盖企业的方方面面,但财务合规是企业合规的核心,税务合规是企业合规核心中的核心。因此,财税合规是企业合规最重要的内容,不仅涉及企业的内部财务管理和税务规划,还涉及企业与税务机关的沟通和协作。

⊙ 6.1.4.3 财税合规全面促进企业合规的完善

通过加强财税合规管理,企业可以及时发现和纠正财税活动中的违规行为。财税合规的完善还可以促进企业其他方面的合规管理,例如数据资产管理、内部控制管理、提高员工合规意识等,从而全面提升企业合规水平,助力企业数字化转型。

6.2 企业财税合规概述

财税合规是指企业在财务和税务方面严格遵守国家相关法律法规，确保财务和税务行为的合法性、准确性和透明性，主要包括：及时准确地进行税务登记、申报和缴纳税款，围绕企业数字化转型规范地完成数据资产入表，以及建立完善的财务管理制度和内部控制流程，确保财务信息的真实性、完整性和准确性。

6.2.1 企业财税合规发展方向

企业财税合规的法律法规方向、数字财税方向以及企业数字化转型方向，是企业财税合规的不同发展阶段。可以看出，企业财税合规的发展方向（目标）是业财法税融合，企业数字化转型是实现业财法税融合的有效路径。财税合规对企业健康发展而言十分重要，因此，定期或不定期依托财税大数据开展财税风险体检，也可以理解为企业财税合规的另一个发展方向。具体如图6—2所示。

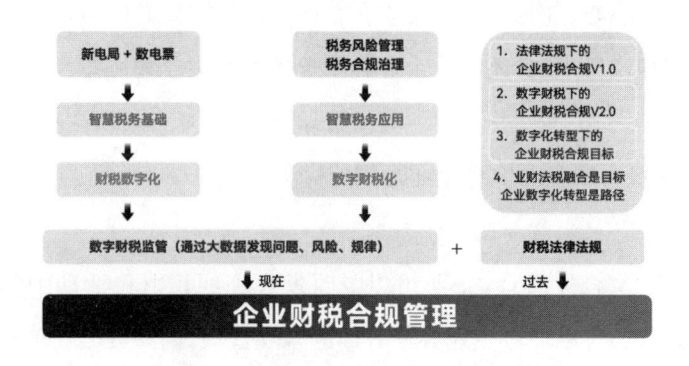

图6—2 企业财税合规发展方向示意

下面简要阐述财税合规与法律法规、数字财税、业财法税融合之间的逻辑关系。

6.2.1.1 财税合规与法律法规

在财税领域,法律法规主要包括税收法律法规、会计准则、财务报告规定等。法律法规是企业财税合规的依据和基础,法律法规的完善为企业提供更加明确和具体的操作指南,进一步推动财税合规的深入发展。企业财税合规是法律法规有效实施的重要保障,财税合规的缺失可能导致企业承担处罚、承担刑事责任等严重的法律后果。

6.2.1.2 财税合规与数字财税

如图6-2所示,数字财税包括财税数字化、数字财税化两个组成部分,其中,财税数字化是指智慧税务基础,主要包括新电子税局和数电发票;数字财税化是指智慧税务应用,主要包括税务风险管理和税务风险治理。智慧税务是数字财税的重大实践和应用,金税N期是智慧税务的不同发展阶段,智慧税务作为独立的第三方监管和服务云化平台,365×24H免费监控、评估企业的财税合规状况。

财税合规要求企业确保财税数据的真实性、准确性和完整性,随着"以数治税"时代的到来,企业对财务数字化的需求日益增强,即数字化重构财务运营模式(详见本书6.3.2)。财务数字化通过自动化、智能化手段,提高企业的财税工作效率,同时利用大数据、人工智能等数字技术,实时监控企业的财税数据,最后通过深度挖掘和分析财税数据,优化企业的财税决策,从而提升企业的财税合规水平。

6.2.1.3 财税合规与业财法税融合

对企业而言,财税合规是业财法税融合的基础,只有合规的财务和税务活动才能为业务、财务、法务和税务的有机融合提供可靠的保障。业财法税融合通过信息共享和协同工作,打破业、财、法、税之间的信息孤岛,实现企业各部门之间的无缝衔接,同时通过整合各部门的专业知识和资源,全面识别、评估、防范潜在的财税风险,最后通过流程优化和再造,消除冗余和重复的工作环节,提升客户体验和运营效率,从而提升企业的财税合规水平。

6.2.2 法律法规下的企业财税合规 V1.0

如图 6-3 所示,较长时间以来,企业主要依靠财税法律法规、财税专业经验、合规组织架构开展财税合规管理,也就是通过人与人的连接、部门与部门的连接、人为管理的方式完成财税合规工作,这是一种内部驱动型的企业自主行为,主要由上级组织或第三方机构评估实际成效。本书作者把这种模式定义为:法律法规下的企业财税合规 V1.0,简称传统财税合规。

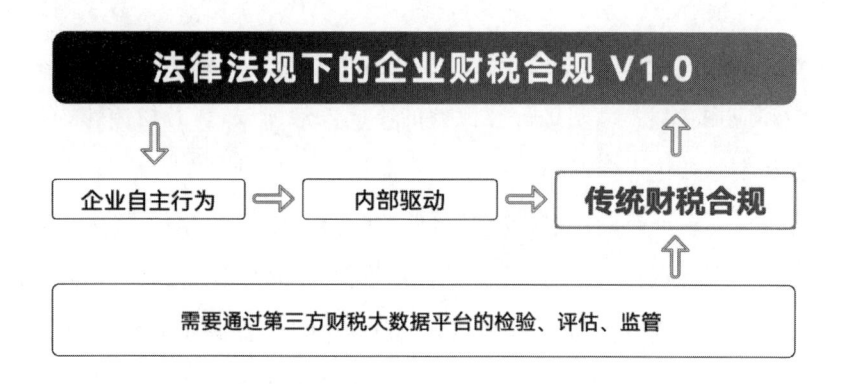

图 6-3　法律法规下的企业财税合规 V1.0 示意(传统财税合规)

显而易见,传统财税合规缺乏财税大数据的支撑,主要内容如图 6-4 所示。

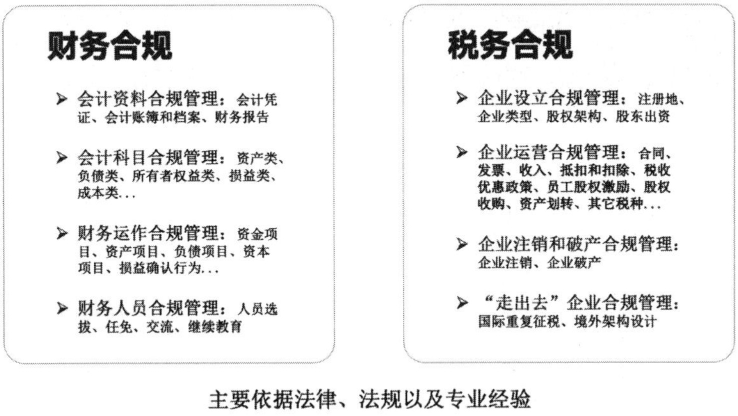

财务合规

➢ 会计资料合规管理：会计凭证、会计账簿和档案、财务报告

➢ 会计科目合规管理：资产类、负债类、所有者权益类、损益类、成本类

➢ 财务运作合规管理：资金项目、资产项目、负债项目、资本项目、损益确认行为...

➢ 财务人员合规管理：人员选拔、任免、交流、继续教育

税务合规

➢ 企业设立合规管理：注册地、企业类型、股权架构、股东出资

➢ 企业运营合规管理：合同、发票、收入、抵扣和扣除、税收优惠政策、员工股权激励、股权收购、资产划转、其它税种...

➢ 企业注销和破产合规管理：企业注销、企业破产

➢ "走出去"企业合规管理：国际重复征税、境外架构设计

主要依据法律、法规以及专业经验

图6—4 传统财税合规的主要内容示意

6.2.3 数字财税下的企业财税合规 V2.0

近几年以来，智慧税务发展迅速，已经成为企业健康发展的重要组成部分。首先，智慧税务为纳税人提供了更加便捷、高效的税务服务。另外，智慧税务通过自动化、智能化的手段，提升了税务管理的效率，推动了税务管理的创新和发展。其次，智慧税务利用大数据、人工智能等数字技术，结合税务风险指标体系实时监控企业的财税数据，及时发现、推送潜在的税务风险，帮助企业防范税务风险，提升了企业的财税合规水平。

如图6—5所示，在智慧税务的大力推动下，企业财税合规依托财税大数据取得了突破性进展。企业以传统财税合规为基础，自觉接受智慧税务的监管，这是一种税务实时监管型的财税合规，由智慧税务评估传统财税合规的实际成效。本书作者把这种模式定义为：数字财税下的企业财税合规 V2.0，简称数字财税合规。

```
┌─────────────────────────────────────┐
│   数字财税下的企业财税合规 V2.0      │
└─────────────────────────────────────┘
      ↓                           ↑
┌──────────┐    ┌──────────┐   ┌──────────┐
│税务监管行为│ ⇒ │智慧税务(金四)│ ⇒ │数字财税合规│
└──────────┘    └──────────┘   └──────────┘
                                    ↑
┌─────────────────────────────────────┐
│ 外部驱动：依托互联网、大数据技术等，数字财税合规（天网恢恢）是 │
│     传统财税合规的试金石和第三方评估机构（免费、24H）      │
└─────────────────────────────────────┘
```

图 6—5　数字财税下的企业财税合规 V2.0 示意（数字财税合规）

显而易见，数字财税合规以财税大数据为支撑，以税务风险指标体系为特色，重构了企业财税合规的理念、原理和方法，数字财税合规的主要内容如图 6—6 所示。

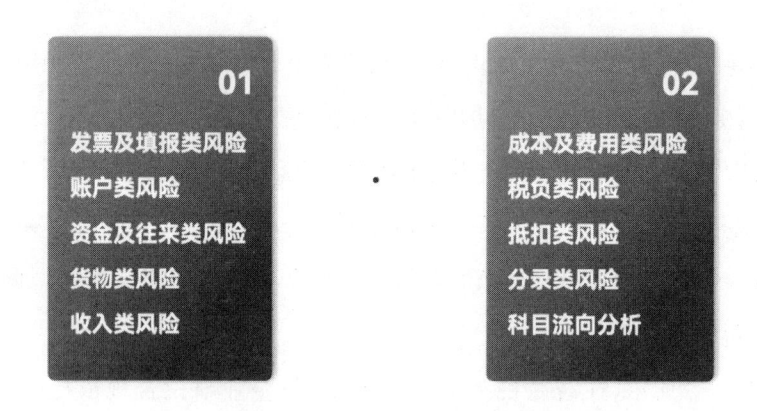

```
┌──────────────┐        ┌──────────────┐
│          01  │        │          02  │
│              │        │              │
│ 发票及填报类风险│        │ 成本及费用类风险│
│ 账户类风险    │        │ 税负类风险    │
│ 资金及往来类风险│        │ 抵扣类风险    │
│ 货物类风险    │        │ 分录类风险    │
│ 收入类风险    │        │ 科目流向分析  │
└──────────────┘        └──────────────┘
```

主要依据财税大数据的税务风险指标体系

图 6—6　数字财税合规的主要内容示意

6.2.4 数字化转型下的企业财税合规目标

如图 6—7 所示,在企业数字化转型的时代背景下,以业财法税融合为特征的企业财税合规迎来重大发展机遇。不久的将来,企业以传统财税合规为基础,以业务数字化和财务数字化深度融合为突破口,以数字财税合规(智慧税务)为独立的第三方监管和服务云化平台,真正实现企业财税合规的数字化运营、数字化监管、数字化合规。本书作者把这种模式定义为:数字化转型下的企业财税合规目标,简称融合财税合规。

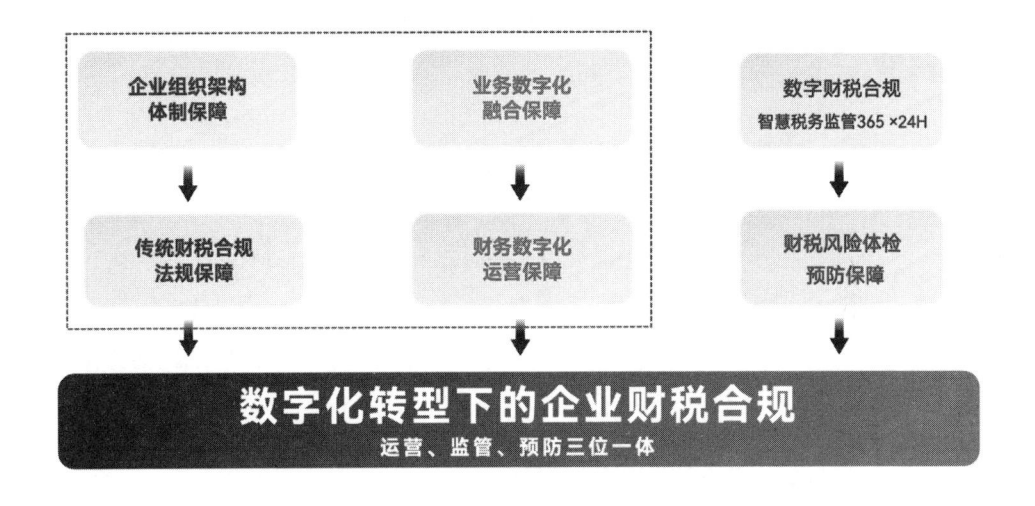

图 6—7 数字化转型下的企业财税合规目标示意(融合财税合规)

显而易见,传统财税合规、数字财税合规、融合财税合规三者相互约束、相互促进、相互融合,将构成一个全面数字化的、业财法税融合的企业财税合规体系,贯穿企业的整个生命周期,如图 6—8 所示。

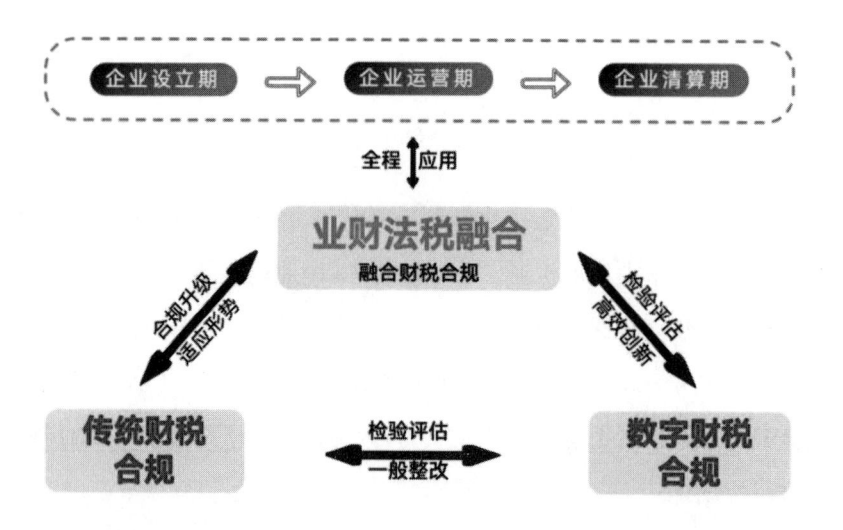

图 6-8　企业财税合规体系示意

6.3　业财法税融合模型浅探

企业数字化转型的重点是业务数字化，一方面，没有业务数字化则不可能实现真正意义上的财务数字化（纯粹的财务数字化可能止步于"财务共享中心"和"资金管理中心"），另一方面，没有财务数字化则不可能实现数字化的业财法税融合。

6.3.1　财务数字化浅析

前面讲过，企业财务数字化，即数字化重构财务运营模式。首先，我们必须厘清财务信息化、财务数字化以及数字财税的基本概念，如图 6-9 所示。

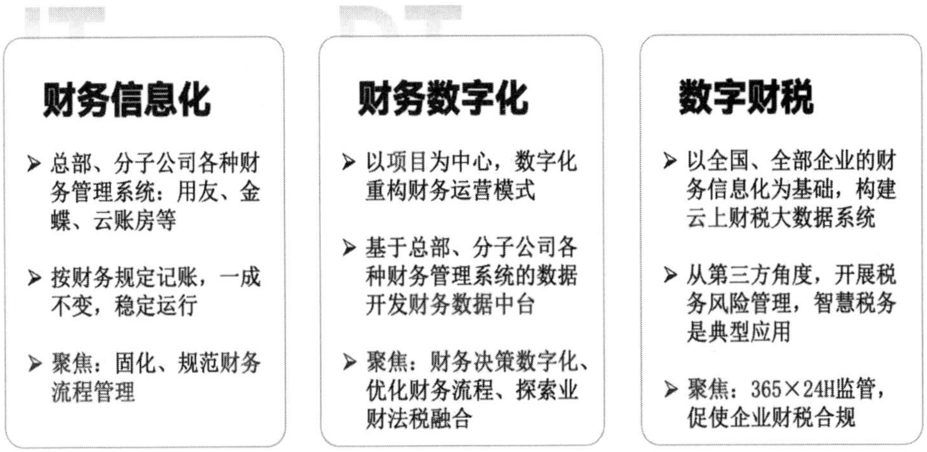

财务信息化	财务数字化	数字财税
➤ 总部、分子公司各种财务管理系统：用友、金蝶、云账房等 ➤ 按财务规定记账，一成不变，稳定运行 ➤ 聚焦：固化、规范财务流程管理	➤ 以项目为中心，数字化重构财务运营模式 ➤ 基于总部、分子公司各种财务管理系统的数据开发财务数据中台 ➤ 聚焦：财务决策数字化、优化财务流程、探索业财法税融合	➤ 以全国、全部企业的财务信息化为基础，构建云上财税大数据系统 ➤ 从第三方角度，开展税务风险管理，智慧税务是典型应用 ➤ 聚焦：365×24H监管，促使企业财税合规

图 6-9 信息化 VS 数字化 VS 数字财税的基本概念示意

⇒ 6.3.1.1 基本概念

财务信息化是指依靠总部、分子公司诸如用友、金蝶等各种财务管理系统，按财务规定记账做账、一成不变、稳定运行，聚焦于固化、规范财务流程的信息化管理。

财务数字化是指基于总部、分子公司各种财务管理系统的信息和数据开发的财务数据中台，以项目为中心，数字化重构财务运营模式，聚焦于依托财税大数据并利用人工智能等数字技术，实现财务决策数字化、优化财务流程、探索业财法税融合。

数字财税是指以全国、全部企业的财务信息化为基础，通过智慧税务的新电子税局、数电发票等应用系统构建云上财税大数据系统，从第三方角度开展税务风险管理、税务合规治理，智慧税务是数字财税的成功实践和应用，聚焦于 365×24H 监管企业的财税状况，帮助企业防范税务风险，促使企业财税合规。

6.3.1.2 数字化重构财务运营模式

如图 6-10 所示,数字化重构财务运营模式的准备工作主要包括建设财务数据中台、相关管控部门平台化、传统财税合规的主要内容数字化(见图 6-4)、财税法律法规的主要内容数字化,然后以项目为中心(预算管理、发票管理、报销管理、应收应付、成本管理、税收管理等),首先完成财务对象数字化和财务规则数字化,另外重点完成财务作业数字化,即可基本实现财务运营数字化。接下来,就可以利用大数据、人工智能等数字技术深度挖掘分析,进一步优化财务流程,实现财务决策数字化。

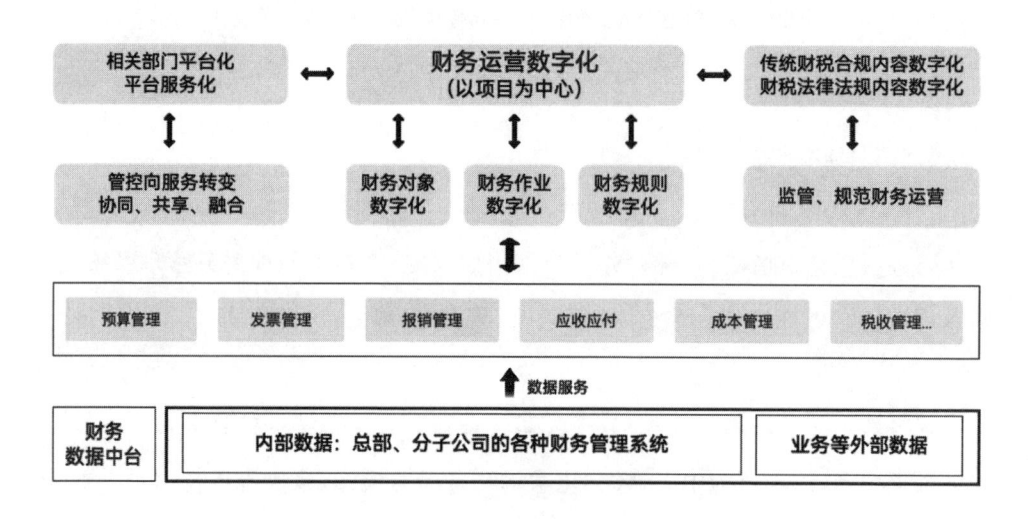

图 6-10 数字化重构财务运营模式示意

思考题:某企业一线销售和交付的员工成千上万,如何实现报销管理数字化?

6.3.1.3 企业财务人员转型

数字时代下,企业财务人员如何转型?建议认真学习财税大数据、数字财税和智慧税务等相关知识,并从财务管理、财务风险、财务机会等角度加以思考。

(1)财务管理

财务人员以往通常是事后做账模式,应该逐步过渡到业财融合模式、业财税融合模式、业财法税融合模式,全面融入业务的全过程,确保企业财务合规。同时,财务人员要全面融入企业数字化转型,并积极探索、参与企业财务数字化,提高财务决策的科学性和精确度,提升企业的竞争力。

(2)财务风险

财务人员要充分认识到税务合规是企业财税合规的重中之重,在企业运营过程中全方位防范税务风险,确保企业税务合规。同时,财务人员要认真研究企业数字化转型的人力、物力、财力投入,建议企业"小步试错,全面推广",结合企业实际情况,全面把控企业数字化转型的投入风险。

(3)财务机会

财务人员在企业数字化转型过程中,要及时做好数据资产入表工作,结合数据金融手段,为企业做好数据资产融资。同时,企业数字化转型启动时,财务人员应建议单独成立数字技术公司,申办高新技术企业、双软企业,充分享受包括研发费用加计扣除等新业态的优惠政策,做好数字时代下的企业税务规划。

6.3.2 数字化转型下的业财法税融合模型

本书重点讲述了企业数字化转型之业务数字化,并从企业财税合规角度阐述了税务数字化的重要性,同时对财务数字化进行了初步探索,虽然基本忽略了法务数字化,但还是可以抛砖引玉,初步推导出数字化转型下的业财法税融合模型,如图6-11所示。

可以看出,企业通过建设统一的涵盖内部数据、外部数据的数据中台(数据资产化的集中地),重点重构业务运作模式和财务运作模式,实现业务数据和财务数据的无缝融合,打造企业数字化智能平台,从而使企业员工、消费者、客户、合作伙

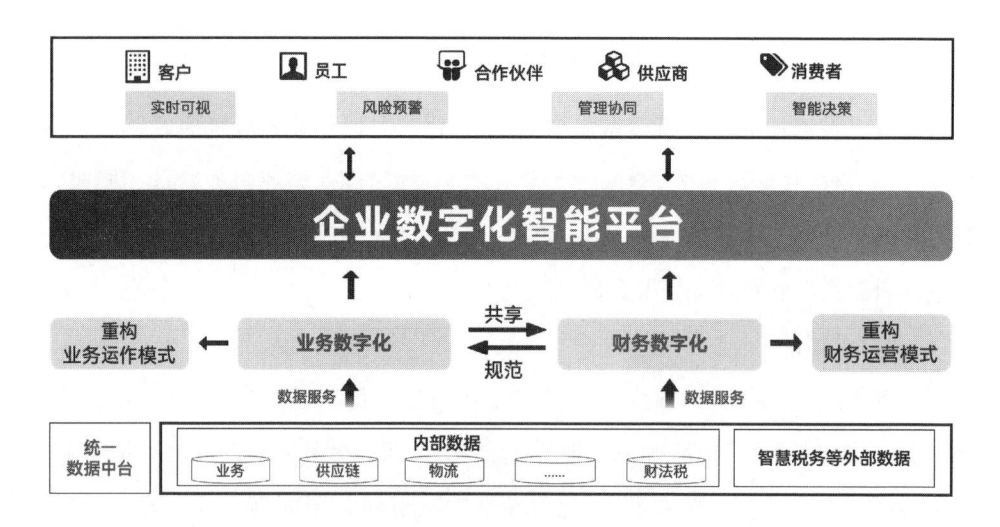

图 6—11 数字化转型下的业财法税融合模型示意

伴和供应商均聚集于这个平台，以实时可视、管理协同的方式完成各自的任务，同时对企业而言，风险实时预警、数字化和智能化决策皆可成为现实。

回头看图 6—8 可以发现，企业数字化智能平台就是业财法税融合平台，一方面，该平台接受数字财税（智慧税务）的实时检验、评估和监管，另一方面，该平台定期或不定期依托财税大数据开展财税风险体检，从而实现企业数字化智能平台的不断完善。因此，业财法税融合是企业财税合规的根本目标，也是企业数字化转型的主要目标之一，同时，企业数字化转型是实现数据资产化、企业财税合规、业财法税融合的有效路径。

综上所述，企业数字化转型、数据资产化、企业财税合规、业财法税融合以及数字财税（智慧税务）、财税风险体检等，通过数字技术相互融合相互促进，诠释了围绕数字经济的数字化跨界融合之道。

本章小结

本章简要探讨了数字时代下的业财法税融合模型。首先,阐述了企业合规的基本概念,包括发展历程、组织架构、企业合规与司法救济以及企业合规与财税合规的关系,明确了财务合规是企业合规的核心,税务合规是企业合规核心中的核心。

另外,简要介绍了企业财税合规的发展方向,即法律法规方向、数字财税方向以及企业数字化转型方向,是企业财税合规的不同发展阶段。接下来重点讨论了法律法规下的企业财税合规V1.0(传统财税合规)、数字财税下的企业财税合规V2.0(数字财税合规)、数字化转型下的企业财税合规目标(融合财税合规),三者相互约束、相互促进、相互融合,构成一个全面数字化的、业财法税融合的企业财税合规体系,贯穿企业的整个生命周期。

最后,简单介绍了财务数字化的基本概念以及企业财务人员如何转型,简要讨论了如何数字化重构财务运营模式,在此基础之上,结合前述的数字化重构业务运作模式,初步推导出了数字化转型下的、全面数字化的业财法税融合模型,以作抛砖引玉之用。

参 考 文 献

[1]中国税务杂志社.腾讯公司:数字经济与税收治理2023[M].北京:中国税务出版社,2024.

[2]中国信息通信研究院.中国数字经济发展研究报告(2024年)[R/OL].2024－08－27.https://www.caict.ac.cn/kxyj/qwfb/bps/202408/t20240827_491581.htm.

[3]蔡昌,孙睿.中国式现代化框架下数字经济赋能新质生产力发展因应路径的思考[J].山东宏观经济,2024(4):5－11.

[4]袁娇,王敏.税收制度与数字经济的适配性:适配逻辑、适配向度及改革前瞻[J].税务研究,2024(10):17－23.

[5]田彬彬,张欢.数字经济时代税收制度的适应性改革研究[J].税务研究,2024(10):31－36.

[6]荣宾,赵韶翊,阮鹏.数字化供应链:技术赋能与产业应用[M].北京:清华大学出版社,2024.

[7]许昌市律协公司法律专业委员会.企业合规管理指引[N].法务小圈,2024－04－01.

[8]张旭,陈俊,罗顺亚.数据资源"入表"税收征管如何跟进[N].中国税务报,2024－07－17.

[9]刘美香,王相强,魏静蕾.追本溯源 揭开超低税负玄机[N].中国税务报,2024－12－03.

[10]蔡昌.数字经济的税收治理问题研究[M].北京:经济科学出版社,2023.

[11]李万甫.税收征管数字化治理与转型研究[M].北京:人民出版社,2023.

[12]国家数据局.数字中国发展报告(2023年)[R].北京:国家数据局,2024.

[13]段巍.解码数字经济时代的产业链升级——数据要素和数字技术的双重作用[J].中国社会科学评价,2023(3):58—66+158.

[14]华为企业架构与变革管理部.华为数字化转型之道[M].北京:机械工业出版社,2023.

[15]华为公司数据管理部.华为数据之道[M].北京:机械工业出版社,2023.

[16]陈霞,谷奇峰,王辰光.企业数字化转型:从认知到落地[M].北京:人民邮电出版社,2023.

[17]白涛,单晓宇,褚楚.数字化转型模式与创新[M].北京:机械工业出版社,2023.

[18]马特.数字孪生变革[M].北京:中国经济出版社,2023.

[19]金玮.企业数字化转型人工智能技术落地指南[M].北京:人民邮电出版社,2023.

[20]汤珂.数据资产化[M].北京:人民出版社,2023.

[21]陈小欢,刘晓晖.财税合规管理[M].北京:人民邮电出版社,2023.

[22]宋槿篱,赵远洋,张旭俊,何皓.企业财税合规实战入门[M].北京:人民邮电出版社,2023.

[23]蔡昌,焦瑞进,李为人,付广军.税收蓝皮书:中国数字经济税收发展报告(2023)[M].北京:社会科学文献出版社,2023.

[24]马慧洁,夏杰长.数据资产的确权及课税问题研究[J].税务研究,2023(12).

[25]网经社电子商务研究中心.2022年中国数字经济政策及发展研究报告[R].北京:网经社电子商务研究中心,2022.

[26]陈睿峰.数字化转型实战:企业进化方法论与解决方案[M].北京:化学工业出版社,2022.

[27]黄奇帆,朱岩,邵平.数字经济内涵与路径[M].中信出版集团股份有限公司,2022.

[28]喻旭. 企业数字化转型指南[M]. 北京:清华大学出版社,2021.

[29]叶雅珍,朱扬勇. 数据资产[M]. 北京:人民邮电出版社,2021.

[30]任振清. 财务数字化转型[M]. 北京:清华大学出版社,2020.

[31]赵兴峰. 数字蝶变——企业数字化转型之道[M]. 北京:电子工业出版社,2019.

[32]复旦大学,国家工业信息安全发展研究中心,上海数据交易所. 数据要素流通典型应用场景案例集[EB/OL]. 2023－05－15. https://mp.weixin.qq.com/s/kEnvNDm0fJkGx07P6eFvTA